은단강 건너

| 이미애 지음 |

하나님께 올리는 한 권의 반성문

여기 한 권의 반성문을 들고 떨리는 마음으로 하나님 앞에 섭니다.
이제 광야를 떠돌던 종교생활에서 벗어나 영적 지경을 넓히는 신앙인이 되라고 촉구하시는
하나님의 음성을 들어야 할 때입니다.

청어

요단강 건너

이미애 지음

발행처 · 도서출판 청어
발행인 · 이영철
영 업 · 이동호
홍 보 · 최윤영
기 획 · 천성래 | 이용희
편 집 · 방세화 | 김명희
디자인 · 김바라 | 서경아
제작부장 · 공병한
인 쇄 · 두리터

등 록 · 1999년 5월 3일
(제321-3210000251001999000063호)

1판 1쇄 인쇄 · 2016년 3월 1일
1판 1쇄 발행 · 2016년 3월 10일

주소 · 서울특별시 서초구 효령로55길 45-8
대표전화 · 02) 586-0477
팩시밀리 · 02) 586-0478

홈페이지 · www.chungeobook.com
E-mail · ppi20@hanmail.net
ISBN · 979-11-5860-390-8(03230)

이 도서의 국립중앙도서관 출판시도서목록(CIP)은 서지정보유통지원시스템 홈페이지
(http://seoji.nl.go.kr)와 국가자료공동목록시스템(http://www.nl.go.kr/kolisnet)에서 이용하
실 수 있습니다.(CIP제어번호: CIP2016002865)

사랑하는 나의 어머니 임인순 님께 바칩니다

머리말

'형제들아, 너희의 부르심을 보라. 육체를 따라 지혜로운 자가 많지 아니하며, 능한 자가 많지 아니하며, 문벌 좋은 자가 많지 아니 하도다. 그러나 하나님께서 세상의 미련한 것들을 택하사 지혜 있는 자들을 부끄럽게 하려 하시고, 세상의 약한 것들을 택하사 강한 것들을 부끄럽게 하려 하시며, 하나님께서 세상의 천한 것과 멸시 받는 것들과 없는 것들을 택하사 있는 것들을 패하려 하시나니, 이는 아무 육체도 하나님 앞에서 자랑하려 하지 못하게 하심이라. (고전 1:26~29)'

하나님께서 우리를 택해주신 이유는 우리가 지혜로워서도 아니요, 강한 몸을 소유했기 때문도 아니요, 학벌이나 가문이 좋아서도 아니다. 하나님은 우리가 미련하고, 약하고, 천하고, 멸시받기 때문에 택해주셨다. 왜냐하면 우리를 택하셔서 강한 자를 부끄럽히시고, 지식이 많다고 자랑하는 자를 입 다물게 하시고, 가진 것이 많은 자들을 패하려 하시기 때문이다. 하나님은 아무것도 내세울 것이 없는 우리를 택하셔서 하나님의 은혜로 우리를 변화시키시고, 우리의 삶을 통해 자신을 내세우는 사람을 부끄럽히신다. 우리는 내가 잘나서 하나님이 택해주셨다는 생각을 처음부터 버려야 한다. 하나님 앞에서 우리가 자랑할 것은 아무것도 없다.

'오직 성령으로 이것을 우리에게 보이셨으니, 성령은 모든 것 곧 하나님의 깊은 것까지도 통달하시느니라.(고전 2:10)'

하나님의 마음을 알기 위해서 성령님께서 깨닫게 해 주시는 말씀을 받아들여야 한다. 성령의 능력이 아니면 우리는 복음을 믿을 수 없다. 복음을 믿지 못하면 예수님의 보혈의 능력도, 하나님의 놀라운 은혜도 우리와는 무관한 말씀이 된다. 성경은 성령님께서 주시는 대로 깨달아야 삶을 변화시키는 능력이 된다.

'형제들아, 내가 너희에게 알게 하노니 내가 전한 복음은 사람의 뜻에

따라 된 것이 아니니라. 이는 내가 사람에게서 받은 것도 아니요, 배운 것

도 아니요, 오직 예수 그리스도의 계시로 말미암은 것이라.(갈 1:11~12)'

복음은 예수님께서 나를 위해 무엇을 해 주셨는지를 드러내는 복된 소

리이다. 이는 사람이 만들거나 가르칠 수 없는 것이다. 복음은 하나님의

놀라운 구원의 소식이기 때문이다. 복음의 중심에 예수님과 내가 있다.

예수님께서 나를 위해 하신 위대한 일이 나의 삶을 통해 드러날 때 우리

는 복음을 온전히 전하며 살게 된다. 복음 속에는 세상의 방법과 사람의

시선이 끼어들지 못한다. 복음을 전하며 사는 삶이란 내가 예수님의 말

씀에 순종하며 사는 삶이다.

'모든 성경은 하나님의 감동으로 된 것으로 교훈과 책망과 바르게 함

과 의로 교육하기에 유익하니 이는 하나님의 사람으로 온전하게 하며 모

든 선한 일을 행할 능력을 갖추게 하려 함이라.(딤후 3:16)'

성경은 하나님께서 직접 불러주신 하늘의 법이다. 하나님께서 불러주셔서 사람이 대필한 것이 성경이다. 성경은 하나님의 마음과 뜻을 그대로 나타낸 살아있는 능력이다. 하나님의 말씀은 우리를 교훈하고 책망한다. 굽은 것을 바르게 하고, 옳지 못한 행동을 의롭게 고친다. 하나님의 법에 순종할 때 우리는 하나님 앞에서 온전해지며, 모든 선한 일을 행할 능력을 갖추게 된다. 하나님께서는 우리가 그 법에 순종하게 하기 위해 성경을 주셨다. 성경을 알고 순종하는 삶이 하나님께서 가장 기뻐하시는 삶이다.

차례

1장

출애굽의 의미

이스라엘의 열두 아들과 그 가족 70명이 애굽에 내려간 지 350년이 흘렀다. 그동안 이스라엘 백성의 수는 전쟁에 참전할 수 있는 남자만 60만 명이 넘게 번성했다. 요셉을 알지 못하는 새 왕이 왕위에 올랐다. 그 왕은 이스라엘 백성의 수가 하나님 말씀대로 하늘의 별과 바다의 모래처럼 많아지자 그들이 반란을 일으키지 않을까 더럭 겁이 났다. 그래서 민족말살정책을 폈다. 여자아이가 태어나면 살려두고, 남자아이는 모두 죽이라고 산파들에게 명령했다. 그러나 산파들을 사람보다 하나님을 두려워했기 때문에 남자아이들을 살려 주었다.

바로 그 때 이스라엘의 위대한 지도자 모세가 태어났다. 죽을 목숨을 가까스로 건진 모세는 공주의 아들로 호의호식하며 궁전에서 잘살다가 40세가 되자 자기 백성을 돌아볼 마음이 생겼다. 자기 백성을 위하려는 마음이 앞서 덜컥 살인을 저지른 모세는 자신의 죄가 탄로날까봐 미디안 광야로 도망가서 40년간 도피생활을 했다.

모세가 80세가 되자 하나님께서는 호렙산에서 모세를 부르셨다. 구원의 약속을 따라 고통 받는 이스라엘 백성을 이끌고 애굽에서 나오라고 하나님께서 명하자 모세는 '보낼 자를 보내라' 고 하나님의 명령에 몇 번이나 불복했다. 그런 모세를 하나님은 기적 보여주고 사람 붙여주고 어르고 달래서 애굽으로 보내셨다.

엄청나게 고집이 세고 교만한 애굽의 바로왕은 하나님께서 내리신 열 가지 재앙을 고스란히 겪고 나서야 이스라엘 백성을 풀어 주었다. 이스라엘 백성이 출애굽 하여 홍해 앞에 섰을 때, 애굽 왕은 자신이 무슨 짓을 했는지 퍼뜩 정신이 들어 이스라엘 백성을 뒤쫓았다.

사면초가에 빠진 이스라엘 백성이 하나님을 원망하자 하나님은 모세에게 지팡이를 들라 명하셨고, 홍해를 쩍 갈라 마른 대로로 탈출구를 만들어 주셨다. 이스라엘 백성이 마른 땅을 밟으며 홍해를 다 건너자 애굽 왕은 마병을 이끌고 그 뒤를 추격했다. 홍해물이 다시 합쳐져 군사들 목숨은 물론 말과 병거까지 모두 몰살당하게 하신 하나님의 능력! 그 능력을 눈으로 본 이스라엘 백성은 광야에서 40년간 하나님을 원망하며 유리방황했다.

출애굽 2년 후 인구조사시점을 기준으로 20세 이상 하나님께 반역했던 세대들이 모두 죽고 광야생활 40년 만에 가나안 점령 전, 요단강 앞에 선 이스라엘 백성들. 그 때 하나님은 모세에서 여호수아로 지도자를 바꾸셨다. 새 지도자를 앞세우고 하나님의 기적으로 요단을 건너 가나안 정복의 꿈을 실현한 이스라엘 백성들. 여기까지가 출애굽기부터 여호수아까지의 내용이다.

이스라엘 백성이 출애굽 하여 가나안을 차지하기까지의 과정은 성도가 죄에서 구원받아 천국에 이르기까지의 과정과 동일하다. 이 과정에서 하나님께서 가장 먼저 나타내신 사실은 하나님은 어떤 분이신가이다. 하나님은 이스라엘 백성과 온 천하 사람들에게 출애굽 사건을 통해 그 분이 누구이신지를 먼저 드러내셨다.

　애굽에 내렸던 열 가지 재앙은 하나님께서 땅과 하늘의 주권자이시며 모든 질병과 생명을 다스리는 유일하신 하나님이심을 드러내는 증거이다. 강물이 피로 변하고, 우박이 쏟아지고, 흑암이 고센 땅을 제외한 애굽 땅 전역에 둘러 덮이는 재앙은 땅과 하늘과 빛과 어둠의 주권자가 하나님이심을 드러낸다. 파리, 이, 개구리, 메뚜기 재앙은 이 땅의 모든 생물이 하나님 손에 달려 있음을 극명하게 보여준다. 악성 종기와 돌림병은 모든 질병과 그 치유가 하나님께 있음을 나타내며 가축의 죽음과 초태생의 죽음은 생명을 주관하시는 분은 하나님뿐임을 보여준다.

　이 열 가지 재앙을 통해 하나님은 하나님만이 유일한 신이며 세상 만물을 주관하시는 분임을 만천하에 드러내셨다. 이 열 가지 재앙은 이스라엘 백성이 하나님이 어떤 분인지 알게 하고, 그 분만 신뢰하게 하기위한 하나님의 놀라운 계획이었다. 또한 하나님은 사람의 마음을 주관하신다는 사실을 바로를 통해 나타내셨다.

　사람의 마음을 움직이시는 하나님. 우리는 때로 누군가를 바꾸려고 애쓴다. 내 마음에 안 드는 사람을 내가 원하는 대로 확실히 뜯어고치고 싶어 한다. 그러나 하나님은 인간의 마음을 움직일 수 있는 분은 오직 하나님뿐이라는 사실을 이 대목에서 보여주셨다. 신하들이 바로를 아무리 설득해도 듣지 않고 고집부리다가 왕위 계승자까지 죽음으로 내 몬 결과를 보라. 사람은 사람이 못 바꾼다. 하나님만 바꾸실 수 있다.

　하늘과 땅과 모든 재앙과 질병과 생명이 하나님 손에 있다. 우리를 둘러 싼 모든 것들이 하나님의 주관하심 속에 있다. 하나님께서는 애굽에 내린 열 가지 재앙을 통해 이 세상의 신은 오직 하나님뿐임을 드러내셨다. 그 유일한 하나님의 능력이 얼마나 큰지를 이스라엘 백성의 목전에서 체험케 하신 것이다. 재앙이 애굽사람에게만 내리고 이스라엘 백성에게는 하나도 내리지 않음을 통해 하나님의 택하시고 구별된 백성은 하나님의 온전한 보호 속에 있음을 확실하게 드러내셨다.

애굽 전역에 더듬을만한 어둠이 덮였을 때 이스라엘 백성이 사는 고센 땅에는 빛이 있도록 하신 이유는 하나님의 백성에게는 어둠이 범접하지 못하며 찬란한 빛 가운데 살 수 있도록 하신 하나님의 은혜를 드러내기 위함이었다. 애굽의 장자들은 모두 죽었지만, 이스라엘 장자는 한 명도 죽지 않는 기적을 통해 생명은 하나님 손에 달려있음을 만천하에 드러내셨다. 악성종기와 돌림병은 질병과 치유가 하나님의 주권 하에 있음을 보여준다. 생명과 치유가 내 아버지께 달려있음을 믿는가? 세상의 모든 재앙으로부터 우리를 지켜주실 수 있는 분이 유일한 신인 하나님이라는 사실을 믿는가?

이스라엘 백성은 이 사실을 믿지 않았다. 하나님께서 기적으로 홍해를 갈라 마른 땅으로 인도하여 애굽 군대의 손에서 구출한 사실을 체험한 이스라엘 백성이 하나님의 은혜를 잊고 원망하는데 며칠이 걸렸는가? 단 3일 만에 그들은 하나님께서 행하신 열 가지 재앙도, 홍해를 가른 기적도, 생명을 위협하는 애굽 군대의 손아귀에서 구출해 주신 사실도 모두 잊었다. 하나님과 그 분의 능력을 믿지 않은 이스라엘 백성은 마실 물이 없다고 불평하기 시작했다.

이 모습이 한심하다고 생각하는가? 이스라엘 백성의 모습은 현대를 살아가는 기독교인들의 모습과 동일하다. 애굽에 내려졌던 열 가지 재앙은 오늘날에도 발생하고 있다. 지진, 해일, 폭동, 전염병, 기근, 테러, 새로운 질병들, 사회 각 분야에서 일어나는 부정과 폭력사태, 홍수, 폭설 등 우리가 사는 세상에는 지금도 재앙을 당하고 그 재앙으로 인해 죽어가는 사람들이 너무나도 많다. 우리는 그 재앙이 눈에 보이지 않고, 그것을 직접 겪지 않았다는 이유로 하나님께 감사할 줄 모른다. 그 재앙을 통해 하나님의 살아계심을 드러내시는 하나님의 의도에는 전혀 관심이 없다. 또한 수없는 재앙을 막아주시는 분은 오직 하나님이신데, 우리는 하나님의 능력을 믿지 못한다.

일례로 2011년 일본에서 지진과 쓰나미가 발생하여 수십만 명이 사망하고 경제적으로 큰 타격을 입었다. 그 일을 보면서 우리나라도 안전지대가 아니라고 대중매체는 연일 국민들의 불안감에 불을 지폈다. 이런 재앙을 보며 우리는 무슨 생각을 했고, 어떤 행동을 취했는가? 세상 사람들과 똑같이 불안해 하고, 초조해 하고, 안절부절못하지는 않았는가? 하늘과 땅과 그 안에 있는 모든 것을 주관하시는 분이 내 하늘 아버지임을 믿었다면 어떻게 불안에 떨 수 있는가? 하나님은 오늘도 세상에 일어나는 사건들을 통해 하나님의 살아계심을 우리에게 드러내신다. 하나님을 믿지 않는 세상 사람들에게는 두렵고 떨리고 간담이 서늘해지는 사건이 우리에게는 하나님의 능력을 확신하고 믿음을 키우는 기회가 된다. 하나님의 능력을 믿으면 내 앞에 닥친 역경과 고난이 하나님의 영광을 드러내는 최적의 기회임을 알게 된다.

이스라엘 백성이 앞에는 홍해가 가로막혀 있고, 뒤에는 애굽 군대가 추격해 오는 사면초가의 상황에서 어떻게 반응했는지 보라. '이스라엘 백성이 심히 두려워하여 여호와께 부르짖고, 그들이 또 모세에게 이르되 애굽에 매장지가 없어서 당신이 우리를 이끌어 내어 이 광야에서 죽게 하느냐 우리를 내버려 두라 우리가 애굽 사람을 섬길 것이라 하지 아니하더냐. 애굽 사람을 섬기는 것이 광야에서 죽는 것보다 낫겠노라.(출 14:10하~11)' 이스라엘 백성은 앞에 닥친 고난만 생각했다. 그들 생각에는 선택은 딱 두 가지였다. 광야에서 죽거나, 애굽 사람을 섬기거나. 하지만 하나님께서는 이 일을 통해 '내가 애굽 군대로 말미암아 영광을 얻어 애굽 사람들이 나를 여호와인 줄 알게(출 14:4)' 하실 계획을 갖고 계셨다. 하나님은 우리에게 닥친 환란으로 인해 세상 사람들에게 하나님의 살아계심을 드러내시고 영광받기 원하신다. 그러나 우리는 하나님의 놀라운 계획에는 눈길조차 주지 않고 눈앞에 닥친 어려움만 보면서 불평한다. '도대체 이런 일이 나에게 일어나다니 가당키나 한 일입니까? 다른 사람도 아닌 꼭 나에게 왜 이런 일이 일어나는 건데요?'

눈앞에 펼쳐진 감당 못 할 상황 속에서 이스라엘 백성들은 모세를 향해 원망했다. 이스라엘 백성의 원망을 듣던 모세는 이렇게 말했다. '여호와께서 너희를 위해 싸우시리니 너희는 가만히 있을지니라.(출 14:13~14)' 하지만 하나님은 모세에게 '이스라엘 자손에게 명령하여 앞으로 나아가게 하고 지팡이를 들고 손을 바다 위로 내밀어 그것을 갈라지게 하라. 이스라엘 자손이 바다 가운데서 마른 땅으로 행하리라.(출 14:15~16)'고 말씀하셨다. 모세는 가만히 있기만 하면 하나님께서 다 해결해 주실 줄 알았는데, 하나님은 그들에게 앞으로 전진 하라고 명하셨다.

우리는 문제에 닥치면 아무것도 하지 않고 가만히 있으면 하나님이 다 처리해 주시리라 생각한다. 또는 시간이 가면 다 해결되겠거니 믿어버린다. 하지만 하나님은 앞으로 전진하라고, 지팡이를 내밀라고 말씀하신다. 앞에 방해물이나 장애가 있다고 우물쭈물 대면 안 된다. 우리가 담대한 믿음을 가지고 앞으로 나갈 때 하나님은 홍해를 갈라 마른 대로를 만들어 주신다. 앞으로 나가는 자에게 기적이 일어난다.

절망스럽고 혼란스럽고 고통스러운 상황에 처해 있는가? 주저앉아 원망하고만 있으면 나는 하나님의 구원의 역사를 체험할 수 없다. 자리에서 일어나서 믿음의 발걸음을 내딛고 푯대를 향해 전진해야 한다. 가만히 있는 것은 문제 해결에 전혀 도움이 안 된다. 하나님의 명령에 순종하여 앞을 향해 나갈 때 우리에게 닥친 문제들이 하나님께 영광 돌리는 기회가 된다.

'내가 애굽 사람들의 마음을 완악하게 할 것인즉 그들이 그 뒤를 따라 들어갈 것이라. 내가 바로와 그의 모든 군대와 그의 병거와 마병으로 말미암아 영광을 얻으리니 내가 바로와 그의 병거와 마병으로 말미암아 영광을 얻을 때에야 애굽 사람들이 나를 여호와인 줄 알리라 하시더니…….(출 14:17~18)'

하나님께서 우리를 위해 싸우시는 이유는 하나님만이 유일한 신임을 드러내기 위해서이다. 하나님은 우리의 역경을 통해 하나님의 살아계심을 드러내고 싶어 하신다. 지금까지 우리는 얼마나 하나님의 마음에 합당하게 행동했는가? 하나님께서 계획한 시험은 하나님의 능력으로만 감당할 수 있다. 내 능력, 내 지식, 내 방법으로는 절대로 해결할 수 없다. 그런데도 우리는 어려움이 닥칠 때마다 세상의 사람, 돈, 권력, 명예를 의지한다. 세상적인 방법과 수단이 나의 모든 문제를 해결해준다고 생각할 때가 얼마나 많은가?

문제가 생길 때마다 하나님을 얼마나 찾았는지 자문해보라. 아침에 일어났는데 어깨가 결리고 무릎이 삐걱거릴 때, 아침 밥상은 무엇을 차릴까 생각할 때, 아이들이 말 안 듣고 말대꾸하고 옳지 못한 행동할 때, 출근하는 차에 올라탔을 때, 마음에 들지 않는 상사나 사람을 만났을 때, 깨끗하지 못한 생각이 불현듯 들었을 때, 감정이 격해져서 남에게 상처 주는 말을 했을 때, 마음이 불안하고 허전할 때, 기획안을 작성하거나 어떤 일을 이끌어가야 할 때, 가족과 함께 이야기할 때, 잠자리에 들었을 때 등 한 순간 한 순간 하나님을 얼마나 찾았는지 생각해 보라.

이런 소소한 일상은 전혀 문제될 것이 없다고 생각하는가? 혼자서도 잘 할 수 있다고 생각하는가? 그렇다면 교통사고가 났거나, 아이가 납치당했거나, 암 진단을 받았다면 어떤가? 이것은 큰 문제라고 생각하는가?

하나님의 관점에서는 크고 작은 일이란 없다. 그 모든 일을 처리하는 것이 하나님의 관점에서는 아무것도 아니기 때문이다. 하나님의 능력이 무한하다는 사실을 하나님은 우리의 삶을 통해 드러내고 싶어하신다. 한 가지를 결정하더라도 하나님의 지혜로 탁월하게 하기를 바라시고, 작은 일을 진행하더라도 하나님의 방법대로 하기 원하신다. 왜냐하면 우리의 삶을 보고 세상 사람들이 감탄하게 만들어야 하기 때문이다.

하나님께서 이스라엘 백성을 애굽에서 구출하신 이유는 하나님의 법을 준행한 이스라엘 백성이 모든 민족 위에 뛰어나서 이방인들이 그들을 부러워하게 만들려는 것이었다. 그래서 하찮은 노예 신분이었던 백성을 저토록 뛰어나게 만드신 하나님을 그들도 섬기게 하려는 것이었다.

하나님께서 나를 자녀 삼아 주신 이유와 동일하다. 하나님께서 주신 법에 순종할 때, 나를 모든 사람 위에 탁월하게 만드셔서 그들이 내 안에 계신 하나님을 섬기고 싶은 열망이 생기도록 하기 위함이다. 이제 주위를 둘러보자. 주위에 있는 사람들이 나를 보면서 하나님을 믿고 싶은 열망이 생기는가? 혹시 나 때문에 하나님을 욕되게 하고 있지는 않은가?

땅과 하늘과 세상과 세상에 속한 모든 것은 하나님의 주권 아래 있다. 이 세상은 다 하나님 것이라는 말이다. 우리가 하나님의 자녀라고 말하면서 하나님께 아무것도 묻지 않는 것은 이 세상의 주권이 하나님께 있지 않고 나에게 있다고 말하는 것과 같다. 이 세상의 중심이 하나님이 아니라 나라고 주장하는 것과 같다.

우리는 한 치 앞을 내다볼 수 없다. 사람의 마음도 알 길이 없다. 어디서 어떤 행동을 하고, 어떤 말을 해야 하나님의 영광을 드러낼 수 있는지 순간순간 막막하다. 내 방법대로 살아온 지난날을 돌이켜보라. 내 방법은 하나님의 방법과 반대일 경우가 대부분이다. 하나님께서 세상 만물을 통치하시고, 사람의 폐부까지 살피신다는 사실을 믿는다면, 아무것도 모르는 내 생각을 우길 여지가 없어진다.

내 방법대로 하면 모든 일이 더 악화되고 괴로워진다. 사람과의 관계는 깨지고, 내가 설 자리는 없어진다. 마음은 더욱 공허해지고 절망하게 된다. 그러나 하나님의 방법에 순종하면 마음의 부담이 사라지고 즐거워진다. 사람들과의 관계가 회복되고 많은 사람들이 나와 함께 있고 싶어 한다. 하나님께서 주시는 평안과 행복을 누리며 날마다 감사하며 살게 된다. 이런 우리의 삶을 보고 세상 사람들이 부러워하게 된다. 내 안에 역사하시는 하나님의 능력이 나의 삶을 통해 드러나는 순간이 온다.

2장

하나님의 말씀

십계명의 의미

그렇다면 하나님의 방법이란 무엇인가? 내 방법이 아닌 하나님의 방법으로 살려면 그 방법이 무엇인지 알아야 한다.

이스라엘 백성에게 하나님의 방법은 모세가 시내산에서 하나님께 받은 계명이다. 하나님은 이스라엘 백성이 가나안에 들어갔을 때 지켜야 할 법을 세세하게 가르쳐주셨다. 출애굽기 20장부터 23장까지 하나님은 십계명을 시작으로 제단에 관한 법, 종에 관한 법, 폭행에 관한 법, 소유에 관한 법, 배상에 관한 법, 도덕에 관한 법, 공평에 관한 법, 안식일과 안식년에 관한 법, 세 가지 절기에 관한 법을 세워주셨다. 그리고 각 법에 대해 상세하고도 치밀하게 지도해 주셨다.

하나님께서 법을 주신 이유는 하나님의 성품을 드러내기 위함이다. 하나님께서 주신 법 하나 하나는 하나님이 어떤 성품의 소유자인지 잘 말해준다. 우리는 법을 통해 하나님께서 우리에게 원하시는 삶이 어떤 것인지 알게 된다.

십계명을 통해 하나님은 하나님만이 인생을 책임질 수 있는 유일한 신이며, 인생에 복을 주실 분이며, 거룩하신 분이며, 안식을 주시는 분이며, 인간의 수명을 주관하시는 분이며, 죄를 미워하시며, 세상 모든 것이 하나님의 것이라는 사실을 드러내셨다. 또한 다른 법들을 통해 하나님은 예배를 중요하게 생각하시며, 공평과 정의를 사랑하시며, 사회적 약자를 사랑하시고 보호하시는 분이며, 하나님은 찬양받고 경배 받아야 할 분임을 나타내셨다. 하나님은 법을 통해 그분의 성품을 드러내시고 우리도 하나님의 성품을 닮아 살아가기를 바라신다.

십계명 중 첫 번째 계명은 '너는 나 외에는 다른 신들을 내게 두지 말라' 이다. 이 계명을 가장 먼저 언급하신 이유는 '우상숭배'를 하나님께서 가장 싫어하시기 때문이다. 우상은 신이 아니다. 그것은 사람이 만든 형상에 불과하다. 그 형상에 대고 복을 달라고 비는 행위 자체가 얼마나 어리석은 짓인지를 하나님은 말씀하고 싶으신 것이다.

하나님은 '너를 위하여 새긴 우상을 만들지 말고 또 위로 하늘에 있는 것이나 아래로 땅에 있는 것이나 땅 아래 물속에 있는 것의 어떤 형상도 만들지 말며, 그것들에게 절하지 말며 그것들을 섬기지 말라(출 20:4~5상)'고 말씀하셨다. 우리는 우상이 자연, 즉 일월성신이나 나무, 돌, 금속 등으로 만든 형상이라 생각한다. 그래서 그런 형상에 절하거나 그 앞에 드린 제물을 먹지 않으면 우상을 섬기지 않는다고 말한다.

그렇다면 요즘 젊은 세대들이 아이돌(우상)이라 떠받드는 가수들이나 댄스그룹은 우상이라 할 수 없는가? 현대를 살고 있는 사람들은 여러 가지 물질문명에 마음을 빼앗기고 산다. TV, 컴퓨터, 스마트폰 등에서 쏟아지는 정보와 이야기들을 들으면서 시간 가는 줄을 모른다. 우리는 하나님보다 이런 것들을 생각하고 접하는 시간이 훨씬 많다. 또 이런 물질적인 것이 아니라도 자식을 생각하거나, 출세를 생각하거나, 부나 인기를 생각하는 시간이 압도적으로 많은 것이 사실이다.

그러나 하나님은 말씀하신다. 하나님보다 더 오래, 더 깊이, 더 많이 생각하고 보는 것은 모두 다 '우상'이라고! 우리는 하나님을 생각하지 않으면 세상 것을 생각할 수밖에 없는 존재이다. 하나님께서 우리를 사람으로 지으셨기 때문이다. 사람은 생각하는 존재이다. 사람의 형상을 한 이상 우리 모두는 생각의 끈을 놓을 수 없다. 종종 누군가 실수를 저지르면 '아무 생각 없이 사는 인간'이라고 욕하기는 하지만, 사람은 실수를 하면서도 생각을 하게 되어 있다.

하나님에 대한 생각을 멈추는 순간, 세상의 생각이 우리를 가득 채운다. 그러면 우리는 세상의 가치와 돈과 명예를 좇아 살게 된다. 하나님의 것보다 세상 것이 좋아 보이는 이유는 우리 마음이 세상의 것으로 가득 채워져 있기 때문이다.

세상이 세뇌시킨 행복을 찾기 위해 하나님의 방법이 아닌 세상의 방법과 내 방법으로 인생을 살아간다. 세상은 으리으리한 집과 좋은 차와 많은 돈이 행복을 가져다 줄 것이라고 우리를 세뇌시킨다. TV만 켜면 나오는 모든 광고가 세상의 것을 가지지 못하면 도태되고 불행해진다고 강요하는 내용이다.

또 우리는 자녀를 교육시키는 일에 골몰한다. 어떻게 하면 돈을 많이 벌 수 있을까? 뭘 해야 다른 사람이 나를 알아줄까? 등의 문제를 고민한다. 세상의 사람과 부와 권력과 명예를 생각하느라 하나님을 생각할 시간이 없다.

하나님은 우리에게 앉았을 때나, 서있을 때나, 누웠을 때나, 길을 갈 때나, 하나님의 말씀을 생각하고, 들어오고 나가는 문설주에 하나님의 말씀을 붙이고, 손목에 매고, 이마에까지 붙이면서 그 말씀을 묵

상하라고 하셨다. 우리가 세상의 우상들에 빠져 있는 동안, 하나님의 존재는 내 삶에서 흔적도 없이 사라진다.

우상숭배는 하나님께서 주신 십계명 중에 가장 큰 죄라는 사실을 명심해야 한다. 우상숭배가 얼마나 큰 죄인지를 다루기 위해 하나님은 십계명의 두 계명을 할애하셨다. 오늘 내 삶에 도사리고 있는 우상이 무엇인지 하나님의 관점에서 생각해 보아야 한다.

하나님께서 주신 세 번째 계명은 '네 하나님 여호와의 이름을 망령되게 부르지 말라'이다. 이 말은 하나님의 이름을 오용하거나 남용하지 말라는 뜻이다. 하나님의 이름을 옳지 않게 잘못 사용하는 것은 큰 죄이다. 하나님의 이름이 함부로 사용되는 경우는 지도자나 권력자들의 행동에서 자주 볼 수 있다. 예컨대, 교회의 목회자들은 자신이 하고 싶은 일이 하나님의 뜻과 일치한다고 착각하면서 자신의 뜻을 피력할 때 하나님의 이름을 들먹인다. 하나님께서 주신 응답이라고 교회에 선언하면 아무도 반기를 들지 못하기 때문이다.

또 기득권층이 심각한 잘못을 했을 때 자신의 잘못을 무마하기 위해 하나님의 이름을 써먹기도 한다. '하나님이 나한테 이렇게 하라고 하셨다' '하나님께서 나에게 특별히 지시를 내리셨다' 등의 어처구니없는 소리를 해대면서 하나님의 이름을 망령되게 한다. 이들은 하나님을 전혀 알지도 못하고, 하나님도 믿지 않는 사람일 공산이 크다. 성경을 한 번만 읽어봤어도 그런 황당한 말은 지어내지 못할 것이다. 그런데 그런 황당한 소리를 해도 또 믿는 교인들도 있다는 게 문제다.

하나님의 이름이 얼마나 망령되이 사용되고 있는지 우리는 우리 주변에서도 적잖이 볼 수 있다. 이는 하나님의 성품을 한쪽으로 치우쳐 생각하고 말하는 경우이다. '사랑의 하나님이 어떻게 그렇게 무서운 심판을 내리실 수가 있지? 그럴 리는 없어' '내 잘못은 용서해 주시지만, 저 사람은 잘못했으니까 벌주실 거야' '생명 있는 것은 모조리 죽이라고 하시다니 하나님은 피도 눈물도 없는 무자비한 분인가 봐' 등 우리는 자주 하나님의 성품을 한쪽으로 치우쳐서 생각한다. 그러면서 자신이 판단한 하나님이 진짜 하나님이라 생각하고 다른 사람에게 말한다. 이것이 바로 하나님의 이름을 망령되이 일컫는 행동이다. 우리의 생각에 따라 하나님의 이름을 잘못 사용하거나 지나치게 이용하는 것이 하나님의 이름을 망령되게 하는 것임을 우리는 한순간도 잊어서는 안 된다.

하나님께서 우리에게 주신 네 번째 계명은 '안식일을 기억하여 거룩하게 지키라.' 이다. 안식일은 하나님께서 6일 동안 이 세상을 지으시고 7일째 되는 날 쉬셨기 때문에 그 하나님을 찬양하고 거룩하게 지내는 날이다. 하나님은 이 날 아무 일도 하지 말라고 하셨다. 그리고 안식일을 복되게 하시고 거룩하게 구별하셨다. 이 날 아무 일도 하지 말라고 하신 하나님의 뜻은 무엇일까?

실제로 우리는 주일에 많은 일을 한다. 주중에 하는 일보다 주일에 일을 더 많이 하는 교인도 있다. 설교도 하고, 주일학생들도 가르치고, 점심 준비도 하고, 교회 청소도 하고, 설거지도 하고, 꽃꽂이도 하고, 성가대에서 노래도 부르고, 물건을 사거나 장을 보고, 집안일도 한다. 그렇다면 우리는 하나님의 말씀을 어기는 것일까? 하나님은 우리가 안식일을 어떻게 알고, 어떻게 지내기를 바라시는 걸까?

하나님께서 안식일을 지키라고 하신 이유는 우리에게 천국을 미리 연습시키기 위함이다. 주일에 교회로 모이면 하나님을 만난다. 말씀을 통해, 찬양을 통해, 하나님의 사람들 즉 성도를 통해 하나님의 임재하심을 체험한다. 이 체험이 없는 사람은 교회를 의무적으로 다니는 사람들이다. 예배가운데 임재 하셔서 나에게 복 주시는 하나님, 그 하나님과 함께 함이 즐거운가? 천국에 가면 영원토록 하나님과 함께 있어야 한다. 그 하나님을 찬양하고 경배하는 일이 바로 우리의 할 일이다.

그런데 지금 이 땅에서 하나님과 함께 있는 일주일 중 한 시간이 어색하고 불편하다면 천국에 가더라도 그 곳은 천국이 아닐 것이다. 예배시간이 지루하고 재미없다면 하나님과 어떻게 영원히 살 수 있겠는가? 함께 있기 거북한 사람과 시간을 보내 본 적이 있는가? 그것만큼 고역도 없다. 무슨 말을 해야 할지, 이 분위기를 어떻게 이끌어가야 할지, 빨리 이 시간이 흘러가 버렸으면 좋겠다는 생각만 맴돌고, 재미없는 이 상황에서 빨리 벗어났으면 하는 바람이 가득했던 경험. 이 경험을 누구든 한 두 번은 해봤을 것이다. 이런 마음으로 평생 하나님을 대하다가 천국에 가면 갑자기 하나님과의 관계가 친밀해지고 아무것도 거리낌이 없는 사이가 될 것이라고 생각하는가? 하나님과 함께 하는 예배시간이 고역이라 생각하면서 어떻게 천국을 소망할 수 있겠는가?

하나님은 주일을 거룩하게 구별하여 우리에게 주일만이라도 하나님과 함께 사는 연습을 하라고 하신다. 하나님의 말씀을 사모하여 그 말씀을 듣고, 일주일 동안 있었던 일도 하나님과 도란도란 나누고, 우리가 하나님과 함께 있는 시간을 즐겁게 여기도록 하시고 싶은 것이다.

그런데 우리는 주일을 대하는 마음이 어떤가? 주일 예배시간 한 시간이 지겹고 괴롭다. 그래서 지각도 수시로 하고, 설교시간에 졸기도 한다. 하나님께서 내 옆에 앉아 내 어깨에 손을 얹고 하나님 좀 봐달라고, 같이 얘기 좀 하자고 얼마나 간절한 마음으로 나를 바라보시는데, 나는 안면몰수 한다. 예배시간 한 시간 안 지키면 하나님께서 벌 내리실까봐, 다른 교인들이 나를 믿음 없는 사람으로 낙인 찍을까봐 교회에 간다. 그러면서 세상 것 다 버리고 하나님 선택했다고, 주일성수 했다고 스스로를 위로한다.

하나님은 우리가 예배를 통해 진정한 안식을 누리기 원하신다. 괴로움 많은 이 세상의 안식은 일주일 중 주일 하루지만, 저 천국에서는 영원한 안식을 누릴 수 있다는 소망을 우리가 갖기 원하신다. 하나님은 우리가 안식일을 통해 하나님의 그 크신 품 안에서 세상이 줄 수 없는 평안을 누리기 원하신다. 이 평안을 누려 본 사람만이 저 천국의 안식을 소망할 수 있다. 주일은 천국 예행연습 하는 날이란 사실을 뼛속에 새겨 넣어야 한다.

하나님께서 우리에게 안식일을 주신 두 번째 이유는 우리 자신을 산 제물로 하나님께 온전히 바치기를 원하시기 때문이다. 6일 동안 우리는 많은 일을 하며 산다. 내 방법, 내 지식, 내 생각, 내 의견을 바탕으로 일을 하고 사람들을 대한다. 세상에서 얻은 기존 지식과 선입견과 편견을 토대로 일을 하다보면 일과 사람과의 관계가 복잡해지고 어려워져, 얽히고설킨 실타래처럼 실마리를 찾지 못하는 경험을 자주 하게 된다. 일 문제뿐 아니라 가족과의 관계, 심적인 문제, 정신적인 압박 등으로 힘겹고 괴로운 시간을 보내기도 한다. 마음은 거칠어지고 메마르고 날카로워진다.

하나님은 이 마음 그대로를 안식일에 들고 나오기 바라신다. 다듬지 않은 돌로 제단을 쌓으라(신 27: 5) 하신 하나님의 뜻은 우리의 마음 상태 그대로를 하나님께 가지고 나오기를 바라시는 것이다. '내 방법대로 했더니 이렇게 엉망이 됐어요' '저 지금 너무 괴롭고 힘들어요' '이런 문제가 있는데 어떻게 해야 할지 갈피를 못 잡겠어요' 하나님은 우리가 어떤 마음이든 가식 없는 그대로를 하나님께 드리기 원하신다. 그렇게 우리의 마음을 그대로 드릴 때 하나님은 그 마음을 받으시고 우리를 위로하시며, 해결책을 제시해 주신다. 내 방법이 아니라 하나님의 방법으로 살아야 함을 다시 깨닫게 해 주신다. 하나님께 마음을 그대로 내쏟아본 적이 있는가? 하나님은 이미 우리의 심장과 폐부까지 다 아시는 분이시다.

그런데도 우리는 괜찮은 척, 안 힘든 척, 아무 문제없는 척한다. 우리의 죄는 교묘히 숨겨놓고 겉으로는 경건한 척, 거룩한 척한다. 다른 성도를 미워하고 질투하면서 겉모습은 아닌 척한다. 속으로는 욕하고 비난하면서 겉으로는 칭찬하고 아껴주는 척한다. 이런 위선적인 모습을 한 바리새인과 사두개인들에게 예수님이 뭐라고 하셨는지 성경을 한 번 읽어보라.

안식일은 하나님께 내 모습 그대로를 드리는 날이다. 쪼개지고 상한 마음, 증오와 분노의 마음, 섭섭하고 우울한 마음, 타는 갈증을 해소하고 싶은 마음, 막막하고 두려운 마음, 인생의 문제로 갈팡질팡하는 마음 등 내 마음 그대로를 하나님께 토설하는 시간이 바로 안식일이다.

하나님께 내놓아야 할 것은 우리의 다듬지 않은 마음이지 돈 몇 푼이 아니다. 헌금 얼마 했다고 하나님께서 내 문제를 다 해결해 주시리라 생각했다면 큰 오산이다. 하나님은 돈이 필요 없으신 분이다. 이 세상과 그 안에 있는 것이 모두 하나님 것인데 우리가 드리는 돈 몇 푼이 무슨 소용인가? 이는 5천억 원 가진 사람에게 50원 주면서 어떻게 해보려는 것과 비슷하다.

또 교회에서 하는 봉사나 헌신을 내세우면서 하나님이 복주시리라 생각하는 교인도 많다. 이는 교인뿐 아니라 목회자도 적극 권장하는 일이다. 교회에서 충성 봉사 많이 하면 하나님이 복(?)을 주신다고 세뇌시킨다. 하나님의 복이 무엇인지도, 진정한 충성이 무엇인지도 모른 체 교인들은 교회 일이라면 뼈가 빠지게 열일 제쳐두고 한다. 그러면서 하나님께서 안식일에 약속하신 복을 받을 것이라고 착각한다. 평생을 교회에서 헌신했지만, 진정한 안식을 맛보지도 못하고 살아가는 교인이 얼마나 많은가?

안식일은 나를 주님께 산 제물로 드리는 날이다. 세 살짜리 아이가 자기 생각을 아무 가식 없이 부모에게 미주알고주알 이야기하는 것처럼 우리도 우리 마음을 들고 아무런 가식 없이 은혜의 보좌 앞에 담대히 나가야 한다.

하나님께서 안식일을 주신 세 번째 이유는 우리가 세상 사람들과 구별된 삶을 사는 모습을 나타내기 위해서이다. 이스라엘 백성을 종살이에서 구원하신 하나님의 뜻은 하나님의 백성이 된 이스라엘이 하나님의 법을 지켰을 때 모든 민족 위에 뛰어나게 하셔서 이방민족이 부러워하게 하여 그들도 하나님을 믿게 하기 위함이었다. 하나님께서 우리를 자녀 삼아 주신 이유와 동일하다.

하나님의 자녀로 구별된 삶, 예수님을 마음에 모시고 사는 삶, 주님의 말씀에 순종하는 삶을 통해 우리를 만인 위에 뛰어나게 하셔서 많은 사람들이 우리의 삶을 부러워하도록 만들어 하나님을 믿게 하기 위한 하나님의 놀라운 계획이 우리 안에 있다.

하나님의 말씀에 순종하는 삶을 살면 우리는 탁월해질 수밖에 없다. 하나님께서 그렇게 만들어주시니까. 그 때 사람들은 우리에게 관심을 가지고 우리의 삶을 관찰하게 된다. 어떻게 저렇게 훌륭한 생각을 할 수 있을까? 무엇이 저 사람을 저토록 위대하게 만들었을까? 어떻게 그 어려운 상황을 극복할 수 있었을까? 사람들은 궁금해 한다. 그들은 곧 주일마다 교회에 가는 우리의 모습을 알아채게 될 것이다. 그래서 그들도 하나님께 나오게 되는 것이다.

그런데 우리는 이 놀라운 선순환의 과정을 종종 잊고 산다. 내 삶을 통해 하나님을 드러내야 한다는 말씀을 행동이 아니라 입으로 때우려고 한다. 6일 동안의 삶에서는 전혀 예수 믿는 사람의 면모를 보여주지 못한다.

맡은 일에 충실하지도 않고, 참을성 없이 화도 잘 내고, 주위사람들을 불편하고 곤란하게 하며, 다른 사람의 유익보다 자신의 유익만을 챙기며, 사치와 허영을 여과 없이 드러내고, 무절제한 행동과 시간 낭비를 밥 먹듯 하고, 험담과 비난의 말을 입에 달고 살고, 당연히 해야 할 일조차 미루고 살 때가 얼마나 많은가! 삶의 기준을 어디에 두고 살아야 하는지조차 감을 잡지 못하고 산다.

하나님의 말씀은 먼지를 뒤집어쓰고 구석으로 밀려나 있다. 하나님께서 나를 자녀 삼아 주셨다는 사실 자체를 망각하고 살아간다. 세상이 주는 정보와 매체 속에서 허우적대기 바쁘다. 하나님의 방법이 아닌 내 방법으로 세상을 살아간다. 때론 예수님 안 믿는 사람보다 더 악랄하게, 더 지독하게 행동한다. 세상 사람들이 손가락질 하는 삶을 살면서 어떻게 하나님의 영광을 드러낼 수 있단 말인가? 그러면서 교회에 와서는 하나님만 사랑한다고, 하나님 뜻대로 살고 싶다고 잘도 주절댄다.

하나님은 안식일을 거룩하게 구별하셨다. 안식일을 지키는 우리를 거룩하게 세상과 구별하셨다. 6일 동안 하나님의 말씀대로 산 우리가 거룩한 주일에 하나님과 더욱 친밀해지며, 하나님을 경배하고 찬양하라고 안식일을 주셨다. 6일 동안 역사하신 하나님의 은혜에 감사하고, 예수님의 사랑을 세상 사람들에게 전할 수 있음에 감사하고, 또 그 사랑을 새롭게 채움 받기 위해 주일이 필요하다.

그런데 우리는 세상 사람들과 별반 다를 바 없이 살아간다. 하나님께서 6일 동안 내게 어떤 은혜를 주셨는지 관심도 없다. 그러면서 당장 부족한 것, 필요한 것만 구하기 바쁘다. 안식일을 기억하여 거룩히 지키라고 하신 하나님의 뜻을 지금이라도 겸허히 받아들이고, 그 날에 주시는 복을 그냥 흘려버리지 말아야 한다.

십계명 중 다섯째 계명은 '네 부모를 공경하라' 이다. 하나님은 부모를 공경하면 '네 하나님 여호와가 네게 준 땅에서 네 생명이 길리라(출

20:12)'고 말씀하셨다. 또 '네가 이 땅에서 하는 일이 잘되리라'고도 하셨다. 이 땅에서 오래 건강하게 살고, 하는 일마다 성공하고 싶으면 부모를 공경해야 한다.

그렇다면 부모 공경은 무엇일까? 어떻게 해야 부모를 잘 공경한다 할 수 있을까? 부모 공경을 한마디로 표현하자면 부모를 기쁘게 하는 것이다. 우리는 먼저 부모가 언제, 무엇을 기뻐하시는지를 살펴야 한다. 부모는 자식이 잘 되면 기쁘다. 그래서 자식이 잘 될 수만 있다면 빚을 얻어서라도 뒷바라지 하는 것이다.

자식이 잘 되려면 부모 말에 순종해야 한다. 인생의 경험이 많은 어른들은 어떤 행동이 어떤 결과를 낳는지 알고 있다. 어른들은 좀 더 넓은 시선으로 좀 더 멀리 인생을 볼 줄 안다. 그래서 아직 어린 자녀들에게 가장 좋은 길을 제시해 줄 수 있다. 특히나 하나님을 믿는 부모는 하나님의 지혜와 하나님께서 삶에서 주신 깨달음을 자녀들에게 가르친다.

하나님께 받은 지혜와 깨달음은 삶을 최고로 이끄는 인도자 역할을 한다. 그 말씀에 순종할 때 최고의 삶을 살 수 있는 것이다. 그러나 아이들은 앞을 내다보지 못한다. 아직 인생을 살아보지 않았기 때문이다. 부모 말에 순종하는 것이 부모를 공경하는 첫걸음임을 알아야 한다.

부모의 말에 순종하고, 부모의 뒷바라지를 받아 성공한 자녀는 부모를 어떻게 공경할 수 있을까? 부모는 형제가 화목하게 지낼 때 기뻐한다는 사실을 알아야 한다. 성공한 자녀가 다른 형제를 무시하거나 돌보지 않고, 형제자매 간에 마음이 맞지 않아 만나기만 하면 으르렁 댄다고 생각해 보라. 그 모습을 보는 부모는 억장이 무너진다.

세상이 강요한 성공은 이루지 못했지만 형제간에 화목하여 서로 챙겨주고 아껴주는 모습을 본다면 부모 마음은 기쁨으로 가득 찰 것이다. 누가 더 잘났고, 잘 못 났음을 따지기 이전에 우리는 한 부모의 자식들임을 잊지 말아야 한다.

형제가 화목하여 부모를 기쁘게 하면서 우리가 해야 할 부모공경은 부모님의 필요를 채워드리는 것이다. 부모는 자식을 키우기 위해 최소 20년을 헌신한다. 때로 30년 이상 헌신하는 부모도 있다. 갓 태어나서 아무것도 못하는 핏덩이를 어엿한 성인으로 키우기까지 부모가 어떤 희생을 치르는지는 자신이 자식을 낳고 키워봐야 안다. 말로 표현하기 힘든 출산의 고통, 밤낮을 가리지 못하고 칭얼댈 때 어르고 받아주어야 하는 희생, 병에 걸린 아이를 간호하느라 뜬눈으로 지새운 날들의 고통, 말 안 듣고 뻗대는 아이를 올바로 가르치기 위해 회초리를 내리쳐야 하는 괴로움, 아이의 교육비를 마련하기 위해 더욱 허리를 졸라매야 했던 곤궁함, 아이의 사춘기를 지나며 겪는 수없는 갈등과 마음조림, 아이의 입장이 되어보려고 몸부림쳤던 그 많은 날들. 이런 과정을 겪지 않으면 아이는 한 사람의 어엿한 인간이 되지 못한다. 그 모든 과정 속에 부모의 희생과 헌신이 고스란히 녹아 있다는 사실을 명심해야 한다.

나를 위해 헌신한 부모는 내가 성인이 되어 결혼을 하고 가정을 꾸리면서 점점 힘을 잃어간다. 경제적인 힘, 육체적인 힘, 심적인 힘이 약화되는 것이다. 이럴 때 자녀가 해야 할 부모 공경은 부모님을 자주 찾아가서, 힘이 되어 드리고, 경제적 필요를 채워드려야 하는 것이다.

가끔 자신은 부모에게 아무것도 받지 않았으니 해 줄 필요 없다고 큰소리치는 사람이 있는데, 이는 자신의 존재 자체를 부정하는 말임을 알아야 한다. 부모가 낳아주지 않았으면 자신이 어떻게 이 땅에 살 수 있는가 말이다. 또 낳아주기만 했지 부모가 키워주지 않았다고 마음에 앙금을 품는 사람이 있는데, 이런 사람은 지금까지 하나님께서 주신 은혜로 살아왔음을 인정하는 법을 배워야 한다. 부모 공경은 순종과 형제자매간의 화목과 경제적인 필요를 채워드림으로 할 수 있다.

'살인하지 말라'는 하나님께서 주신 여섯 번째 계명이다. 살인은 사람의 목숨을 빼앗는 행위이다. 생명은 하나님의 주권 하에 있다는 사실을 망각하고 사람이 자신의 감정대로 다른 사람의 목숨을 빼앗는 행위는 하나님 보시기에 커다란 죄이다. 우리는 살인을 말할 때 우리와는 별 상관이 없는 죄라고 생각한다. 그러나 우리는 칼이나 총, 또는 다른 무기를 사용하여 사람을 죽이는 행위 자체만을 생각해서는 안 된다.

우리는 말로도 사람을 죽일 수 있다. 어떤 말은 비수와 같이 사람의 가슴에 꽂힌다. 어떤 말은 가시와 같이 박혀서 다른 사람에게 상처를 입힌다. 그 상처가 곪거나 썩어서 결국 죽음에 이를 수도 있음을 알아야 한다. 날카로운 말 한마디가 가슴 깊이 파고들어 좌절로 이어지고, 우울증을 겪게 하는 원인이 될 수 있음을 알아야 한다. 얼마나 많은 사람들이 우울증을 앓으며 자살을 생각하는지 우리는 여러 경로를 통해 잘 알고 있다. 내가 한 말 한마디가 누군가의 가슴속에 비수로 남거나, 가시가 되어 썩고 있을 수 있음을 알아야 한다. 예수님은 '라가(바보, 멍청이라는 뜻)'라고만 형제에게 욕하는 것도 살인과 같다고 말씀하셨다. 예수님의 관점에서 보면 우리는 얼마나 많은 사람들을 살인하고 있는가!

또한 우리의 행위 하나 하나가 다른 사람에게 치명적인 상처가 될 수 있음을 생각해야 한다. 다른 사람은 배려하지 않고 나의 이익만을 위하는 행동들, 나만 편하면 괜찮다는 이기주의적인 행동들, 남은 불행해져도 나만 행복하고 즐거우면 그만이라는 생각에서 나온 행동들, 다른 사람의 수고는 인정하지 않으면서 나만 높아지려는 교만의 행동들, 다른 사람을 함부로 판단하고 무시하는 행동들, 다른 사람의 잘못은 절대 용납 못하면서 자신이 같은 잘못을 저질렀을 때는 합리화하는 행동들, 이런 행동들이 다른 사람에게 얼마나 큰 상처가 되는지를 알아야 한다. 이와 같은 행동은 다른 사람에게 상처가 될 뿐만 아니라 우리 자신의 인격에도 큰 흠집을 낸다.

우리는 하나님의 성품을 따라 거룩하고 흠 없는 사람이 되어야 한다. 우리의 행동 하나 하나가 하나님을 드러내는 도구임을 생각해야 한다. 하나님께 영광 돌리는 도구를 가지고 다른 사람을 상처주고 괴롭게 하고 결국 죽음에 이르게 하는 일은 크나큰 죄가 아닐 수 없다. 우리는 하나님의 관점에서 '살인'이 무엇인지 깊이 생각해 보아야 한다.

하나님의 일곱 번째 계명은 '간음하지 말라'이다. 간음은 우리 몸과 직결된 죄이다. 하나님께서는 간음에 대해 레위기 20장 10절~21절 말씀에서 매우 세밀하고 명확하게 다루고 계신다. 근친상간과 동성애와 동물과의 교합에 대해 명확하게 죄라고 명명하셨다. 하나님께서는 이런 죄가 우리 삶에 얼마나 큰 걸림돌이 되는지 아시기 때문에 상세하면서도 강력하게 경고하신 것이다.

정욕의 통로는 많고도 많다. 우리는 사람들과 함께 사는 존재이기 때문이다. 사람들 간의 교제를 통해, 대중매체를 통해, 책이나 언론을 통해, 자신의 생각을 통해 우리는 정욕의 유혹을 받으며 산다. 남자와 여자가 끌리는 것은 본능이며, 이 본능은 하나님께서 부여하신 것이라 주장하며 옳지 못한 관계를 합리화하는 사람들이 있다. 물론 남녀가 하나님 안에서 부부로 하나 되는 것은 바람직한 일이다. 그러나 부부관계 이외의 부적절한 관계는 하나님의 관점에서 손도 대지 말고 돌로 쳐 죽여야 하는 더러운 죄이다.

현대사회는 점점 간음에 대한 죄의식이 희박해지고 있다. 분별없이 만들어지고 배포되는 음란물, 아내나 남편에게만 정조를 지키고 사는 사람을 바보 취급하는 사회적 분위기, 혼전성관계를 조장하고 자극하는 여러 가지 상황들, 필요에 따라 이혼이 합리화되는 결혼관, 남녀 간의 합의만 있으면 간음이 성립되지 않는다는 사회적 통념 등이 간음이 얼마나 큰 죄인지를 망각하게 하고 그 심각성을 희석시키고 있다.

사회적, 문화적으로 아무리 간음이 별 것 아닌 것처럼 인식된다 해도 신앙인은 이를 크게 경계해야 한다. 예수님은 음욕을 품는 자체가 간음이라고 말씀하셨다. 지나가는 여자 다리를 보면서 음란한 생각을 품었다면 이것이 죄가 된다. 탄탄한 근육질 남자 몸매를 보면서 '저 남자 품에 한 번 안겨봤으면' 하고 생각만 해도 간음이 되는 것이다. 간음을 저질러서 이혼당한 여자가 다른 남자에게 시집가도 간음이고, 이혼당한 여자와 결혼한 남자도 간음죄에서 자유로울 수 없다.

예수님은 '음행한 연고 외에 아내나 남편을 버리고 다른 데 시집가고 장가가는 것은 간음이라' 하셨다. 성경은 '하나님이 하나 되게 하신 것을 사람이 나누지 못할지라'고 말씀하고 있다. 세상이 규정하는 간음과 하나님께서 규정하신 간음에는 큰 차이가 있다. 하나님의 법은 인간의 법을 초월한 법이다. 인간의 법도 지키지 못하면서 하나님의 법을 지킬 수 있으리라 생각하는가? 하나님의 법은 하나님의 관점에서 해석되어야 하고, 하나님의 기준에 맞춰 지켜져야 한다. 그런데도 우리는 하나님의 법을 인간의 법 수준으로 끌어내릴 때가 얼마나 많은가? 그래서 우리 마음대로 하나님의 법을 판단하고, 이정도면 괜찮겠지 하면서 하나님의 법을 엉망으로 만들어 버린다.

우리는 간음에 대한 하나님의 관점을 성경을 통해 있는 그대로 받아들여 따라야 한다. 사람들이 아무리 죄가 아니라고 주장해도 하나님께서 죄라고 하시면 죄다. 죄를 죄로 받아들이지 않고, 교묘하게 왜곡하거나 합리화하면 우리에게 올 것은 죽음의 돌덩이 뿐이다.

하나님께서 우리에게 주신 여덟 번째 계명은 '도둑질하지 말라'이다. 도둑질은 자신의 것이 아닌 남의 것을 훔치는 행위이다. 도둑질의 대상은 물리적인 것과 지식적인 것, 무형의 권리에 대한 것이 있다.

물리적인 것은 눈에 보이는 물건을 뜻한다. 보석, 돈, 자동차, 옷, 동물 등 눈에 보이는 물건들이다. 이런 물건을 도둑질하면 눈에 금방 드러나기 때문에 세상의 법으로 어느 정도 처리가 가능하다.

지식적인 도둑질에는 논문 표절이나, 작곡 관련 표절, 정보 도용 등이 있다. 지식이나 정신적인 것에 대한 도둑질은 눈에 잘 드러나지 않기 때문에 도둑질이 드러나기까지 시간이 많이 걸리거나, 드러나지 않고 그냥 넘어가는 경우가 많다. 그래서 사람들은 정보를 훔치는 일을 대수롭지 않게 생각한다. 남이 힘들여 일궈놓은 지식을 자신은 아무 노력도 들이지 않고 그냥 써먹으려 한다. 수십 년에 걸쳐 개발한 한 회사의 핵심정보를 빼돌려 자신의 배를 불리는 데 써먹어도 우리나라는 그다지 크게 처벌하지 않는다. 수년을 고심하고 연구한 끝에 내놓은 논문을 표절해도 들통만 나지 않으면 무사통과다. 자신은 아무 노력도 들이지 않고 다른 사람이 공들여 쌓은 성과를 거저먹으려고 하는 사람, 일한 것보다 더 많고 좋은 결과를 바라는 사람, 자신의 몫을 더 가지기 위해 다른 사람이 받아야 할 분량을 가로채는 사람, 자신의 일을 추진하는데 다른 사람의 노동과 시간을 빼앗는 사람, 약속시간을 지키지 않는 사람들은 모두 도둑질을 한 사람들이다. 특히 시간을 지키지 않는 사람은 시간을 지키지 않은 만큼 그 사람의 생명을 빼앗은 것이 된다.

하루하루는 하나님께서 우리에게 허락하신 생명이다. 어제 죽은 사람에게는 오늘이란 시간이 없다. 하나님께서 허락하신 다른 사람의 생명을 내가 시간을 지키지 않아서 단축시킨 것이 된다. 그 사람은 그 시간에 좀 더 유용하고 의미 있는 일을 할 수 있었는데, 내가 약속을 지키지 않아서 허비해 버렸으니 이 얼마나 큰 죄인가? 다른 사람의 시간과 노력을 빼앗는 행위가 도둑질임을 명심하자.

무형의 권리에 대한 도둑질은 다른 사람의 권리를 빼앗는 행위를 말한다. 사람이 태어나면 국가가 보장하는 권리가 있다. 생존권, 참정권, 소유권, 자율권, 결정권 등 여러 가지 권리가 주어진다. 그런데 우리는 고의적, 또는 무의식적으로 다른 사람의 권리를 자주 빼앗는다. 예를 들어 각 사람에게 주어지는 투표권을 다른 사람이 정치적 목적으로 도용해서 사용하는 경우가 있다. 또 법을 교묘하게 역이용하거나 허점을 이용하여 다른 사람의 소유권을 빼앗는 경우도 있다. 폭력이나 부정한 수단을 사용하여 타인의 결정권을 빼앗는 경우도 우리는 많이 봐왔다. 요즘에는 인격과 재능의 양육 장소가 되어야 할 학교조차 다른 학생의 생존권을 위협하고 빼앗는 폭력집단 양성소로 전락하고 있는 실정이다. 다른 사람이 누려야 할 기본적인 권리를 빼앗는 모습을 보고 '도둑질'이라 생각하는 사람은 많지 않은 듯하다. 그러나 하나님은 내 것 아닌 남의 것을 빼앗는 행위는 모두 도둑질이라 하신다.

우리는 예수님을 믿음으로 하나님의 자녀가 되는 특권을 부여받은 사람들이다. 하나님께 사랑받을 권리가 우리에겐 있다. 하나님의 사랑은 예수님을 통해 내려왔다. 그런데 우리는 우리가 하나님께 충분히 사랑받을만한 존재라고 생각하는가? 나 하나가 천하보다 귀한 존재임을 믿는가? 나만 보면 기쁨에 겨워 춤을 추시는 하나님의 모습이 상상되는가? 보통은 그렇지 않다. 나는 하나님 앞에 추한 죄인이며, 괴수 중에 괴수이며, 미천하고 보잘 것 없어서 벌레만도 못한 존재로 생각될 때가 훨씬 많다. 하나님께서 우리를 구원하실 때 우리의 행위로 인함이 아니라 전적인 하나님의 은혜로 말미암았다고 말은 잘 하면서 말이다.

우리는 하나님의 사랑을 받을 자격이 충분하다. 이유는 하나님께서 우리를 자녀 삼아 주셨기 때문이다. 그런데 우리는 왜 그 사랑받을 권리를 행사하지 못하는가? 누가 우리에게서 그 권리를 빼앗아 갔을까? 사실 우리에게는 그 권리가 아직 유효하다. 그 권리는 이 세상 어느 누구도 어떤 권세도 빼앗아 가지 못한다.

그런데 그 권리가 빼앗긴 것처럼 느껴질 때가 있는데 그것은 우리가 서로를 정죄할 때이다. 서로를 비난하고 욕하고 헐뜯고 싸울 때 우리는 사랑의 특권을 잊어버린다. 다른 사람이 가진 권리를 빼앗고 오용하는 것도 경계해야 하지만, 우리는 그 사람이 그 권리를 가졌다는 사실을 망각하게 하는 행위도 해서는 안 된다. 우리가 서로 사랑할 때 그 특권이 빛을 발한다. 하나님의 사랑받을 권리를 행사해야만 우리는 세상 사람들을 사랑할 수 있다. 사랑은 도둑질을 막는 최고의 방패이다.

아홉 번째 하나님의 계명은 '네 이웃에 대하여 거짓 증거 하지 말라' 이다. 거짓말은 사적인 거짓말과 공적인 거짓말로 나눌 수 있다. 사적인 거짓말은 일상적으로 대부분의 사람들이 하는 거짓말이고, 공적인 거짓말은 사기나 조작, 재판에서의 허위진술처럼 법에 저촉되는 거짓말을 말한다. 사적인 거짓말은 또 악의의 거짓말, 선의의 거짓말로 나뉜다. 누군가에게 피해를 주기위해 옳지 못한 의도로 거짓말을 하는 경우와 충격이나 상처를 덜 주기 위해 하는 거짓말을 하는 경우가 있다. 또 그 상황을 무마하기 위해 지나가는 말로 하는 거짓말도 있고, 지킬 마음도 없는 약속을 하면서 거짓말을 하기도 하고, 자신의 약함이나 잘못을 덮기 위해 거짓말을 하기도 한다. 두려움을 감추려고 거짓말을 하고, 비난받지 않으려고 거짓말을 하기도 한다. 또 다른 사람의 재산이나 지위를 빼앗으려고 거짓말을 하기도 하고, 눈앞의 이익을 취하기 위해 거짓말을 하기도 한다. 내가 잘 아는 사람을 옹호하려고 거짓말을 하기도 하고, 재미로, 심심해서, 다른 사람을 놀려먹으려고 거짓말을 하기도 한다. 무엇이 진짜 거짓말이고 심각한 거짓말일까? 하나님께서 죄라고 하신 거짓말은 어떤 것일까?

하나님의 관점에서 이 모든 것이 거짓말이며, 천국에 들어가지 못할 만큼 심각한 죄이다. 사람들은 종종 하나님의 관점이 아닌 사람의 관점에서 거짓말을 판단한다. 사업을 하면서 어떻게 거짓말을 하나도 안하고 처음부터 끝까지 정직하게 할 수 있겠나, 그러면 세금으로 나라에 다 뺏기고 남는 돈은 한 푼도 없을 것이라고, 수익을 그대로 밝혔다간 직원들이 월급 올려달라고 아우성칠 것이라고. 아이들을 키우면서 거짓말 안하는 엄마가 어디 있나, TV에 나오는 광고를 보거나 매장에서 뭘 사달라고 졸라대는 아이들에게 '나중에 사준다'고 둘러대지 않으면 살림이 거덜 날 것이라고. 물건을 광고할 때 곧이곧대로 선전하면 누가 제품을 사겠느냐고. 내 모습, 내 상황 그대로를 솔직하게 말하면 누가 나에게 관심을 보이겠냐고. 남의 환심을 사려면 부풀릴 건 부풀리고, 감출 건 감추면서 살아야 한다고. 세상 사람들은 우리에게 말한다. 그러면서 그런 거짓된 행동이 무슨 전략이나 기술이라도 되는 양 미화한다.

우리는 세상 사람들의 관점이 아닌 하나님의 관점에서 의로워야 하는 그리스도인이라는 사실을 잊어서는 안 된다. 거짓말 하나도 안하고 정직하게 사업하고, 살림하고, 재정 운영하고, 말하면 당장은 손해나는 것 같지만 그렇게 난 손해는 하나님께서 수십 수백 배로 갚아주신다. 거짓말해서 본 이익은 결국 나도 남도 유익하게 하지 못하고 비난거리가 되지만, 하나님의 말씀에 순종해서 본 손해는 하나님의 방법으로 채워지고, 모두에게 유익이 되는 결과를 낳는다.

예수님은 말씀하셨다. 이 세상 물질을 관리하는 일조차 정직하게 하지 못하는데 어떻게 하늘의 것을 맡길 수가 있겠느냐고. 지도자의 자격조건 중 하나는 뇌물을 싫어하는 것이라고. 뇌물을 받고 무죄한 자를 죄 있다 하거나, 죄가 명백한 자를 무죄로 판결하면 그 죗값을 자신이 받아야 한다고 하나님은 말씀하셨다. 거짓말은 언제든 들통난다. 은밀하게 거래한 사실이, 아무도 모를 것이라고 속여오던 비밀이, 만천하에 드러나는 것은 시간문제다. 우리는 거짓이 마귀의 본질임을 알아야 한다. 거짓의 유혹은 너무나 자주 오지만 하나님 말씀에 순종함으로 정직하게 우리의 삶을 이끌어 나가야 한다.

열 번째 하나님께서 주신 계명은 '네 이웃의 소유를 탐내지 말라' 이다. 이웃의 집이나, 아내나, 남종이나, 여종이나, 소나 나귀를 탐내지 말라고 하신 하나님. 탐냄은 다른 사람이 가진 것이 좋아보여서 나도 그것을 가지거나 차지하고 싶은 욕심이다. 우리는 남의 물건이나 지위나 명예를 탐낼 때가 많다. 남이 나보다 더 좋은 것을 가졌다고 생각하면 질투가 생기고 그것을 빼앗거나 소유하고 싶은 욕망이 생긴다.

예를 들어 어떤 지위에 오른 사람을 비방하는 사람들의 마음속에는 질투가 가득하고, 자신도 그 자리를 차지하고 싶은 욕심의 발로로 그와 같은 행동을 하게 된다. 처지가 비슷하다고 생각한 친구가 언제부터 사업이 잘 되거나 잘 살게 되면 그 친구를 생각할 때마다 시기와 질투가 불 일듯 일어난다. 그런 마음이 자리 잡으면 누구를 만나든 그 친구에 대해 좋게 말하지 않는다. 결혼을 잘해서 처가 덕을 보거나 시가 덕을 보는 친구에 대해 험담하는 사람은 자신도 덕을 보고 싶다는 욕심을 비난의 형태로 드러내는 것이다.

세상은 욕심이 많아야 잘 살 수 있다고 우리에게 가르친다. 욕심이 없으면 아무것도 이룰 수 없다고 욕심을 많이 가지라고 부추긴다. 마음속에 욕심을 가득 담고 그 욕심을 현실화하기 위해서는 경쟁에서 이겨야 한다고 세뇌시킨다. 경쟁에서 이겨야 남보다 더 높은 자리에 앉게 되고, 더 많은 돈을 벌게 되고, 더 나은 대접을 받을 수 있고, 더 행복하게 살 수 있다고 착각하게 만든다.

이런 부추김을 당연한 것으로 알고 자란 우리는 더 높은 지위에 올라서기 위해서는 다른 사람을 끌어내리고, 짓밟고 올라서는 행위를 그리 심각하게 생각하지 않는다. 적자생존, 패자도태, 약육강식이란 말이 의심해 볼 여지가 없는 진리라 생각한다. 힘없고 약한 사람의 권리를 빼앗고, 수단과 방법을 가리지 않고 착취하는 기득권자들, 기득권을 가진 사람에게 어떻게든 잘 보여서 한 자리 차지하려는 간신배들, 법을 어기면서도 자신의 이득만을 챙기려는 수많은 불법자들, 이런 사람들이 세상에는 너무나 많이 판을 치고 있다. 이 모든 의롭지 않은 행동들은 욕심에서 비롯된 것이다.

하나님은 우리에게 탐내지 말라고 하신다. 다른 사람이 가진 것에 대해 질투하거나, 시기하지 말라고 하신다. 가지고 싶은 것이 있으면 기도하라고 하신다. 예수님은 분명히 말씀하셨다. '너희가 내 안에 거하고 내 말이 너희 안에 거하면 무엇이든지 원하는 대로 구하라. 그리

하면 이루리라.(요 15:7)' 하나님은 우리 쓸 것을 다 아시는 분이다. 우리에게 필요한 것이 무엇인지 너무나도 잘 아신다. 또한 하나님은 우리의 필요를 풍족하게 채워주실 수 있는 능력자이시다. 그런데도 우리는 왜 이토록 궁핍하게 살아야 하는 것일까? 왜 예수 안 믿는 사람들이 우리보다 더 잘 살고 우리보다 더 높은 자리에 앉아서 우리를 호령하는 것일까?

결론부터 말하자면 우리는 예수님 안에 거하지도 않고, 예수님의 말씀이 우리 안에 없기 때문이다. 하나님께서 우리를 자녀 삼아 주신 그 때부터 우리는 세상에 속하지 않은 사람들이다. 우리가 세상에 속한 사람이 아니라 하나님의 백성이 되었다면 우리는 세상의 법이 아닌 하나님의 법을 따라 살아야 한다. 미국에 가서 아무리 대한민국 법을 주장해도 소용이 없는 것과 같은 이치다.

그런데도 우리는 세상이 정한 법대로 살아간다. 세상의 돈, 지위, 명예를 좇아 세상이 가르쳐 준대로 살아가면서 왜 이리도 인생이 풀리지 않는지 하나님께 대고 불평한다. 이스라엘 백성이 모든 민족 위에 뛰어날 수 있는 방법은 단 한 가지였다. 하나님께서 주신 법에 순종하는 길뿐이었다. 하나님께서 우리를 자녀 삼아 하늘의 시민으로 삼아주신 이상 우리는 하나님께서 주신 법대로 살아야 한다.

하나님은 갖고 싶은 것이 있으면 탐내지 말고 기도하라고 하셨다. 그러면 하나님께서, 하나님의 때에, 하나님의 방법으로 그것을 이루어 주신다. 하나님께서 혹시 들어주시지 않는 기도가 있다면 그 소원은 나에게 유익하지 않기 때문이다. 그 소원이 나에게 해가 되거나 무익하다면 아버지인 하나님께서 그것을 이루어 주실 리 만무하다. 이는 엄마가 세 살짜리 아이에게 칼을 쥐어주지 않는 것과 같다.

　그런데도 우리는 자주 칼을 요구한다. 우리의 영적 성장과는 무관하게 칼을 다룰 능력도 없으면서 자꾸 졸라댄다. 세상에서 칼자루를 쥔 사람들을 부러워하며, 나도 저 칼을 가지고 싶다고 탐낸다. 하나님은 칼을 다룰 능력이 없는 아이에게 칼을 주면 그 칼로 자신을 몸을 해한다는 사실을 잘 알고 계신다.

　칼을 가지고 싶으면 그 칼을 다룰 능력을 키워야 한다. 몸이 자라고 마음이 자라야 한다. 칼로 자신의 몸이나 남의 몸을 상하지 않고, 요리를 하거나 많은 사람들이 유용하게 쓸 수 있는 것을 만들 수 있도록 먼저 자신의 영적, 정신적, 지적, 물리적 능력을 키워야 한다. 하나님은 우리의 상태를 너무나 잘 알고 계신다. 우리의 영적 상태가 어느 수준에 머물러 있는지, 정신적 성장은 얼마나 이루고 있는지 우리의 머리털까지 세신 바 되신 하나님은 너무나 세밀하게 우리의 상태를 꿰뚫고 계신다.

　우리의 상태를 너무나 잘 알고 계신 하나님께서는 우리가 원하는 것이 어느 때에 가장 적합한지도 알고 계신다. 남의 것 탐내지 않고, 기도하면서 하나님 주신 방법대로 순종하며 살다보면 내가 원하는 것을 받을 날이 온다. 그때가 되면 알게 되리라. 왜 하나님께서 내가 원한 그것을 바로 그때 주지 않으셨는지, 내가 간절히 원한 그것이 실상은 중요한 것이 아니었음을, 원하는 것을 인내로 기다리는 시간이 내게 유익했음을, 하나님께서 항상 나에게 가장 좋은 것을 주신다는 사실을.

예배에 관한 법

십계명을 주신 하나님은 또한 우리가 지켜야 할 여러 가지 법을 구체적으로 말씀해 주셨다. 먼저 제단에 관한 법을 주셨다. 하나님은 '내게 토단을 쌓고 그 위에 네 양과 소로 번제와 화목제를 드리라. 내가 내 이름을 기념하는 모든 곳에서 네게 임하여 복을 주리라.(출 20:24)'고 말씀하셨다. 토단은 흙으로 만든 제단이다. 하나님은 제단을 왜 흙으로 쌓으라고 하셨을까?

우리는 흙으로 지음 받은 피조물이다. 제단을 쌓는 물질과 우리 몸은 같은 물질로 이루어졌다. 하나님께서 원하시는 것은 나 자신이라는 사실을 알 수 있다. 하나님은 우리 하나 하나가 아무 가식 없이 하나님께 나오기를 바라시는 것이다. 우리의 모습 그대로. 아무것도 첨가하지 않은 원상태, 하나님께서 창조하신 그 모습, 바로 흙의 모습 그대로의 우리를 원하신다.

우리의 본질이 흙임을 생각할 때 우리가 누리는 모든 것이 하나님의 은혜임을 인정할 수 있다. 우리가 흙임을 인정할 때 우리의 껍데기가 얼마나 하찮은 것인지 알게 된다. 한 줌 흙이 되는 그 껍데기로 우리가 얼마나 많은 죄를 짓는지 깨닫게 된다. 껍데기로 판단하여 다른 사람을 무시하고, 업신여길 때가 얼마나 많았는지를 돌아보게 된다.

하나님 앞에 내세울 것이 하나도 없는 한 줌 흙덩이로 돌아가는 시간이 바로 예배시간이다.

흙으로 아담을 지으신 하나님은 에덴동산에서 아담과 친구가 되어 주셨다. 에덴동산에서 아담과 함께 나란히 산책도 하시고, 이야기도 나누셨다. 흙으로 지음 받은 하찮기가 한이 없는 우리를 하나님의 친구로 삼아주셨다는 사실이 놀랍지 않은가! 하나님은 예배시간에 창조 당시의 친밀함을 회복하고 싶어 하신다. 함께 손잡고 나와 이야기를 나누고 싶어 하신다.

하나님께서 우리를 친구 삼아 주시고 우리와 이토록 간절히 사귀고 싶어 하시는데 나는 하나님을 어떻게 생각하고 있는가? 하나님은 우리의 마음속에 있는 모든 생각을 듣고, 하나님의 마음도 알려주고 싶어 하시는데 우리는 하나님을 어떻게 대하고 있는가? 요구한 것 들어주는 '물주'나 잘못했을 때 벌만 주는 '무서운 존재' 정도로 생각하지 않는가? 우리가 흙으로 지음 받았음을 잊지 말자. 나의 본 모습 그대로 하나님께 나갈 때 하나님과 화목을 회복할 수 있는 길이 열린다.

하나님은 토단을 쌓고 그 위에 양과 소로 번제와 화목제를 드리라고 하셨다. 양과 소는 유목민이었던 이스라엘 백성에게 재산과 직결되는 것이다. 한 줌 흙인 우리에게 하나님께서 내려주신 은혜를 생각하게 하고 적신으로 태어난 우리가 지금까지 살 수 있었던 것이 온전히 하나님의 은혜임을 고백하는 행동이 바로 예배이다.

여기에 하나님과 화목하게 되는 방법이 제시되어 있다. 레위기 1장에는 번제를 드리는 방법에 대해 자세하게 나와 있다. 하나님은 양이나 소를 흠 없는 수컷으로 회막문 앞에 데려와 번제물 머리에 손을 얹어 안수하라고 하셨는데 이는 속죄를 위한 것이었다.

예배가 하나님께 상달되기 위해서는 먼저 죄의 문제를 해결해야 한다. 구약시대에는 양이나 소가 사람의 죄를 대신 졌지만, 우리에게는 예수님이 계신다. 하나님 앞에서 우리의 죄를 낱낱이 고백할 때 우리의 과거의 죄, 현재의 죄, 미래의 죄까지 단번에 담당하신 예수님의 능력으로 우리는 정결케 된다. 이 정결한 마음으로 하나님의 이름을 부르고 하나님을 경배할 때 하나님께서 우리에게 오셔서 복을 주신다. 하나님과의 관계가 회복된다. 죄를 마음에 그대로 담고 하나님께 드리는 예배는 하나님께서 받지 않으신다. 그리고 하나님께서 우리 마음에 내주하실 수 없게 한다. 왜냐하면 하나님은 더러운 곳에 계실 수 없는 분이기 때문이다.

예수님의 이름으로 죄가 씻겨 질 때, 하나님은 우리에게 오셔서 친구처럼 함께하신다. 예배는 하나님과의 관계를 회복하는 기회임을 잊지 말자. 하나님과 친구로 화목하게 지낼 수 있는 비결이 예배 안에 있다.

또 하나님은 '네가 내게 돌로 제단을 쌓거든 다듬은 돌로 쌓지 말라. 네가 정으로 그것을 쪼면 부정하게 함이니라.(출 20:25)'고 말씀하셨다. 이는 앞에서 언급한 것과 같이 우리 마음을 그대로 받기 원하시는 하나님의 마음을 나타낸 대목이다. 우리는 하나님 앞에 가식적일 수도, 가식적일 필요도 없는 존재이다. 나를 너무나 잘 아시는 하나님 앞에 그냥 내 모습 그대로를 드리면 된다. '정'은 사람이 돌을 쪼기 위해 만든 연장이다. 사람들이 만든 연장이나 도구로 나를 판단하는 것은 하나님 앞에 부정한 일이다.

나는 하나님께서 예수님의 피값으로 사신 하나님의 자녀이다. 나는 이미 하나님의 소유인데 여전히 세상의 잣대로 나를 판단할 때가 얼마나 많은가! '너희는 값으로 사신 것이니 사람들의 종이 되지 말라(고전 7:23)'고 성경은 분명히 말씀하고 있다. 사람들이 말하는 대로, 사람들이 휘두르는 대로 나를 만들어 가는 것은 하나님 보시기에 옳지 못하다. 우리는 사람의 말이 아닌 하나님의 말씀으로 살아야 하는 존재이다.

'너는 층계로 내 제단에 오르지 말라. 네 하체가 그 위에서 드러날까 함이니라(출 20:26)' 하나님은 제단을 높은 곳에 만들지 말라고 하셨다. 높은 곳에 올라서려면 층계가 필요하다. 하나님께 예배를 드리기 위해서 우리는 높은 곳에 오를 필요가 없다. 예배는 우리가 있는 낮은 곳에서 드리면 하나님께서 우리에게 친히 내려오신다.

그러나 우리는 때로 지위가 높고, 헌금을 많이 드리고, 다른 사람에게 신망 받고 존경받는 사람의 예배는 더 경건하고 하나님께서 응답도 더 잘하시리라는 착각을 한다. 그래서 사회적으로 성공한 사람들은 교회에서도 대접을 잘 해준다. 그런 지체 높은 분들이 예배드리는 자리까지 구별해 놓은 교회도 적지 않다.

하나님은 우리가 예배드릴 때 층계로 하나님의 제단에 오르지 말라고 하셨다. 높은 곳에 있으면 하나님께서 응답을 더 잘하시리라 생각하는가? 세상적으로 지위가 높고 권세가 높으면 하나님께서 그 예배를 더 잘 받으시리라 생각하는가? 하나님께서는 하체가 드러날까 조심하라고 하셨다. 하체는 감춰야 하는 부분이다. 드러나면 부끄러운 치부이다. 높은 곳에 올라서려다가 치부를 보이고 부끄러움을 당하는 사람들을 우리는 주위에서 자주 본다. 하나님은 낮은 자를 들어 높은 자를 부끄럽히시는 분이다.

예배는 가장 낮은 자리, 다른 사람들과 공평하고 동등한 자리에서 드리는 것이다. 예배는 하나님 앞에서 우리 모두가 공평함을 인정하는 자리이다. 누가 더 잘 났고 못 났고, 누가 더 돈이 많고 적고, 누가 더 인기가 있고 없고, 누가 더 성공했는지와는 전혀 상관없는 자리가 바로 예배를 드리는 자리이다. 만약 세상에서 이루어놓은 성공이나 지위로 교회에서 뻐기거나 거드름을 피우는 사람이 있다면 하체가 드러날까 조심해야 한다.

'내가 내 이름을 기념하는 모든 곳에서 네게 임하여 복을 주리라(출 20:24하)' 하나님은 우리가 하나님을 예배하는 모든 곳에 오셔서 우리에게 복을 주신다. 우리가 아무 가식 없이 정결한 마음으로 하나님께 나가 하나님을 경배하고 찬양할 때 하나님은 우리에게 복을 내려 주신다.

그렇다면 복이 무엇이라고 생각하는가? 세상에서 돈 잘 벌고, 하는 사업 잘 되고, 자식들 출세하는 것이라 생각하는가? 지금까지 우리는 이런 것이 복이라고 세뇌당해 왔다. 세상이 강요하는 성공을 기준으로 삼고, 그 기준에 도달하는 것이 복이라고 너무나 당연시해 왔다. 그래서 교회에 복 받기 위해 나가는 사람들이 많다. 교회에 나가서 기도하면 원하는 것도 손에 넣을 수 있고, 하는 일도 잘되고, 이 땅에서 부귀영화를 보장받을 수 있다고 생각한다. 그래서 부유한 사람들보다 가난하고 힘없는 사람들이 교회에 더 잘 나가는 이유가 여기에 있는 듯하다.

사람들은 부와 귀를 손에 넣으면 행복할 것이라 생각한다. 돈이 풍족하고 부족한 것이 없으면 우리는 행복할까? 자식이 속 안 썩이고 공부도 잘하고 출세가도를 달리면 행복할까? 모든 사람들이 감탄하는 미모를 소유하면 행복할까? 그렇지 않다는 사실을 우리는 매일 접하는 정보와 소식을 통해 알 수 있다. 몇 천억을 가진 사람이 스스로 목숨을 끊기도 하고, 명문대를 졸업하고 대기업에 취직한 자식이 부모를 살해하는 경우도 봤으며, 초 절정 인기스타의 생활이 괴롭고 힘들다는 사실을 접한다. 돈을 아무리 많이 가져도, 모든 사람이 부러워하는 출세를 해도, 인기가 하늘을 찔러도 우리는 행복하지 않다.

그렇다면 하나님께서 말씀하신 복은 무엇인가? 복은 바로 하나님께서 우리와 함께 하시는 것이다. 여기 갓 태어난 아기가 있다. 아기는 아무것도 할 줄 모르고 아는 것도 없다. 그런 아기에게 번쩍번쩍 빛나는 다이아몬드 반지와 날씬하게 잘 빠진 스포츠카, 세상에 몇 개밖에 없는 명품가방과 으리으리한 집을 주고 부모가 자취를 감추었다고 상상해 보라. 아기의 반응은 어떨까? 단박에 자지러질듯이 울고 두려움에 휩싸일 것이다. 아기에게 가장 필요한 것은 엄마 품이다. 엄마 품에만 있으면 아기는 세상의 어떤 것도 부럽지 않다.

그리스도인도 이와 같다. 예수님을 믿기로 작정한 그 순간 우리는 새로 태어난다. 영적인 갓난아기인 것이다. 영적 아기에게 필요한 것은 하나님 품이다. 아기가 엄마 품에 있는 한 평화롭게 만족하는 것처럼 우리도 하나님 품에 있을 때 평안과 행복을 누릴 수 있다. 참 안식과 기쁨을 누리게 된다. '내가 친히 가리라. 내가 너를 쉬게 하리라(출 33:14)' 라고 말씀하신 하나님의 뜻은 하나님과 우리가 함께 있어야 참

안식과 평안을 누릴 수 있음을 나타내신 것이다.

요셉이 누명을 쓰고 감옥에 갇혔을 때 그의 삶은 형통했다고 성경은 기록하고 있다. 그 형통함의 근거는 바로 하나님께서 요셉과 함께하셨음이다. 13년 동안 사울 왕에게 생명의 위협을 받으며 쫓겨 다닌 다윗도 마찬가지다. 하나님께 기도했다는 이유로 사자우리에 던져졌던 다니엘, 120년 동안 사람들에게 제정신이 아니라는 손가락질을 받으며 방주를 지었던 노아, 평생을 예수님을 전하면서 옥중에서 모진 고통을 겪으며 죽음의 고비를 여러 번 넘겼던 사도 바울, 이들 모두는 하나님의 관점에서 형통하며 행복한 사람들이다. 왜냐하면 그들은 죽을 때까지 하나님과 동행했기 때문이다. 그런데 우리는 어떤가? 하나님과 동행함이 최고의 복이라고 가르쳐주는 사람은 그리 많지 않다. 이는 하나님과 동행함이 어떤 복인지 모르기 때문이다.

사람이 태어나서 성인이 되기까지 20년이 걸린다. 그 20년을 고스란히 부모의 보살핌과 뒷받침을 받아야 한 사람의 어엿한 성인이 되는 것이다. 물론 20년을 키워도 여전히 어린애 같은 사람도 있고, 십수 년 만에 철이 드는 사람도 있다. 그 20년 동안 부모는 자식의 곁을 떠나지 않는다. 자식이 한 사람의 사회인으로 자기 역할을 충실히 할 때까지 부모는 할 수 있는 한 모든 것으로 뒷바라지 한다.

그러나 하나님은 우리가 영적으로 태어나는 그 순간부터 영원토록 우리와 함께 계신다. 함께 하시면서 영적으로 성장시켜 주신다. 영적인 성장을 위해 하나님은 하늘의 좋은 것으로 우리를 채워주신다. 사랑과 희락과 화평과 오래 참음과 온유와 자비와 양선과 절제와 충성으로 채워주신다.

이 모든 좋은 것의 모체는 성령이시다. 우리를 성령의 충만함으로 채우시고, 하나님의 말씀을 먹여주신다. 하나님의 말씀은 영의 양식이다. 젖을 먹지 않는 아기가 자랄 수 없듯이 하나님의 말씀을 먹지 않으면 우리는 성장하지 못한다. 하나님께서 매일 주시는 성령의 밥을 먹고, 영양분을 충분히 공급받아 하나님 품에서 무럭무럭 자라야 우리는 행복하다. 목도 못 가누면서 기려고 하면 안 된다. 서지도 못하면서 뛰려고 하면 안 된다. 매일 매일 영의 양식을 먹고 성인이 될 때까지 하나님 안에서 자라야 한다. 자신의 영적 나이가 궁금한가? 이제 독립할 때가 되었다고 생각하는가? 하나님 없어도 혼자 잘 할 수 있다고 생각하는가?

하나님의 관점에서 천 년은 하루와 같다. 오래 사는 사람의 수명이 백 년이라 해도 하나님이 보셨을 때 우리 모두는 태어난 지 몇 시간, 아니 몇 십 분도 안 되는 갓난아기란 사실을 부인하지 못할 것이다. 우리가 죽을 때까지 하나님과 함께 해야 행복한 이유가 여기에 있다. 아기가 엄마 없이 어떻게 행복할 수 있겠는가?

다행히 하나님은 우리를 버리지도 떠나지도 않으신다. 한 순간도! 하나님을 버리고 떠나는 것은 우리다. 갓 태어나 핏덩이 상태도 못 벗어났으면서 뭔가 하나님을 위해 위대한 일을 하겠다고 설친다. 먹으라는 영의 젖은 안 먹고 세상의 쓰레기만 주워 먹는다. 하나님께서 두 팔을 펴서 어서 오라고 부르시는데 세상을 좇아 기어간다. 하나님께서 우리를 위해 얼마나 좋은 것을 준비하고 계시는지는 관심도 없다. 그냥 눈에 보이는 세상과 사람을 따라 정신없이 헤매고 다닌다. 그러면서 왜 이리도 세상 살기가 힘겹고 괴롭냐고, 도대체 하나님이 약속하신 마음의 안식과 평안은 언제 오는 거냐고 하나님께 따지고 대든다.

　세상이 강요한 행복의 기준을 충족시킨다고 우리는 행복할 수 없다. 대궐 같은 집에 살아도, 수억 원짜리 차를 굴려도, 모든 사람들이 우러러 보는 자리를 차지해도 우리는 행복하지 못하다. 우리는 하나님과 함께 해야 행복한 사람들이다. 하나님께서 우리와 함께 하실 때 우리 삶에 놀라운 변화가 일어나기 시작한다.

　하나님께서 이 세상과 그 안에 있는 모든 것을 주관하신다는 사실을 믿으면 우리는 아무것도 두려워할 필요가 없다. 하나님은 자주 우리에게 말씀하신다. '두려워 말라. 놀라지 말라. 내가 너와 함께 함이니라.' 그런데도 우리는 세상과 사람을 두려워하고 귀신과 마귀를 두려워한다. 무슨 나쁜 일이 생길까 두려움에 휩싸이고 불안에 떤다. 하나님께서 나와 함께 하심을 믿으면 마음의 불안이 사라진다. 불안이 사라지면 하나님의 평안이 내 마음을 채운다.

　이 평안한 마음 가운데 성경을 통해 하나님은 내 모습을 확실히 볼 수 있는 지혜를 주신다. 하나님을 알고자 하는 마음의 열망을 주신다. 하나님께서 나를 만드신 이유를 깨닫게 해주신다. 하나님께서 나를 이 땅에 왜 보내주셨는지 내가 살아가야 할 목적을 보게 하신다.

　그리고 그 목적에 따라 살 수 있도록 길을 열어주신다. 때마다 가장 좋은 것으로 내 삶을 채우신다. 사랑으로 나를 채우신다. 그 사랑, 목숨까지 버려 나를 구하신 그 사랑으로 모두를 사랑할 수 있는 힘을 주신다. 내 관점이 아닌 하나님의 관점으로 세상과 사람을 보게 하시고, 나를 은혜의 바다에서 춤추게 하신다. 쓰고 가시 돋친 말이 변하여 은혜와 사랑의 말이 되게 하시고, 부정적인 시각에서 긍정적인 시각으로, 코앞의 것밖에 볼 줄 몰랐던 시각에서 더 멀리 더 높은 것을 보는 시각으로 변화시켜 주신다. 땅의 것밖에 생각할 줄 몰랐던 나에게 하늘의 것에 대한 소망을 품게 하신다. 가장 가치 있는 것을 깨닫는 지혜의 눈을 열어 주시고, 그 가치를 따라 살 수 있도록 나를 이끌어 주신다. 나의 손을 꼭 잡고, 한 걸음 한 걸음 나와 같이 걸어주신다. 나를 불길 같은 눈동자로 바라보시며, 독수리 날개로 보호하시며, 가장 좋은 길로 이끄시는 하나님의 손길이 느껴지는가? 이것이 바로 하나님께서 주시는 복이다. 세상이 알 수도 없고 줄 수도 없는 이 복! 이것이 바로 하나님의 참된 복이다.

사회관련법

　하나님은 우리가 살아가면서 지켜야 할 법을 주셨다. 우리는 더불어 살아야 하는 존재이다. 우리는 혼자가 아닌 함께 어울려 사는 존재로 하나님께서 만드신 것이다. 여러 사람이 어울려 살다보면 피치 못하게 피해를 끼치거나 남을 상하게 하는 일이 발생한다.

　출애굽기 21장에서 23장에 나와 있는 법들은 사람이 자주 접하는 상황과 그 해결방법에 대해 기록한 내용이다. 이 법들의 이면에는 하나님의 성품이 잘 드러나 있다. 종에 관한 법에는 피치 못할 사정으로 종이 된 사람에게 행해야 할 행동을 통해 우리가 종 되었던 때를 잊지 말고 그들에게 자비롭게 대하라는 하나님의 마음이 녹아 있다. 폭행에 관한 법에는 공의로우신 하나님의 성품이 잘 드러나 있는데, 내가 남에게 해를 끼치면 나도 똑같은 해를 입어야 함을 가르치고 계신다. 소유에 대한 책임은 하나님께서 나에게 주신 재산을 잘 관리하여 남에게 해를 끼치거나 남의 생명을 위협하는 도구로 사용하지 말라는 하나님의 뜻이 나타나 있다. 배상에 관한 법에는 절도행위에 따른 정당한 배상, 맡은 물건의 책임에 따르는 배상, 자신의 소유로 타인에게 끼친 손해에 대한 배상을 어떻게 하여야 하는지 명백히 밝히고 있다.

　하나님은 도덕에 관한 법을 통해 하나님의 거룩한 백성 된 우리가 도덕적으로 어떻게 뛰어난 삶을 살 수 있는지를 우리에게 가르쳐주고 계신다. 하나님께서 주신 도덕법 중에는 이방 나그네와 가난한 자, 과부와 고아에 대한 부분이 있다. '너는 이방 나그네를 압제하지 말며 그들을 학대하지 말라. 너희도 애굽 땅에서 나그네였음이라 너는 과부와 고아를 해롭게 하지 말라.(출 22:21~22)' '너희가 너희의 땅에서 곡식을 거둘 때에 너는 밭모퉁이까지 다 거두지 말고 네 떨어진 이삭도 줍지 말며 네 포도원의 열매를 줍지 말고 가난한 사람과 거류민을 위하여 버려두라.(레 19:9~10)' '네 이웃에게 무엇을 꾸어줄 때에 너는 그의 집에 들어가서 전당물을 취하지 말고 너는 밖에 서 있고 네게 꾸는 자가 전당물을 밖으로 가지고 나와서 네게 줄 것이며 그가 가난한 자이면 너는 그의 전당물을 가지고 자지 말고 해 질 때에 그 전당물을 반드시 그에게 돌려줄 것이라.(신 24:10~13상)' '너는 객이나 고아의 송사를 억울하게 하지 말며 과부의 옷을 전당 잡지 말라.(신 24:17)'

우리 주위에는 가난하고 힘없는 사람들 즉, 외국인, 고아, 과부, 장애인들이 많이 있다. 하나님은 이들을 향해 특별한 관심을 갖고 계신다. 하나님은 이들을 위해 우리가 해야 할 행동을 성경을 통해 알려주셨다. 밭에서 나는 수확물을 다 거두지 말고 가난한 사람과 거류민을 위해 남겨두라고 하신 하나님의 뜻은 무엇일까? 그것은 바로 그 수확물 속에 분명 가난한 사람에게 돌아가야 할 분깃이 있음을 의미한다.

하나님께서 때에 따라 비를 내려주시고 알맞은 햇빛을 주셔서 농부는 풍성한 결실을 거둔다. 풍성한 결실을 거둘 수 있는 이유는 하나님께서 은혜를 내려주시기 때문이다. 하나님의 보호하심과 천지를 주관하시는 놀라운 손길로 인해 우리는 많은 결실을 맺게 된다. 우리는 하나님께서 주시는 건강과 시간과 힘으로 열심히 일하고, 일한만큼 돈을 벌게 된다. 그 수입 속에는 가난하고 불쌍한 사람들을 도와야 하는 분깃이 들어있다.

하나님께서 우리에게 맡겨주신 그 분깃을 가난한 사람을 돌보는데 쓰지 않고 내가 다 사용했다면 나는 하나님께서 시킨 일을 하지 않은 것이고, 그 돈을 착복한 것이다. 내가 가진 돈 속에는 하나님께서 나에게 심부름 시킨 일에 쓸 돈이 들어있다. 그 돈 속에는 자녀 교육을 위한 돈, 나의 필요를 채우는 생활비 외에 부모를 공경해야 할 돈, 형제를 돌보아야 할 돈, 어려운 사람들을 도와야 할 돈이 모두 들어있다.

주위를 둘러보라. 우리 주위에는 궁핍하고 곤고하고 힘겨운 삶을 사는 사람들이 의외로 많다. 주위를 둘러보다 보면 하나님께서 우리 마음에 누군가를 돕고 싶은 마음을 넣어주신다. 그 마음이 들 때가 바로 심부름을 할 때이다. 하나님께서 심부름을 시키시는데도 하지 않거나 미루면 하나님께 불순종하는 것이다. 불순종은 하나님께서 매우 미워하시는 죄이다. 심부름을 하고 난 이후에 우리가 심부름을 했다고 광고할 필요는 없다. 엄마가 옆집에 떡 한 접시 갖다 주라고 심부름 시켰는데 그 심부름 했다고 동네방네 돌아다니면서 광고하고 칭찬받으려는 것은 어리석은 행동이다. 그런데도 우리는 자주 자신의 선행을 드러내지 못해 안달한다. 하나님의 관점에서 볼 때 이는 매우 어리석은 짓이다.

하나님은 우리가 돈을 어떻게 쓰는지 시험하고 계신다. 작은 것으로 맡겼을 때 그 작은 것을 얼마나 충실히 관리하는지 보고 계신다. 세상의 물질을 관리하는데도 충실하지 못한데 어떻게 하늘의 것을 맡길 수 있겠느냐고 예수님은 반문하셨다. 작은 것을 충실히 관리하지 못하는데 어떻게 큰 것을 하나님의 뜻에 맞게 사용할 수 있겠는가? 내 손에 들어왔다고 그 돈이 모두 내 것인 줄 알고 내 배 채우는 데만 급급하면 하나님은 우리에게 더 큰 것으로 맡기실 수가 없다. 우리가 하나님의 뜻에 따라 돈을 올바르게 사용할 때 하나님은 더 많은 것으로, 더 좋은 것으로 채워주신다.

　이런 관점에서 우리 주위의 가난하고 불쌍한 이웃들은 우리에게 복의 통로가 된다. 그들이 우리 주위에 있기 때문에 우리가 그들을 도울 수 있는 것이다. 하나님께서 심부름 시키신 돈으로 그들을 도우면 하나님은 우리의 잔을 꼭꼭 눌러 흔들어 넘치도록 채워주신다. 세상의 재물도 채워주시고, 장수도 보장해 주시고, 우리가 하는 모든 일을 잘 되게 해 주신다. 세상 사람들에게 광고해서 이미 칭찬받은 선행은 하늘의 상급이 없다. 교회에서 하는 헌금광고도 하늘의 상급을 깎아 먹는 행동이다. 예수님은 오른손이 한 선행을 왼손이 모르게 하라고 하셨다. 사람들에게 칭찬 한마디 받는 것이 좋은가, 아니면 하나님께 수십 수백 배로 다시 채움 받는 것이 좋은가? 선택은 각자에게 달려있다.

법을 따랐을 때와
따르지 않았을 때의 결과

하나님께서는 법을 통해 하나님의 백성이 행해야 할 행동지침서를 마련해 주시고, 그 지침서대로 살았을 때 어떤 복을 주실지 명백하게 알려주셨다. 신명기 28장에는 하나님의 말씀에 순종했을 때 받는 복과 불순종했을 때 받는 저주가 매우 상세하게 나와 있다. 이 말씀이 한 장에 속해있지만, 우리는 지금까지 복에만 초점을 맞추고 살 때가 많았다.

하나님을 믿고 순종하는 것이 무엇인지보다는 하나님께서 주시는 복에만 초점을 맞추다 보니 '주(主)'가 '부(敷)'가 되는 사태가 발생한 것이다. 가장 중요한 것보다 부수적인 것에 초점을 맞추며 살아온 인생. 하나님이 누구이신지, 하나님께서 원하시는 것이 무엇인지보다는 그 이후에 주어지는 복에 모든 관심을 기울이며 살았음을 우리는 인정해야 한다. 이는 3백만 원짜리 고성능 컴퓨터를 구입해놓고 가게에서 덤으로 준 먼지 닦는 수건만 자랑하러 다니는 것과 같다. 정말 좋은 것은 뒷전에 처박아놓고 공짜로 받은 '덤'만 자랑하기 바쁜 우리들의 모습. 신명기 28장에 명시하신 복은 우리가 하나님과 온전한 관계 안에 있을 때 공짜로 따라오는 덤이다. 하나님이 어떤 분이신지를 알고, 그 하나님의 말씀에 순종할 때 하나님은 우리가 필요한 것을 넘치도록 채워주신다. 지금 내가 가는 길이 올바른 길임을 하나님은 '덤'을 통해 알려주신다.

그러나 우리는 '덤'을 얻기 위해 하나님을 이용할 때가 많다. 이런저런 소원을 말해놓고 그것을 이루어주시면 하나님 잘 믿겠다고 한다. 교회도 열심히 다니고, 봉사도 많이 하고, 헌금도 많이 하겠다고 공약(공갈 약속)을 내건다. 사업 잘 되게 해주시면, 이번 시험에 합격하게 해 주시면, 대기업에 취직하게 해 주시면, 교회 부흥되게 해 주시면, 누군가를 이기게 해 주시면, 이 병 고쳐주시면, 이 고난이 빨리 지나가게 해 주시면……. 우리는 자꾸 조건을 내 걸면서 하나님을 이용하려 든다. 하나님은 우리의 거래상대가 아닌데도, 우리는 자주 하나님을 우리의 수준으로 끌어내려 생각한다. 또는 하나님을 도깨비 방망이 정도로 생각해서 뭔가 아쉬울 때 내 필요를 채우는 물주로 대하기도 한다. 하나님을 이용해서 '덤'을 얻으려고 애쓴다. 우리는 왜 하나님을 믿는가? 복 받기 위함인가? 이 땅에서 잘 살기 위함인가?

하나님께서 나에게 진정으로 원하시는 것이 무엇인지 한번이라도 생각해 보았는가? 부모가 아이를 낳는 이유는 무엇이라고 생각하는가? 종족번식을 위해서? 없으면 허전하니까? 아이가 있어야 가정의 형태를 갖출 수 있으니까? 사람들은 아이가 사랑의 결실이라고 말한다.

한 남자와 한 여자가 하나가 되어 사랑할 때 아기는 잉태된다. 부모는 아이를 사랑하기위해 낳는다. 부모가 아이에게 하는 모든 행동의 밑바탕에는 사랑이 깔려있다. 그래서 아기가 자랄 때 아무것도 못하고 부모를 괴롭게 해도 부모는 그 아이 자체로 기쁜 것이다. 입덧 때문에 먹고 싶은 것도 못 먹고 몇 달을 속이 메스꺼워도, 밤낮도 못 가리고 우는 아기를 달래느라 잠 한숨 못자도, 하루에도 몇 번씩 나오는 똥 기저귀를 갈아도, 열이 오르는 아기를 낫게 하려고 이 병원 저 병원을 쫓아다니는 수고를 해도, 부모는 아기가 사랑스럽다. 아기가 부모를 위해 무슨 큰일을 했기 때문에 부모가 사랑하는 것이 아니다. 부모는 그냥 아기를 사랑하고 돌보고 키운다.

하나님은 우리의 하늘 아버지시다. 하나님은 우리를 사랑하시기 위해 이 땅에 태어나게 하셨다. 하나님의 사랑으로 우리는 자란다. 하나님은 우리가 영의 젖을 충분히 먹고 바르게 성장하기를 바라신다. 태어나서 자라지 않는 아이는 부모에게 근심거리가 된다. 날마다 무럭무럭 자라는 아이는 부모의 기쁨이자 행복이다. 하나님은 우리가 예수님처럼 믿음의 분량이 장성하기 원하신다.

부모는 갓난아기에게 자신의 속내를 드러내지 않는다. 아기가 부모의 마음을 이해할 수 없기 때문이다. 그러나 아이가 점점 자라 부모의 마음을 이해할 나이가 되면 부모는 조금씩 속에 담아 놓은 이야기를 한다. 하나님도 우리가 영의 젖을 먹고, 이유식을 하고, 단단한 음식도 잘 소화할 나이가 되면 우리에게 하나님의 마음을 조금씩 드러내신다.

하나님은 우리와 서로의 이야기를 잘 들어주는 사이가 되기를 바라신다. 이 세상에서는 찾을 수도 없고, 얻을 수도 없는 친밀함을 하나님과 나누기 원하신다. 이런 관계가 되기 위해서 순종이 반드시 필요하다. 예수님은 죽기까지 하나님께 복종하셨다. 예수님이 하나님을 기쁘시게 할 수 있었던 이유는 죽음까지 불사한 순종에 있었다. 하나님과 친밀한 관계를 이루기 위해 순종이 없어서는 안 된다. 그래서 하나님은 십계명과 여러 가지 법을 주셨고, 그 법에 순종했을 때 복을 보장해 주셨다. 부모의 말을 잘 듣는 아이는 부모와의 관계가 좋다.

그렇다면 왜 부모의 말을 들어야 하는가? 부모의 말을 듣는 것이 왜 이토록 중요한가? 부모가 하는 모든 행동의 밑바탕에는 사랑이 깔려 있다고 앞서 언급했다. 자식을 사랑하는 부모는 자식이 잘되기를 바란다. 부모는 자식보다 살아온 연륜이 많기 때문에 삶의 지혜와 지식을 더 많이 갖고 있다. 지혜는 여러 상황을 겪어 본 사람이 얻게 되는 값진 능력이다. 자녀는 부모가 주는 지혜의 말에 순종할 때 불필요한 시행착오를 겪는데 낭비되는 시간을 절약할 수 있다. 또 원하는 것을 얻는 방법을 부모의 지혜를 통해 터득할 수 있다. 여러 가지 곤란한 상황을 타개할 방법도 부모의 지혜로 얻게 된다. 부모의 말에 순종할 때 삶의 유혹과 함정에 빠지지 않을 수 있다. 부모는 자식을 잘 되게 하기 위해 최선을 다하는 사람임을 생각할 때 자녀가 부모의 말을 들어야 함은 반박할 여지가 없다.

부모는 자신이 얻은 지혜로 자녀를 이끌어 주지만, 하나님은 진리로 우리를 이끄신다. 어제나 오늘이나 내일이나 변함없는 고귀한 진리로 우리를 이끄시는 하나님. 하나님은 세상을 창조하시고, 나를 지으시고, 영원까지 주관하시는 분이다. 나는 한 치 앞을 내다 볼 수 없지만, 하나님은 나에게 무엇이 가장 좋은지 내 인생이 끝날 때까지 감찰하시는 분이시다. 우리가 무지한 분야를 접할 때 전문가의 말을 들어야 하는 것처럼 우리 인생을 가장 잘 알고 계시는 하나님의 말씀을 들어야 하는 것은 당연한 일이다.

하나님은 나를 가장 잘 알고 계신다. 나의 영적 상태가 어떤지, 무엇이 필요한지, 지금 훈련해야 할 일이 무엇인지 너무나도 잘 알고 계신다. 하나님의 말씀을 들을 때 우리 인생은 형통해진다. 아무것도 모르면서 내가 하나님 앞서서 설치면 내 인생은 망한다. 하나님 말씀을 들어야 하는 이유가 여기에 있다. 하나님의 말씀을 들을 때 하나님은 우리에게 부수적인 복을 허락하셨다. 하나님은 신명기 28장에 듣기만 해도 입이 함박 벌어지는 복을 열거해 놓으셨다. 하지만 이 복은 하나님과 친밀한 관계 안에서 얻는 '덤' 이라는 사실을 잊지 말아야 한다.

안타깝게도 우리는 하나님의 말씀에 순종할 때보다 불순종할 때가 많다. 신명기 28장 15절부터 68절까지 기록된 불순종에 대한 하나님의 저주는 우리가 하나님의 말씀을 따라 살고 있지 않음을 알게 하시려는 내용이다. 부모가 자녀에게 가장 도움이 되는 말을 해줄 때 자녀는 그 지혜를 한갓 잔소리로 바꿔버리고 하찮게 여기며 따르지 않으면서 그것이 잘못인 줄 모르는 것처럼, 우리도 하나님의 진리를 시궁창에 던져 버리고 불순종의 길을 걸으면서도 그것이 잘못인줄 모르고 살 때가 많다. 이럴 때 하나님은 그 길이 아니라고, 지금 잘못된 행동을 하고 있다고, 그것이 죄임을 깨닫게 하시기 위해 여러 단계의 저주를 경고장으로 보여주신다.

첫 번째 경고장은 궁핍의 형태로 온다. 예전에는 풍족했는데 갈수록 가난에 찌들어간다면 하나님께 무엇을 불순종하고 있는지 돌아보아야 하며, 그 죄를 회개해야 한다. 그 다음 경고장은 질병으로 온다. 건강하던 몸과 정신에 여러 가지 질병이 찾아온다면 하나님의 말씀으로 나를 비춰보아야 한다. 하나님 말씀 안 듣고 잘못된 길로 가고 있는 것은 아닌지 하나님의 말씀에 비추어 나를 판단해야 한다. 그 다음은 가뭄, 전쟁, 전염병, 약탈, 정신이상, 포로로 끌려감, 흉년, 기근, 살해, 재앙, 두려움, 멸망에 이르기까지 하나님은 계속해서 경고장을 보내신다고 하셨다.

하나님께서 왜 이토록 끔찍한 저주를 우리에게 내리시는 것일까? 이유는 단 한 가지다. 우리를 돌아오게 하시기 위함이다. 우리가 그 길로 가면 죽는다는 사실을 아시기 때문에 하나님은 가혹한 징계를 통해 우리를 빨리 돌이키게 하시려는 것이다.

하나님은 우리를 사랑하신다. 독생자까지 아낌없이 주신 위대한 사랑이 하나님 안에 있다. 너무나 사랑해서 목숨까지 버려 구원한 우리가 잘못된 길을 걸을 때 하나님은 속이 탄다. 가슴이 아프고 안타까워 탄식하신다. 그래서 우리를 하나님께 돌아오게 하기 위해 여러 가지 형태의 채찍을 내리치신다. 사랑하는 자녀를 올바르게 가르치기 위해 매를 들어본 부모라면 하나님의 마음을 천분의 일이라도 느낄 수 있으리라.

지금 나는 어떤 매를 맞고 있는지 하나님 말씀에 나의 삶을 비추어 보아야 한다. 이제는 더 이상 종교생활이 아니라 하나님을 경외하는 신앙생활을 해야 한다. 하나님께서 우리를 향해 세우신 목적에 맞게 살아야 하며, 더 이상 하나님의 마음을 아프시게 하면 안 된다. 우리의 삶이 하나님을 기쁘시게 하는 것인지 그렇지 않은지 다음 장에서 자세히 살펴보자.

3장

광야 생활은 종교 생활

기적은 삶의 문제를
해결하지 못한다

이스라엘 백성은 하나님께서 베풀어 주신 기적으로 종살이에서 해방되었다. 갖은 고초와 무시를 당하던 노예 신분에서 벗어나 자유로운 하나님의 백성으로 가나안을 향해 나가게 된 것이다. 이제 이스라엘 백성은 이루어야 할 소망을 품게 되었다. 노예로 살 때는 그날그날 배부르게 먹고, 매 좀 덜 맞고, 생명의 위협만 안 당하면 그만이라고 생각하던 그들에게 하나님은 원대한 소망을 품게 하셨다. 노예가 아닌 이 세상을 창조하신 만왕의 왕이신 하나님의 자녀가 되게 하시고, 왕의 자녀에 합당한 품위를 가르쳐주시고, 소망의 땅을 허락하셨다.

하나님의 전적인 은혜로 죄의 종살이에서 벗어난 우리에게도 이와 같은 특권을 주셨다. 하나님의 자녀가 되는 특권, 하나님과 함께 살 수 있는 특권, 하나님의 마음을 알 수 있는 특권을 주셨다. 또한 왕의 자녀로서의 품위를 갖출 수 있도록 하나님의 말씀을 주셨다. 그 말씀에 순종할 때 하나님께서 허락하신 땅에 들어갈 수 있다.

이스라엘 백성이 열 가지 기적을 체험하고 애굽에서 탈출하여 바닷가(홍해)에 진을 쳤을 때 하나님은 바로의 마음을 완악하게 하셨다. 애굽 군대를 통해 애굽 사람들이 하나님이 여호와인 줄 알게 하려는 계획이었다. 이 계획은 애굽 군대를 통해 하나님의 능력을 드러내어 하나님께서 영광 받으시기 위함이기도 하지만, 이스라엘 백성에게 확신을 주시기 위함이기도 했다. 구름 기둥을 사이에 두고 빛과 암흑의 기적을 몸으로 체험한 이스라엘 백성들. 눈앞에서 홍해가 갈라져 마른 땅으로 바닷길을 건너는 체험을 한 이스라엘 백성들. 생명을 위협하던 애굽 군대가 하나님의 능력으로 몰살당하는 장면을 하나도 빠짐없이 지켜본 이스라엘 백성들. 그들이 하나님의 기적을 잊는데 며칠이 걸렸을까?

우리는 때로 하나님의 살아계심을 기적을 통해 체험하려고 한다. 부흥회를 통해서나, 기도원에서의 집회, 유명한 종교 지도자의 설교를 통해서 눈이 확 열리고, 귀가 번쩍 뜨이는 기적을 보기 원한다. 불치병을 앓던 사람이 일시에 깨끗해지고, 사지가 마비된 사람이 춤을 추고, 맹인이 눈을 뜨는 기적을 통해 하나님의 살아계심을 확인하려 한다. 그 부흥회나 집회에서 역사하시는 하나님의 기적의 불똥이 나에게도 옮겨 붙어 내 안의 모든 문제도 일시에 해결되는 '기적'을 체험하기 원한다. 집회에 참석하면 단시간에 나의 영적인 상태가 콩나물 자라듯이 쑥쑥 자랄 것이라고 생각한다. 그곳에 역사하시는 성령은 더 강력하니까 혼자 기도하고 찬양하는 것보다 효과가 좋으리라 착각한다.

그러나 우리가 명심해야 할 일이 있다. 기적은 우리 삶의 문제를 해결해주지 못한다는 사실이다. 이스라엘 백성은 애굽에서의 기적과 광야에서 고기와 만나를 날마다 내려주시는 하나님의 기적을 매일 매일 체험했지만, 광야에서 모두 죽었다. 이스라엘 백성은 단 3일 만에 하나님의 기적을 모두 잊었다. 하나님께서 놀라운 권능으로 행하신 기적이 잊히는 순간 그들의 입에서는 원망과 불평이 튀어나왔다.

우리가 부흥회나 집회에서 은혜를 많이 받았고 성령의 충만함을 받았다고 주장하지만, 하루도 지나기 전에 부흥회에서의 하나님의 역사를 모두 잊고 부흥회 가기 전과 똑같은 삶을 사는 것과 마찬가지다. 유명한 부흥강사의 기도를 받으면 나의 영적인 문제가 해결되리라 생각하는가? 집회에 참석해서 회개했던 죄를 다시 회개하면서 눈물을 흘리고 목이 터져라 찬송가를 부르면 내가 겪는 모든 문제가 풀릴 것이라 생각하는가? 유명한 설교자나 부흥 강사의 설교를 들으면 내 삶의 문제를 해결할 획기적인 방법을 터득할 것이라고 생각하는가? 아직도 하나님의 살아계심을 믿지 못하고, 기적을 통해 하나님의 존재를 확인하려 하는가? 기적을 보면 믿음이 생길 것이라고 생각하는가?

예수님 당시 바리새인과 사두개인들은 예수님께 기적을 보이라고, 그러면 믿겠노라고 큰소리 쳤다. 그들이 기적을 못 보아서 믿지 못했는가? 죽은 지 나흘 만에 무덤에서 걸어 나오는 나사로를 못 보았는가? 거지 맹인 바디메오가 눈을 뜬 사실을 목격하지 않았는가? 수많은 병자들이 고침 받고, 귀신 들른 자가 멀쩡해지는 현장을 그들도 두 눈으로 분명하게 보았다. 그런데도 그들은 왜 예수님을 믿지 못하고 십자가에 못 박았는가? 기적을 보지 못해서 내가 믿음이 없노라고, 기적만 보면 바로 믿을 수 있겠노라고 말하는 사람들은 바리새인이나 사두개인과 같은 사람들이다.

뭔가 눈과 귀를 확 뜨이게 하는 기적을 보려고 부흥회에 가거나, 유명 강사의 설교를 통해 천둥 같은 하나님의 음성을 기대하는 행동으로는 삶의 문제를 해결하지 못한다는 사실을 알아야 한다. 부흥회에서 역사하시는 하나님의 권능이 그토록 강력했다면, 몇 번의 집회 참석으로 내 삶의 모든 문제가 해결되었다면 우리가 오늘날 겪고 있는 영혼의 기아와 고통은 없었을 것이다.

사람들이 많이 모인다고 하나님께서 강하게 역사하시는 것이 아니다. 유명 부흥강사를 초빙해서 기적을 보고 설교를 듣는다고 나의 영적인 상태가 온전해지는 것이 아니다. 영은 몇 번의 부흥회 참석으로 강건해지지 않는다. 이는 아기가 몇 번만 최상급(?)으로 밥을 먹으면 건강하게 큰다고 착각하는 것과 같다. 영을 자라게 하는 것은 기적이 아님을 우리는 명심해야 한다. 영적으로 미숙한 삶이 바로 광야를 헤매는 삶이다.

원망은 사망을 낳는다

홍해를 건넌 이스라엘 백성은 약속의 땅, 가나안을 향해 행진했다. 수르 광야를 사흘 동안 걷던 이스라엘 백성은 마실 물을 구하지 못하자 모세를 원망했다. 모세가 하나님께 기도하자 하나님은 마라의 쓴 물을 달게 할 방법을 가르쳐 주셨다. 열두 샘물과 종려나무 일흔 그루가 있는 엘림에서 장막을 쳤다가 그곳을 떠나 신 광야에 이르렀을 때 그들은 모세와 아론을 원망하며 이렇게 말했다.

'우리가 애굽 땅에서 고기 가마 곁에 앉아있던 때와 떡을 배불리 먹던 때에 여호와의 손에 죽었더라면 좋았을 것을 너희가 이 광야로 우리를 인도해 내어 이 온 회중이 주려 죽게 하는도다.(출 16:3)'

이 원망을 들으신 하나님께서는 저녁에는 메추라기가 와서 진에 덮이게 하시고 아침에는 하늘 양식 즉 만나를 내려 주셨다.(출 16:13) 이스라엘 백성은 인간 이하의 취급을 받던 참혹한 노예 생활에서 벗어난 지 두 달하고 보름 만에 이런 불평을 했다. 마실 물이 없다고, 먹을 빵과 고기가 없다고 노예생활을 그리워했다. 하나님의 기적이고 은혜고 모두 잊고 그들은 육신의 욕구만 충족되면 만사형통이라 생각했다.

하나님의 자유한 백성보다 노예 생활이 좋았노라고 거침없이 말하는 이스라엘 백성들을 바라보시는 하나님의 마음은 어떠셨을까? 이스라엘 백성이 한심하다고 생각하는가? 이스라엘 백성의 모습은 우리의 모습과 같다. 하나님께서는 독생자 예수님을 보내 우리 죄를 대신 지게 하시고, 우리를 죄와 사탄의 손아귀에서 해방시켜 주셨다. 우리는 이제 죄의 노예가 아니라 왕의 왕이신 하나님의 자녀가 되었다.

그런데 우리는 하나님께서 자녀 삼아 주신 놀라운 은혜에 감사하기는커녕 눈앞에 닥친 조그만 고난들로 하나님을 원망한다. 예수 믿기 전에는 형편이 좋았다고, 예수를 믿어서 괜한 고생을 한다고, 예수를 믿어서 불편하고 거북하다고, 예수 믿어봤자 좋을 거 하나도 없다고 말한다. 그래서 예수 믿는다는 사실, 아니 교회 다닌다는 사실을 당당하게 드러내지 못하고 여기 붙었다 저기 붙었다 박쥐처럼 행동한다.

이스라엘 백성은 노예로 살아도 고기 가마 곁에 앉아서 떡만 배불리 먹으면 좋다고 생각했다. 우리가 영의 자유를 누리지 못하고 마귀와 죄가 조종하는 대로 움직이면서 육신의 욕구만 충족되면 만족한다고 생각하는 것과 같다. 그래서 하나님의 방법보다 세상의 방법으로 육신의 욕구를 채우려고 안간힘을 쓴다. 돈을 많이 벌어서 좋은 집을 사고, 안락한 침대를 사고, 맛있는 음식을 산다. 만약 자신의 욕구가 채워지지 않으면 하나님을 원망한다. 하나님을 믿었는데 왜 형편이 이 모양 이 꼴이냐고 불평하고 대든다. 목이 타고 배가 고프기만 하면 하나님을 원망하는 사람들은 아직 광야생활을 벗어나지 못한 사람들이다.

우리는 이스라엘 백성이 육신의 갈증과 배고픔은 하나님께 원망함으로 해결했지만, 영의 자유는 영영 누리지 못했음을 생각해야 한다. 이 땅에서 원망하면 육신의 만족은 채울 수 있을지 모르지만, 영의 안식은 누리지 못한다. 원망은 하나님의 은혜를 잊었을 때 자동으로 나타나는 현상이다.

하나님께서 내게 주신 놀라운 사랑과 그 은혜를 잊고, 세상과 사람을 바라볼 때 원망과 불평이 솟아난다. 우리가 하나님대신 사람과 세상을 바라보면 우리는 곧 그들을 우리와 비교하게 된다. '저 사람들은 하나님도 안 믿고, 못된 짓만 일삼는데 왜 나보다 잘 살지? 나보다 공부도 잘하고 좋은 직장에도 척척 들어가고, 모두가 부러워하는 자리에 앉는 이유가 뭘까? 하나님이 계시다면 나한테 이러실 수는 없을 거야.' 라고 생각하며 하나님의 존재를 의심하고 하나님의 공의를 하찮게 여긴다.

원망은 의심을 낳는다. 의심이 자라면 하나님의 방법보다 세상의 방법이 좋다는 착각을 하게 한다. 하나님의 방법이 우리에게 가장 좋은 방법이란 사실을 믿지 않기 때문에 세상이 강요하는 방법으로 하루하루를 살아간다. 일을 할 때도 적당히 요령껏, 시간 관리도 나 편한 대로, 대인관계도 세상이 주장하는 대로 이끌어 간다. 맡은 자의 구할 것은 충성이며, 세월을 아껴야 하며, 내가 대접 받고 싶은 대로 남을 대접해야 한다는 하나님의 말씀은 온데간데없다.

그러나 세상의 방법대로 살면서도 하나님께서 약속하신 복은 다 받고 싶어 한다. 이스라엘 백성의 원망은 죽음이란 끔찍한 결과를 가져왔다. 나의 생활 속에 감사가 얼마나 차지하는지 오늘 자신의 모습을 직시해야 한다. 원망은 사망을 낳는다는 사실을 뼛속에 새겨 넣어야 한다.

광야생활은 우상을
숭배하는 생활이다

하나님께서는 이스라엘 백성을 어떤 민족보다 뛰어나게 할 법을 주시려고 모세를 시내산으로 부르셨다. 40일 밤낮을 모세는 아무것도 먹지 않고, 하나님께서 주시는 법을 받았다. 하나님께서 이스라엘 백성을 왕의 자녀의 품위를 갖추게 할 법을 주시는 동안 이스라엘 백성은 금송아지를 만들었다. 그리고 그 우상을 하나님이라 말하며 그 앞에서 제사를 지내고 좋아서 뛰놀았다. 40년의 광야생활을 하나님은 이렇게 평가하셨다.

'이스라엘의 집이여 너희가 광야에서 사십 년간 희생과 제물을 내게 드린 일이 있었느냐. 몰록의 장막과 신 레판의 별을 받들었음이여 이것은 너희가 절하고자 하여 만든 형상이로다. 내가 너희를 바벨론 밖으로 옮기리라.(행 7:42~43)'

하나님은 이스라엘 백성이 사십 년 광야생활을 하면서 하나님께 희생과 제물을 드린 것이 아니라 장막신 몰렉과 별신 레판을 섬겼다고 말씀하셨다. 겉으로 보면 이스라엘 백성은 하나님을 섬기는 것 같았다. 하나님께서 주신 만나를 먹고 메추라기를 먹고 생수를 마시며 하나님의 자녀로 생활하는 것 같았다. 하지만 그들은 자신들이 만든 신을 죽을 때까지 버리지 않았다. 장막신 몰렉이 자신들의 장막 생활을 보호해주며, 별신 레판이 이정표도 없는 허허벌판에서 자신들의 길을 인도해 줄 것이라 생각하며 사십 년 내내 우상을 섬긴 것이다.

우리는 하나님을 믿고 섬긴다고 말한다. 종교 지도자와 목회자를 따라 광야 길을 묵묵히 걸어가고 있는 것처럼 보인다. 교회에서 정해준 봉사와 헌금과 충성을 하며 하나님을 섬기면서 살고 있는 것처럼 가장한다. 교회에서 드리는 예배시간에 전심을 다해 하나님을 사랑한다고 말도 하고 찬양하기도 한다.

하지만 우리가 진정으로 의지하는 것은 무엇인가? 정말로 갈망하는 것은 무엇인가? 우리는 무엇을 위해 살아가는가? 우리는 세상의 사람(자녀, 남편, 아내, 부모, 상관, 친척, 이웃, 권력자 등)과 돈(보험증권, 연금, 월급, 보너스, 보석, 집, 차, 땅 등)과 방법(지식, 교육방식, 성공전략, 처세술, 운명론, 미신 등)을 하나님보다 훨씬 더 신뢰하고 따라간다. 이 외에도 우리는 수많은 우상을 스스로 만들었다.

우상은 하나님보다 더 많이, 더 깊이, 더 오래 생각하는 모든 것이라고 앞서 이야기했다. TV, 스마트폰, 취미생활, 일, 물건사기 등 우리는 하나님과 하나님의 말씀을 생각하는 시간보다 이와 같은 곳에 쓰는 시간이 훨씬 많다.

우리는 또한 하나님을 올바로 알려고 애쓰기보다 세상의 돈, 명예, 지위, 미모, 인기를 훨씬 더 갈망한다. 성경은 하루에 5분도 읽지 않으면서 경제 관련 기사나 연예잡지, 스포츠 정보지는 꼼꼼히 챙겨서 본다. 인기 있는 대중매체 프로그램도 빠짐없이 챙겨보는데, 그렇지 않으면 다른 사람들이 그것에 대한 이야기를 할 때 소외감을 느끼거나 시대에 뒤떨어진 사람이란 표시가 나기 때문이라고 말한다. 최신식 정보가 최대의 진리라고 믿으며 몇 달 또는 며칠도 지나지 않아 흔들리는 정보를 머릿속에 집어넣으려고 애쓴다.

우리는 세상이 강요하는 성공을 이루기 위해 살아간다. 교회에 나오는 이유도 세상의 성공을 앞당기기 위한 방편일 뿐이다. 세상 것에 대한 욕망을 마음속에 가득 담은 삶은 우상을 숭배하는 삶이다.

우리가 아무리 큰 목소리로 하나님을 사랑한다고 외쳐도 하나님은 우리 안에 우상이 우글거린다는 사실을 너무나 잘 아신다. 40년 동안 장막신과 별신을 섬긴 이스라엘에게 하나님은 그들을 바벨론 밖으로 옮기신다고 하셨다. 우리 안의 우상을 제거하지 않고 계속해서 섬기면 우리는 바벨론보다 더 먼 지옥으로 떨어질 수밖에 없다. 하나님께서 주시는 햇빛과 물과 일용할 양식을 날마다 먹으면서, 나는 하나님의 자녀이며 하나님만 믿는다고 말하면서, 우리 스스로가 만든 세상의 우상을 아직도 섬기고 있다면 우리는 광야생활을 벗어나지 못한 것이다. 광야생활은 하나님이 아니라 우상을 섬기는 생활임을 우리는 깨달아야 한다.

광야생활은 반역의 시기이다

레위 자손 고라와 르우벤 자손 다단, 아비람, 온 그리고 이스라엘 총회에서 선택받은 지휘관 250명은 당을 지어 모세에게 반역했다. '그들이 모여서 모세와 아론을 거슬러 그들에게 이르되 너희가 분수에 지나도다. 회중이 다 각각 거룩하고 여호와께서도 그들 중에 계시거늘 너희가 어찌하여 여호와의 총회 위에 스스로 높이느냐.(민 16:3)' 라고 따지며 모세와 아론에게 대들었다. 그들이 당을 지어 모세에게 반역한 이유는 '네가 뭔데 주제넘게 우리 위에 군림하려는 거냐? 우리도 다 거룩한데 왜 너만 거룩한 척하면서 하나님과 얘기해? 하나님이 우리한테도 말하실 수 있으니까 우리 가르치려 들지 마.' 였다.

이들의 행동 속에는 매우 큰 죄 몇 가지가 들어있는데, 첫째는 그들이 하나님의 지명하심을 인정하지 않았다는 것이다. 모든 권위자는 하나님께서 선택하셔야 그 자리에 앉을 수 있다. 다윗은 하나님의 기름 부으심을, 자신의 목숨이 위협받는 상황에서도 존중하고 지켜 드렸다. 하나님께서 선택하신 지도자에게 반역하는 행위는 바로 하나님의 결정에 반기를 드는 행동이다. 지도자를 비난하고 흠보는 행위는 하나님의 선택하심에 침을 뱉는 행위이다.

우리 주위에는 하나님의 선택하심을 받고 지도자가 된 사람들이 많이 있다. 부모, 사장, 상관, 선생, 시장, 군수, 장관, 국회의원, 대통령 등 우리 생활에 직, 간접적으로 영향을 주는 지도자들이 있다. 이들은 모두 하나님의 허락을 받고 지도자가 된 사람들임을 우리는 인정해야 한다. 이를 인정하지 않으면 우리도 고라와 다단처럼 모세에게 대드는 사태가 벌어진다.

　지도자에게 대드는 행위는 하나님께 반역하는 행위와 같다. 지도자를 욕하고 비난하고 헐뜯고 하찮게 여기는 행동은 하나님 보시기에 엄청난 죄이다. 고라, 다단, 아비람, 온, 이스라엘 지도자 250명이 산 채로 땅속에 삼켜진 사실을 우리는 기억해야 한다. 그들이 모세에게 반역했던 까닭으로 그들의 가족과 재산까지 함께 몰살당했다. 지도자의 행동이 불만스럽다고 당을 지어 분열을 꾀하면 안 된다. 특히나 교회에서 분열을 일으키는 사람들은 조심해야 한다. 하나님은 우리가 하나 되어 사랑하고, 화목하게 하는 직책을 수행하라고 우리를 하나님의 자녀로 삼아주셨다. 그런데도 우리는 교회가 사분오열되는 사태를 너무나 자주 목격해왔다.

　교회가 진행하는 일은 모두 하나님의 영광을 드러내는 일이어야 한다. 그러나 우리는 하나님의 영광을 드러내기는커녕 하나님 얼굴에 먹칠을 하고 교회가 비난과 지탄의 대상이 되도록 해왔다. 하나님께서 택해주신 지도자를 비난하고 무시할 때 이런 일이 일어남을 우리는 겸손히 인정해야 한다.

　그렇다고 지도자가 자기 마음대로 아무 일이나 처리해도 된다는 이야기가 아니다. 지도자는 하나님의 선택을 받은 자임을 명심해야 한다. 이는 지도자는 자신의 마음대로가 아니라 하나님의 마음과 방법으로 맡겨진 사람들을 지도해야 함을 뜻한다.

사실 분열되는 모든 조직 속에는 독단적인 지도자와 불순종하는 피지도자가 존재한다. 하나님은 지도자의 가장 기본적인 일이 하나님의 말씀을 늘 가까이 하는 것이라고 하셨다. 지도자가 하나님의 마음을 알아 하나님께서 주신 방법을 제시할 때, 지도자의 인도를 받는 사람들은 그 방법에 순종하고 따라야 한다. 또한 지도자는 그 방법이 정말 올바른 것인지 하나님께서 주신 통로와 상황을 통해 점검받아야 할 필요가 있다.

고라, 다단, 아비람과 지도자 250명이 모세에게 반역한 것이 하나님 보시기에 큰 죄인 두 번째 이유는 그들이 교만했기 때문이다. 그들이 모세에게 따질 때 한 말 중에 '분수에 지난다' 는 말은 요즘 말로 '분수도 모르고 설친다' '주제 넘는다' '행동이 지나치다' 등으로 쓰인다. 반역자의 입장에서 봤을 때 지도자는 항상 자신의 기대나 수준에 미치지 못하는 존재로 생각된다. 지도자를 순종과 존경이 빠진 마음으로 대하면 지도자가 하는 모든 행동이 못마땅하다. 일을 계획하는 것부터 진행하는 방식, 사람들을 대하는 태도, 심지어 말 한마디 한마디가 다 거슬린다. 이런 못마땅한 마음으로 지도자를 바라보면 '저 사람보다는 내가 더 잘할 수 있는데' 하는 마음이 싹트게 된다. 내가 저 사람보다 더 잘 났고, 나도 지도자가 되면 저 사람보다 훨씬 더 잘 할 수 있다는 마음 저 밑바닥에는 하나님의 선택이 잘못되었다는 생각과 교만이 같이 자리한다. 마음속의 교만이 자라면 고라, 다단처럼 지도자의 면전에서 '네가 분수도 모르고 주제넘게 행동해?' 라는 욕설을 퍼붓게 되는 것이다.

이 모습이 어쩐지 낯익다는 생각이 들지 않는가? 교회가 소위 말하는 '부흥'을 하면 교회 건물을 웅장하게 지어 놓고 그 안에서 목회자와 건물 실권자 간에 세력다툼이 생긴다. 보통 교회는 건물을 세우는 데 크게 기여한 사람을 장로로 인정해 주는데 목회자와 장로들 사이에 일어나는 다툼은 마치 국회의사당을 보는 것과 같다. 욕지거리에 삿대질에 발길질까지 하나님께서 보시면 기가 막히고 코가 막힐 일을 자신의 사명인 것처럼 해댄다. 그러면서 그 일을 하나님께서 시켜서 하는 것이라고 하나님의 이름까지 망령되이 써먹는다. 이런 모습의 저변에는 하나님께서 세우신 지도자보다 내가 잘났다는 교만이 마음 밭에 단단히 뿌리를 박고 있다.

한번 박힌 교만의 뿌리는 쉽사리 캐낼 수가 없다. 그것이 교만이라는 생각 자체를 하지 못하도록 마귀가 교묘하게 부추기기 때문이다. 교만은 하나님의 방법이 아닌 내 방법을 우선시하는 것이다. 교만은 하나님의 말씀보다 내 말을 앞세우는 것이고, 하나님의 지혜보다 내 지식을 더 믿는 것이다. 궁극적으로 **교만은 하나님보다 나를 더 의지하는 것이다.** 하나님보다 내가 먼저 나서는 삶이 바로 교만한 삶이다.

우리는 생각 한줄기가 들어왔을 때에라도 하나님의 말씀에 비춰보아야 한다. 그것이 하나님의 말씀에 합당하면 올바른 생각이고 하나님의 말씀에 반하면 그릇된 생각임을 알아야 한다. 행동도 마찬가지다. 이 행동이 성경과 일치하면 옳은 행동이고 성경에 반하면 그릇된 행동이다. 생각, 행동, 말, 태도, 얼굴표정에 이르기까지 하나님께서 시키신 방법대로 하지 않는 모든 것이 교만이다. 하나님대신 내가 나서는 모든 행동이 교만이다. 하나님보다 나를 앞세우는 사람들의 마음에는 하나님보다 내가 더 잘났다는 생각이 도사리고 있다.

교회는 예수님의 몸인데 예수님의 몸을 갈기갈기 찢어놓고 하나님께 잠깐만 기다리라고 말한다. 내 방법, 내 지식 다 동원해서 원상복구 해 놓을 테니 참견하지 말고 잠깐 참으라고 하나님을 뒷방 늙은이 취급한다. 하나님의 방법보다 내 방법을 앞세우면 가정이 파괴되고, 교회가 사분오열되고, 사회가 붕괴되고, 나라가 망한다. 교만이 우리 삶을 지휘하는 지휘봉이 되면 우리에게 오는 것은 죽음뿐이다. 그것도 한 순간에 땅속으로 꺼지게 된다. 모세에게 대들다 멸망한 고라, 다단, 아비람, 온과 이스라엘 지도자 250명처럼.

이처럼 광야생활은 반역의 시기이다. 이 시기에는 마음속에 지도자에 대한 불신과 불순종이 독사의 머리처럼 자주 고개를 드는 사태가 발생한다. 그런 마음이 들 때마다 지도자에 대해 비난하고 헐뜯으면 우리는 광야생활을 끝낼 수 없다. 끝까지 반역하고 불순종하다 광야에서 모두 죽은 이스라엘 백성들의 신세가 우리 신세가 된다.

광야생활은 얽매인 생활이다

하나님은 시내산에서 이스라엘 백성이 지켜야 할 법을 상세하게 가르쳐 주셨다. 십계명을 비롯하여 제단에 관한 법, 종에 관한 법, 폭행에 관한 법, 소유의 책임에 따른 법, 배상에 관한 법, 도덕에 관한 법, 공평에 관한 법을 주셨다.

그리고 성막을 만드는 방법, 성막에 쓰일 물건들을 만드는 방법, 제사장을 임명하는 방법과 절차, 번제와 소제와 화목제와 속죄제와 속건제를 드리는 방법과 규례, 정한 것과 부정한 것을 가리는 기준, 출산에 따른 규례, 병이 걸렸을 때의 규례, 곰팡이가 생겼을 때 따라야 할 규례, 환자가 회복했을 때 지켜야 할 규례, 제물을 드리는 장소에 관한 규례, 근친상간(가증한 풍속)에 대한 법, 사형에 처해야 할 범죄, 제사장이 지켜야 할 규례, 성물을 먹는 규례, 절기를 지키는 때와 방법, 안식년과 희년을 지키는 규례 등 이스라엘 백성이 거룩한 백성이 될 수 있는 규례와 계명과 법도를 친절하게 가르쳐 주셨다.

이스라엘 백성은 이 많은 법도를 잘 지켰을까? 이 많은 법도를 받아든 이스라엘 백성의 마음은 어땠을까? '뭐가 이리 많아?' '이걸 다 지켜야하는 거야?' 라는 마음이었을까? 이 법도들 가운데 이스라엘 백성이 잘 지킨 것도 있고 못 지킨 법도도 있다. 성막에 쓸 재료를 가져오라는 하나님의 명령에 이들은 모두 다 자원하는 마음으로 성막을 짓고도 남을 만큼 충분히 하나님께 물품을 드렸다. 그러나 발람의 꾀에 빠져, 이방 여인과 동침하지 말고 우상을 섬기지 말라는 하나님의 명령은 지키지 못했다.

하나님께서 이토록 많은 법을 이스라엘 백성에게 주신 이유가 무엇일까? 물론 이 법을 준행했을 때 하나님께서 이스라엘 백성을 모든 민족 위에 뛰어난 민족으로 만드셔서 다른 이방 민족도 하나님을 믿게 하려는 계획이 있다는 사실은 우리 모두 알고 있다. 이 법은 모두 하나님과 사람과의 관계에 대한 것이다. 하나님을 어떻게 대해야 하는지, 사람을 대할 때는 어떻게 해야 하는지, 어떤 상황에서는 어떻게 처신해야 하는지에 대해 하나님은 일말의 의혹이 일지 않도록 이스라엘 백성에게 명확히 가르쳐 주셨다.

그렇다면 하나님은 이스라엘 백성이 서로 어떻게 살기를 바라신 것일까? 그 답은 예수님께 있다. 예수님은 '사랑'은 모든 율법의 완성이라고 말씀하셨다. 하나님은 우리가 사랑하며 살기를 바라신다. 우리가 사랑할 때 모든 율법을 이룬 것이다.

하지만 우리는 이토록 간단한 진리를 삶에서 실천하지 못한다. 사랑하지 못하니까 내가 하나님의 자녀라는 증거를 댈 수 없다. 그래도 뭔가 교회 다니는 사람이라는 증거를 대야 하니까 율법을 들고 나온다. 주일에 놀러가고 싶은 것 꼭 참고 교회 갔다 온 것을 그 증거라고 생각한다. 제사 지낸 음식 안 먹는 것, 노래방이나 유흥주점에 안 간 것, 술 안마시고 담배 안 피우는 것, 교회에서 시킨 일 열심히 하는 것, 남들보다는 심한 욕 안 한 것, 속일 수 있는 상황에서 안속이고 거짓말 안 한 것, 헌금 꼬박꼬박 낸 것, 가난하고 불쌍한 사람에게 돈 몇 푼 기부한 것 등을 증거로 내 놓으면서 하나님 앞에서 올바르고 당당하게 살고 있다고 생각한다.

이사 가는 날에 손 없는 날은 여전히 따지고, 혼인 날 결정은 철학관에 가서 하고, 사주팔자에 풍수지리까지 안 보면 뭔가 찜찜한 기분이 들고, 교회 안 가면 다른 성도들이나 목회자 눈초리가 어떨까 무서워 연연하고, 헌금은 이 정도는 해야 권사나 장로 체면이 선다고 생각하고, 옷차림은 다른 사람보기에 점잖아야 하고, 대인관계를 맺을 때도 교회 사람들에게 창피하지 않아야 하고, 집이나 직장에서의 모습이야 어떻든 교회에서는 고상한 사람인척 해야 하고, 잘 모르는 말씀도 교회 나온 지 한 20년 넘으면 다 아는 척 해야 하고, 생각과 행동은 전혀 올바르지 않으면서도 말은 그럴듯하게 해야 하고, 세상 사람들이 지키는 풍속이나 미신도 좋은 게 좋은 거라고 지키는 것이 낫다고 생각하고, 세상의 가치관과 고정관념에 묶여 살면서 그래도 하나님의 자녀라고 주장한다.

예수님은 진리를 알지니 진리가 너희를 자유케 하리라고 분명히 말씀하셨다. 그런데도 우리는 왜 이토록 세상에 얽매이고 세상 사람들의 눈치를 보며 살아야 하는가? 이유는 우리가 하나님과 진리이신 예수님을 알지 못해서이다. 하나님의 말씀을 생명 양식이나 인생을 최고로 사는 비법이라기보다 지키기 힘든 짐이라 생각하기 때문이다.

하나님을 올바로 알면 하나님의 마음을 깨닫게 된다. 그러면 하나님께서 예수님을 왜 이 땅에 보내 주셨는지 머리가 아닌 가슴으로 알게 된다. 그 하나님의 은혜가 깨달아지기 시작하면 사람들을 사랑하지 않으려야 않을 수가 없다. 그들이 귀하게 여지지지 않을 수가 없다. 하나님께서 내게 주신 은혜가 얼마나 거대하고 놀라운 것인지 깨달으면 나에게 다섯 데나리온 빚진 자를 용서해 줄 수밖에 없다. 하나님을 알고 그 말씀을 깨달으면 내가 누구인지 알게 되고 하나님께서 나를 이 땅에 보내주신 목적을 알게 된다.

그 목적에 따라 예수 안에 사는 삶이 바로 자유한 삶이다. 자유한 삶은 이제까지 나를 묶고 있던 세상과 사람들의 끈이 더 이상 족쇄가 아니라 축복임을 깨닫게 되는 삶이다. 하나님께서 나에게 허락하신 모든 상황과 사람들을 하나님의 관점으로 바라보게 된다. 진정한 가치가 무엇인지 세상에서 가장 중요한 것이 무엇인지 내 생각이나 관점이 아닌 하나님의 관점으로 깨닫게 된다. 세상 사람들이 주장하는 말 중에 무엇이 옳고 그른지를 판단할 수 있는 통찰력이 생긴다. 자유한 삶은 진리에 기초를 둔 삶이며, 하나님의 사랑으로 모두를 사랑하며 사는 삶이다. 아직도 세상과 사람들의 시선이 두려워 나 자신에 당당하지 못하고 행동에 제약을 받는다면 광야에서 이리저리 헤매는 삶을 사는 사람이다.

광야생활은 수동적인 삶이다

홍해를 건넌 이스라엘 백성은 모세의 인도에 따라 광야에 들어섰다. 물론 하나님의 뜻이었다. 그 이후 40년 동안 그들이 한 일은 짐 싸고, 짐 풀고, 천막 치고, 천막 걷는 일이었다. 40년 동안 광야 길을 방황하면서 그들은 모세가 알려주는 곳에 천막을 치고 짐을 풀었다가 다시 모세가 가자고 하면 짐 싸고 천막 걷고 모세를 따라 나섰다. 그들은 시키는 대로 행동했다. 그들이 주도적으로 한 일은 죄 짓는 일뿐이었다. 우상 만들어서 절하기, 물이나 양식 없다고 원망하기, 하나님 시험하기, 지도자에게 대들기 정도가 그들이 자진해서 한 일의 전부였다.

하나님께서는 분명 낮에는 구름기둥으로 밤에는 불기둥으로 이스라엘 백성을 이끌어 주셨다. 그렇지만 이스라엘 백성 눈에는 하나님의 인도하심이 보이지 않았다. 그 불기둥과 구름기둥이 하나님의 살아계심을 드러내는 증거이며 하나님의 인도하심이라 확신했다면 그들이 어떻게 우상에게 절하고, 하나님을 시험할 수 있었겠는가? 그들은 그저 눈에 보이는 모세를 따라 모세가 시키는 일을 하며 세월을 허비했을 뿐이다.

예수님을 믿겠다고 결단하고 교회에 가면 우리는 목회자의 말을 들는다. 목회자의 설교도 듣고, 다른 성도들의 간증이나 충고도 듣는다. 그러면서 교회가 권하는 모임이나 성경공부에 참석하기 시작한다. 여기서 마음이 움직이면 목회자가 시키는 일은 열일 제쳐두고 하게 된다. 자기 할 일이 엄연히 있는데도, 교회 일이라면 시간과 노력과 열정을 다 바쳐 하게 된다. 부흥회 참석이나 기도원 방문, 교회에서 진행하는 행사나 절기 준비에 절대 빠지는 법이 없고, 주일학교 교사에 구역장에 주일 점심 봉사까지 교회가 시키는 일은 두말 않고 수행한다. 교회 건물이라도 새로 세울라치면 등짝이 다 까지거나 손에 물집이 잡히는 막노동일도 마다하지 않는다. 교회를 위하는 일이 하나님을 위하는 일이라고 생각한다. 아니, 정확하게 말하면 목회자 말을 잘 듣는 것이 하나님께 칭찬 듣는 일이라고 생각한다. 하라면 하고 하지 말라면 안 한다. 내 의견이나 나는 끼어들 여지가 없다. 목회자나 교회의 운영자들이 결정한 일은 하나님의 말씀과 동일시되기 때문에 일개 성도가 나설 생각은 추호도 하지 못한다. 그러면서 계속해서 수동적인 삶을 살게 된다.

그러나 교회에서 시키는 일을 이토록 열심히 했는데도 마음에 찾아오는 것은 불안과 의심과 괴로움이다. 내가 정말 천국에 갈 수 있을까 하는 불안, 나는 정말 구원 받았나 하는 의심, 하나님이 살아계신다면 나에게 이런 어려움이나 고통이 올 리 없다는 생각이 마음을 괴롭힌다. 혹시나 이런 불안이나 의심을 내비치면 다른 사람들이 나를 믿음 없는 사람이라 판단할까봐 어디 가서 말도 못한다. 그저 교회 충성 봉사 많이 하면 하나님께서 은혜를 내려 주시고 그러면 다 해결된다는 목회자의 오래된 세뇌에 내가 한 봉사의 양이 적어서 그런가보다 생각하면서 그동안 살아온 삶을 그대로 이어간다. 이렇게 5년이 흐르고 10년이 흐르고 20년이 지나고 30년이 넘어간다. 6~70 평생을 이렇게 살아온 사람도 적지 않다. 예수 믿는다고 교회 다닌 지 수십 년이 지나도 삶에는 아무런 변화가 없다.

목회자의 말을 충실히 듣고 교회가 하라는 대로 했는데도 하나님께서 약속하신 평안은 찾아볼 수도, 맛볼 수도 없는 삶을 우리는 살아왔다. 하나님의 평안은 하나님과의 관계가 회복될 때만 맛볼 수 있다. 하나님과의 관계 회복은 어느 누가 대신해 줄 수 있는 것이 아니다. 이것은 오로지 성령님의 도우심과 자신의 의지로 이룰 수 있다. 이는 누가 시켜서가 아니라 내가 말씀을 사모해야 하며, 적극적으로 성령님의 음성을 들으려는 열망을 품어야 가능하다. 하나님은 우리를 자녀삼아 주셨다. 우리는 자식이기 때문에 부모 말에 순종해야 한다. 하나님께서 자녀인 우리에게 무슨 말씀을 하시는지 귀를 기울여야 한다. 그래야 대화가 이루어지는 것이다. 대화가 이루어져야 하나님과의 관계가 회복된다.

하나님의 말씀이 바로 성경이다. 성경을 읽지 않고, 성경을 읽더라도 자신의 생각의 틀 속에서 그 말씀을 해석하면 하나님과 온전한 대화가 이루어지지 못한다. 성경을 읽다보면 이해가지 않는 부분이 많이 있다. 표면에 드러난 하나하나의 사건이나 역사 속에 하나님의 마음이 숨겨져 있다. 이 마음을 우리 생각으로 풀어내려 하면 안 된다.

하나님의 마음과 우리의 생각은 그 간격이 너무나 넓어 우리의 지식으로는 하나님의 마음을 알아낼 수가 없다. 하나님의 마음은 성령님께서 가르쳐 주시는 대로 깨달아야 한다. 내 생각, 내 선입견, 내 지식, 내 고정관념 다 내려놓고 오직 성령님의 가르치심에 무릎 꿇어야 한다.

잘 모르겠으면 무조건 물어야 한다. 모르는 부분을 읽을 때 이제까지 알았던 지식이 참된 것이라고 생각하고 대충 넘어가면 성령님의 진정한 가르침을 들을 수 없다. 그 안에서 말씀하시는 하나님의 참된 음성을 들을 수 없다. 그러면 그것을 통해 내게 주시는 지혜와 교훈을 깨달을 수 없고, 깨달음이 없으면 하나님의 말씀을 내 삶에 적용할 수가 없다.

삶에 적용이 안 되는 말씀은 내 삶을 변화시키지 못한다. 그 말씀은 나와 아무 상관없는 무능력한 문자로밖에 나에게 와 닿지 않는다. 그러나 그 말씀이 깨달아지고, 깨달아진 말씀을 삶에 실천하면 그 말씀은 나의 모든 것을 바꾸는 강력한 능력이 된다. 열등감과 좌절감에 빠져 허우적대던 나의 정체성을 회복하는 능력, 부정적인 시각을 긍정적인 시각으로 변화시키는 능력, 무가치한 것에 매여 살던 옛 습관에서 벗어나 진정한 가치를 따라 살게 하는 능력, 그릇된 모든 행동을 의의 행동으로 변화시키는 능력, 어떤 고난이 와도 이겨나갈 수 있는 능력, 이 능력이 바로 깨달은 말씀을 순종할 때 나타난다.

말씀을 사모하고, 그 말씀을 깨닫고, 그 깨달음을 실천하는 일련의 과정은 누가 시켜서 할 수 있는 것이 아니다. 수십 년 설교 들었어도 만날 그 말씀이 그 말씀처럼 느껴지는 이유는 그 말씀을 깨닫지도 못했고, 삶에 실천하지도 않았기 때문이다. 실천하지 않았다는 것은 곧 불순종을 뜻한다. 말씀을 듣고도 실행하지 않는 행동은 믿음 없음과 직결된다. 그 말씀과 그 말씀을 하신 하나님을 믿지 않으니까 실행하지 못하는 것이다. 우리가 어느 분야의 전문가의 말을 들을 때, 그 말을 신뢰하면 우리는 전문가의 말대로 실행한다. 예를 들어 우리가 몸이 아파 병원에 갔을 때, 우리는 의사가 내리는 진단과 그에 대한 처방을 믿고 그대로 따른다. 그래야 병이 낫기 때문이다.

하나님은 우리를 잘 되게 하시기 위해 말씀을 주셨다. 인생을 최고로 살아갈 비법이 성경 안에 모두 들어 있다. 그런데 우리는 그 말씀을 믿지 않는다. 그래서 그대로 실행하지 않는 것이다. 믿음이 없으면 어떻게 되는지 우리는 누구보다 잘 알고 있다. 목회자들은 중간에 어떤 과정을 거쳐야 천국에 갈 수 있는지는 잘 설명해 주지 않지만, 결과는 너무나 힘주어 강조하기 때문이다.

하나님을 알고, 하나님과의 관계를 회복하고, 이 땅에서 천국을 체험하며 살 수 있는 비결이 성경 안에 있다. 성경은 수동적인 자세로 깨달아지지 않는다. 성경은 누가 대신 떠먹여 줄 수 있는 양식이 아니다. 성령님께서 우리의 믿음과 영적 상태에 맞추어서 깨닫게 해 주시는 말씀을 우리 스스로 꼭꼭 씹어 삼켜야 한다. 처음에는 젖밖에 못 먹다가 조금 더 자라면 이유식도 하고, 조금씩 딱딱한 음식도 먹을 수 있게 된다.

나의 영적 상태를 사람이 알아주리라 생각하면 큰 오산이다. 다른 사람은 나를 알지 못한다. 나 자신도 나를 잘 모른다. 그러나 하나님은 나의 심장과 폐부를 살피시고, 나의 영적 육적 상태와 생각을 아시며, 나의 현재를 주관하시며, 나의 앞날을 준비하시는 분이시다. 이 사실을 믿으면 말씀이 생명 양식임을 알게 된다. 나를 살리는 힘이 하나님 말씀 안에 있다는 사실을 깨닫는다. 말씀이 생명줄임을 아는데 어찌 성경을 읽지 않을 수 있겠는가?

삶의 변화는 말씀의 실천에서 온다. 말씀에 순종하는 것도 누가 대신해 줄 수 없다. 누가 시켜서, 누가 등 떠밀어서 하는 행동은 불만과 부담감과 짜증만 가중될 뿐이다. 하지만 자진해서 말씀에 순종하면 하나님께서 말할 수 없는 기쁨과 즐거움으로 우리를 채워주신다. 세상이 알 수 없고, 줄 수도 없는 평화가 우리 마음을 가득 채운다. 이 평안의 상태가 바로 천국이다.

천국을 체험하고 싶은가? 말씀을 사모하라. 적극적으로. 말씀을 깨닫게 해 달라고 졸라야 한다. 하나님께서 귀찮으시도록. 깨달은 말씀을 삶에 실천하라. 그러면 천국이 무엇인지 알게 될 것이다.

광야생활은 육신의 눈에 보이는 것만 보는 생활이다

애굽 사람들이 장자를 장사지낼 때 서둘러 애굽에서 나온 이스라엘 백성들은 홍해 앞에서 섰다. 뒤에는 애굽 군대가 추격해 왔다. 이 상황에서 이스라엘 백성의 눈에 보이는 선택은 단 두 가지였다. 광야에서 죽거나 애굽에서의 종살이. 이 중에 이스라엘 백성이 더 낫다고 선택한 것은 '애굽 사람을 섬기는 것(출 14:12)' 이었다. 홍해를 건너 수르 광야에 들어선 이스라엘 백성의 눈에 비친 것은 마실 물이라고는 눈 씻고 찾아봐도 없는 황량한 황무지였다. 엘림과 시내 산 사이의 신 광야에 이르렀을 때 이스라엘 백성은 이렇게 말했다.

'우리가 애굽 땅에서 고기 가마 곁에 앉아 있던 때와 떡을 배불리 먹던 때에 여호와의 손에 죽었더라면 좋았을 것을 너희가 이 광야로 우리를 인도해 내어 이 온 회중이 주려 죽게 하는도다.(출 16:3)'

이스라엘 백성은 바로 여기에 먹을 고기와 떡이 없다는 사실밖에 볼 줄 몰랐다. 모세가 하나님의 계명을 받으러 40일 밤낮을 시내산에 올라가 그들 눈에 안보이니까, 그들은 눈에 보이는 우상을 만들어냈다. 가나안을 정복하기 전 그 땅에 정탐을 간 각 지파 지휘관 열두 명 중 여호수아와 갈렙을 제외한 열 명은 하나님께서 허락하신 땅을 악평하며 이렇게 말했다.

'우리가 두루 다니며 정탐한 땅은 그 거주민을 삼키는 땅이요 거기서 본 모든 백성은 신장이 장대한 자들이며 거기서 네피림 후손인 아낙 자손의 거인들을 보았나니 우리는 스스로 보기에도 메뚜기 같으니 그들이 보기에도 그와 같았을 것이니라.(민 13:32~33)'

이스라엘 백성은 육신의 눈에 보이는 것과 육신의 필요밖에 볼 줄 몰랐다.

우리도 자주 이와 동일하게 행동한다. 어떤 일을 결정하거나 선택할 때 눈앞에 놓인 상황만을 판단하여 내 생각에 더 좋은 쪽을 택한다. 이스라엘 백성이 택한 것은 종살이였다. 이것이 올바른 선택이었는가? 눈앞에 드러난 상황이 뻔한데 뭘 더 생각해 볼 필요가 있느냐고? 하나님의 뜻은 전혀 다른 곳에 있었다. 그들을 젖과 꿀이 흐르는 가나안으로 인도하여 거기서 평화롭고 자유롭게 살게 하려는 계획이 하나님께 있었다. 사면초가의 상황에서 이스라엘 백성 중 누가 이 계획을 짐작이라도 했겠는가?

사실 하나님께서는 이스라엘 백성을 종살이에서 해방시키시기 전에 그 계획을 명확하게 말씀하셨다. 그러나 상황이 급박하고 어렵게 돌아가니까 이스라엘 백성의 마음속에 하나님의 계획 같은 것은 온데간데없이 사라졌다. 평소에는 하나님 말씀대로 사는 것 같다가 고난이 닥치고 어려움이 닥치면 하나님께 기도하기보다 세상의 방법과 사람을 찾아 의지하고 내 생각대로 결정하는 우리의 모습과 어찌 이리도 닮았을까!

고난은 하나님께서 우리가 하나님을 의지하는가 알아보려고 준비하신 시험이다. 시험의 난이도는 나의 믿음과 영적 상태에 비례하여 출제된다. 답의 실마리는 출제자의 의도를 파악하는 데서 찾을 수 있다. 하나님께서 왜 이 시험문제를 나에게 내셨을까? 하나님은 어떤 방법으로 이 시험문제를 풀기 원하실까? 이 시험을 잘 풀면 나에게 어떤 상을 주실까?에 초점을 맞추면 우리는 시험에서 고득점을 맞을 수 있다.

하지만 '도대체 이 시험이 나에게 닥친 이유가 뭐야? 이 문제를 풀려면 어디 가서 커닝을 해야 하나? 될 대로 되라지, 시간이 지나면 다 해결될 거야' 라는 마음으로 시험문제를 풀면 낙제를 면할 수 없다. 고난이 닥치면 우리는 하나님께 더욱 매달려야 한다. 예수님께서 겟세마네 동산에서 땀방울이 핏방울이 되도록 기도하신 이유가 무엇인가? 십자가의 임무를 수행하기위해 하나님의 능력으로 채움 받아야 했기 때문이다.

기도하지 않고 하나님께 아무것도 구하지 않고 고난을 이겨나갈 수는 없다. 내가 가진 지식과 수단으로는 하나님께서 출제하신 시험을 통과할 수 없다. 왜냐하면 하나님의 계획은 우리 눈에 보이지 않기 때문이다. 하나님의 계획은 고난을 하나님의 방법으로 지혜롭고 담대하게 잘 통과했을 때 보이는 경우가 많다.

몇 년이나 몇 십 년이 흐른 후에야 그 고난이 하나님의 은혜이며 놀라운 계획이었다는 사실을 고백하는 사람들이 적지 않다. 눈앞의 것에 휘둘리며 그것만 보며 결정하는 삶은 비슷한 시험문제를 계속해서 풀며 광야를 헤맸던 이스라엘 백성들처럼 시간을 허비하는 삶이 된다.

또 우리는 육신의 필요에만 초점을 맞추고 살아간다. 편하고 넓은 집, 영양가 있는 음식, 남부끄럽지 않은 옷, 남에게 꿀리지 않는 차, 번듯한 직장, 상위권에 머무를 수 있는 성적 등만 있으면 행복할 것이라 생각한다. 이스라엘 백성이 종살이를 하더라도 고기 가마 곁에서 떡을 배불리 먹던 시절을 그리워했던 것처럼. 육신이 원하는 것을 충족시키기 위해 우리는 하나님을 이용한다. 혹시 그 요구가 빨리 충족되지 않으면 바로 원망하고 불평한다. 영적 필요가 무엇인지 생각하는 사람은 그리 많지 않은 듯하다.

이스라엘 백성은 종살이에서 해방시켜 주신 하나님의 은혜보다 지금 배고프고 목마른 현상에 모든 신경을 집중시켰다. 해방시켜 주시고 광야로 이끄신 분이 하나님이시니 나의 필요를 채우실 분도 하나님이라는 믿음은 전혀 없었다. 배고픔과 목마름을 알아야 하나님께서 채워주시는 은혜에 감사할 수 있다.

배부른 사람에게 밥 먹으라고 하면 고문이다. 배가 고파야 밥 주는 사람에게 고마워한다. 나에게 부족한 부분이 있고 그것을 지금 절실히 느낀다면 하나님께서 그것을 채워주시려고 계획하셨다는 뜻이다.

하나님께서 이스라엘 백성이 원망하고 불평하지 않았다면 만나와 메추라기를 내려주지 않으셨을까? 하나님은 미리 이 모든 것을 준비하고 계셨다. 그래서 이스라엘 백성이 배고프고 목마를 때까지 기다리셨다. 많이 배고플수록 밥 주는 사람에게 더 감사한 마음이 든다. 하나님은 이스라엘 백성이 고픈 배를 채우는 만나를 먹으며 감사하기를 바라셨다.

하나님은 나의 필요를 채우시고 그 하나님의 은혜에 감사하기를 바라신다. 왜냐하면 감사는 더 주고 싶은 마음이 들기 때문이다. 아이들에게 필요한 물건을 사주었는데 아이들이 너무 고마워하고 감사한 표현을 하면 다음에 또 사주고 싶은 것이 부모의 마음이다. 반대로 무슨 물건을 사줬는데 감사는커녕 불평만 늘어놓고 그 물건 때문에 서로 싸우고 욕심 부리면 다음에는 사주고 싶지 않다.

우리에게 지금 부족함이 많은 것은 그 부족을 채움 받았을 때 감사할 줄 아는 사람으로 만들기 위한 하나님의 의도이다. 나의 필요를 아시고 가장 좋은 것으로 채우시리라는 믿음을 키우는 시간이 바로 부족함의 시간이다.

하나님은 결국 자녀를 가나안으로 인도하여 풍성하고 행복한 삶을 살게 하신다. 그때 하나님의 은혜를 잊지 않고, 내가 누리는 모든 것이 하나님의 은혜임을 고백하며 살게 하기 위해 지금 우리는 배고프고 목마른 것이다. 그 어려운 상황에서 나를 돌보신 하나님의 은혜를 깨닫게 하시고 내가 처한 그 고난이 믿음을 키우는 귀한 기회였음을 고백하게 하셔서 나와 비슷한 상황에 처한 사람들에게 소망과 위로가 되게 하시려는 하나님의 귀한 계획이 고난 속에 있다. 그래서 고난은 복이다. 세상의 기준이 아닌 하나님의 관점에서 나를 성공시키는 고귀한 복이다.

눈에 보이는 지도자가 사라지자 이스라엘 백성은 금송아지를 만들었다. 금송아지를 하나님이라 부르며 그 앞에서 제사 지내고 좋아서 뛰놀았다. 눈에 보이는 지도자를 의지하면 죄에 빠지기 쉽다. 인간은 우리와 항상 함께 있어주지 못한다. 아무리 믿고 따르는 지도자라 할지라도 그가 우리와 모든 시간을 함께 할 수는 없다. 존경하는 위인도, 부모님도, 선생님도, 목사님도, 선배도, 친구도, 형제자매도 어느 누구도 나와 함께 매 순간을 나눌 수는 없다.

사람을 의지하면 그 사람이 눈에 보이지 않을 때 불안과 두려움을 느낀다. 믿고 따르던 사람이 연락이 되지 않으면 마음이 초조하거나 불안해지고, 내가 정말 필요할 때 도움을 주지 않으면 실망하고 좌절한다. 사람을 의지하다 실망하면 그 자리를 다른 것으로 대체하려고 한다. 이스라엘 백성은 모세와 하나님을 금송아지로 대체했다. 번쩍번쩍 빛나는 금덩어리와 세상의 쾌락으로 하나님을 맞바꿔버렸다. 돈과 세상의 즐거움으로 하나님을 삼은 우리처럼.

육신의 지도자만 바라보고 살면 온전한 신앙을 키우지 못한다. 돈과 세상을 따라 살다 보면 언제 날벼락이 떨어질지 모른다는 불안과 두려움이 우리 마음을 가득 채운다. '이게 아닌데……'라는 생각을 하면서도 세상의 끈을 놓지 못한다. 이스라엘 백성이 금송아지를 하나님이라 우겼던 것처럼 우리도 우리가 의지할 것은 돈과 세상이라고 스스로를 세뇌시킨다.

불의의 사고를 당하거나 질병에 걸릴 때를 대비해서는 보험을 하나님으로 삼고, 힘 빠지고 불안한 노후를 위해서는 연금을 하나님으로 삼는다. 그래도 믿을 건 몸뚱어리 하나라고 건강관리를 최고의 하나님으로 삼고, 안정된 생활과 사회적 지위를 위해 번듯한 직장을 하나님으로 삼는다.

자녀나 가족이 하나님 자리를 대체하고 우상이 되는 경우도 허다하다. 눈에 보이는 지도자를 의지하다보면 눈에 보이지 않는 것을 소홀히 하게 될 공산이 크다. 목회자는 눈에 보이는 실적(?)으로 성도를 판단하기 쉽다. 교회에 와서 뭔가 육체노동을 한다거나, 헌금을 많이 냈다거나, 자주 눈에 보여야 그 성도의 존재를 인식한다. 눈에 드러나는 행동으로 판단하는 목회자와 교회에 존재감을 나타내기 위해 성도는 더욱 눈에 보이는 일에만 매달릴 수밖에 없다. 눈에 보이지 않는 내밀한 하나님과의 관계 회복과 영적 성장에는 거의 관심이 없다.

우리가 온전한 신앙생활을 하기 위해서는 육신의 지도자보다 영적 지도자를 더 따르는 삶을 살아야 한다. 우리의 영적 지도자는 바로 예수님이시다. 육신의 지도자와 달리 예수님은 항상 우리와 함께 하신다. 우리 마음의 슬픔, 기쁨, 고통, 불안, 근심, 즐거움을 모두 아신다. 우리는 매 순간에 우리의 모든 것을 영적 지도자와 나눌 수 있다.

예수님은 가시밭길도 함께 걸어주시고, 범람하는 강물도 함께 건너주신다. 숨이 턱에까지 차오르는 오르막도, 시원한 바람을 맞으며 걷는 내리막도 언제나 동행하신다. 예수님을 지도자로 삼을 때 우리의 신앙은 흔들림이 없다. 죄에 빠질 확률도 현저히 줄어든다.

우상을 섬기며 눈에 보이는 지도자를 따라 40년 동안 광야를 헤매던 이스라엘 백성의 지도자를 하나님은 요단강 바로 앞에서 바꾸셨다. 모세는 그 때까지 전혀 기력이 쇠하지 않았고, 눈도 흐려지지 않았다고 성경을 말하고 있다. 그런데 왜 하나님은 가나안 정복을 눈앞에 두고 지도자를 바꾸셨을까? 올바른 신앙생활의 시작은 지도자를 올바로 세우는 데 있다. 육신의 지도자를 영적 지도자로 바꿔야 우리 믿음의 진보가 시작된다.

눈에 보이는 것에 좌우되는 삶은 또한 비교하는 삶이다. 가나안을 정탐했던 열 명의 각 지파 지도자들은 가나안 땅에 사는 아낙자손과 자신들을 비교하며 스스로를 메뚜기로 비하했다. 거인의 발밑에서 끽

소리도 못하고 뭉개지는 하찮은 메뚜기로 자신들을 평가했다.

우리는 살아가면서 수없이 다른 사람과 나를 비교한다. 다른 사람의 상황과 여건을 나의 처지와 비교하면서 저 사람은 되고 나는 안 되는 이유를 찾아낸다. 저 사람은 부모가 능력이 있고 뒷받침해주니까 잘 되고 나는 무능력한 부모 때문에 안 된다고, 저 사람은 머리가 좋고 똑똑하니까 할 수 있고 나는 둔하니까 불가능하다고, 저 사람은 학벌이 좋고 연고가 확실하니까 되고 나는 학벌도 초라하고 기댈 '빽'도 없으니까 안 되는 게 당연하다고 말한다. 우리는 어떤 일에 부딪히면 다른 사람과 나를 끊임없이 비교하면서 앞에 놓인 장애물을 확대 해석하고 안 될 것이라고 지레짐작한다. 세상 사람과 똑같은 기준과 생각으로 비교한다.

그러나 하나님의 관점은 우리와 다르다. 모세는 자신이 생각하기에 이스라엘 백성을 이끌 지도자적 역량을 갖추지 못했다. 말도 어눌하고, 애굽에 가면 살인죄를 추궁당할 처지이며, 40년이나 그곳에서 떠나 있었으므로 연고도 전혀 없었다. 기드온은 스스로 평가하기를 '나의 집은 므낫세 중에 극히 약하고 나는 내 아버지 집에서 가장 작은 자니이다(사 6:15)'라고 했다.

그러나 하나님은 그들을 다르게 평가하셨다. 하나님 보시기에 모세는 이스라엘 백성을 이끌어 낼 유일한 지도자였으며, 기드온은 이스라엘 백성을 구할 '큰 용사'였다. 우리는 눈앞에 닥친 현실의 상황으로 우리 존재를 평가한다. 나는 못생겼고, 똑똑하지도 못하고, 몸매도 내세울만하지도 않으며, 능력도 없고, 힘도 없고, 돈도 없고, 인간관계도 그리 좋지 못하며, 성격이나 습관도 부족한 점이 많다고 생각한다. 모두가 남과 나를 비교할 때 생기는 열등감이다. 반대로 비교를 통해 우월감을 느끼기도 한다.

하나님의 관점에서 우리는 비교할 수 없는 존재이다. 오징어와 오렌지를 비교할 수 있는가? 어떤 기준으로 비교가 되겠는가? 같은 '오씨'라고 우기면서 똑같은 잣대로 평가하려 한다면 이보다 우스꽝스러운 일도 없을 것이다. 그런데도 우리는 비교를 당연한 일상으로 받아들인다. 대중매체에 나오는 연예인과 나를 비교하고, 재벌이나 인기 많은 사람들과 나를 비교하고, 친구나 이웃과 나를 비교하고, 나를 비교하는 것에서 그치지 않고 다른 사람까지 비교하기를 멈추지 않는다.

하나님은 우리 한 사람 한 사람을 독특한 존재로 만드셨다. 그리고 각 사람을 천하보다 귀하게 보신다. 우리는 독특한 성격과 재능을 부여받아 이 땅에 태어났다. 그 재능이 나를 이 땅에 보내신 하나님의 목적과 직결되어 있음을 알아야 한다.

다른 사람이 가진 재능을 내가 가지지 못했다고 질투할 필요는 없다. 내 안에는 하나님께서 나에게만 주신 특별한 재능이 숨 쉬고 있다. 그 재능을 개발하는 노력이 하나님의 뜻과 일치하는 것이다. 그 특별한 재능을 개발하여 나 자신뿐 아니라 많은 사람을 유익하게 하는 삶을 사는 것이 하나님의 뜻이다.

세상의 관점으로 나와 상황을 바라보면 나는 아무것도 가지지 못한 무능한 존재로 보인다. 하지만 하나님의 관점으로 나를 바라보면 나는 놀라운 잠재력의 소유자가 되며, 그 능력을 개발하고 발휘할 길을 하나님께서 책임지시고 인도해 주시는 '선택받은 자'가 된다. 비교는 세상의 관점이다. 하지만 하나님께서는 우리를 비교할 수 없는 존재로 만드셨다. 지구상의 70억 인구 중 어느 누구도 똑같은 사람이 없다는 사실! 이 사실이 놀랍지 않은가?

나는 우연히 이 땅에 태어난 존재가 아니다. 나는 하나님의 위대한 계획 가운데 태어났다. 나는 어느 누구와도 바꿀 수 없는 존재이다. 왜냐하면 하나님께서 나를 나로 만드셨기 때문이다. 자꾸 비교하는 행위는 하나님의 창조의 섭리를 거부하며 반역하는 행동이다.

나를 나 되라고 만드셨는데, 우리는 자꾸 내가 아닌 남이 되려고 한다. 남의 모습이나 행동을 모방하려고 애쓰다 평생을 허비하기도 한다. 하나님께서 나를 나로 지으셨음을 믿는다면 우리는 비교가 죄임을 인정해야 한다.

비교하지 않을 수 있는 유일한 방법은 하나님의 관점을 나의 관점과 일치시키는 방법뿐이다. 우리가 세상의 관점으로 사람과 세상을 보는 한 우리는 계속 죄를 지을 수밖에 없다. 광야생활은 눈에 보이는 것에 좌우되는 생활이며, 그 생활은 곧 비교와 깊이 관련되어 있음을 명심하자.

광야생활은 내가 삶의
중심이 되는 삶이다

세상은 내 삶의 주인이 나라고 강조한다. 자신의 의지와 노력으로 모든 것을 이룰 수 있다고 여러 가지 근거를 대면서 논리적으로 주장한다. 세상의 중심이 나라는 생각은 반박의 여지가 없는 진실로 여겨지기도 한다. 이 말이 맞는 말이라고 생각하는가? 옆 동네에서 학대받고 사는 노예가 한 명 있었는데, 인정 많은 부자가 그를 불쌍히 여겨 값을 치르고 자기 집에 데리고 왔다. 그러면 그 노예가 그 집의 주인이 되는가?

하나님께서는 우리를 값을 치르고 사셨다. 독생자 예수님이라는 값을. 그전에 우리는 죄의 노예로 살았다. 하나님은 우리가 너무 불쌍해 예수님의 피값을 치르시고 우리를 사서 노예가 아닌 하나님의 자녀로 입양시켜 주셨다. 하나님의 자녀로서 자유한 삶을 살게 하셨다. 노예가 아니고 자녀니까 내 맘대로 살아도 된다고 생각하는가? 우리가 본성을 따라 살면 다시 죄의 노예가 되고 만다. 예수님의 피값을 무용지물로 만드는 행위가 바로 내 삶의 주인이 나라고 주장하면서 사는 삶이다.

하나님은 단순히 우리가 불쌍하기만 해서 우리를 값 주고 사셨을까? 하나님이 독생자까지 희생하시면서 우리를 구하신 이유가 무엇일까? 흉악범이 우리 아이를 납치해서 몸값을 요구한다고 상상해보라. 정상적인 부모라면 어떤 값을 치르고서라도 아이를 구하려 할 것이다. 아이를 구하려는 이유가 무엇인가? 아이를 사랑하기 때문이다. 하나님께서 우리를 너무나 사랑하셔서 죄의 노예에서 해방시켜 주셨다는 사실을 믿는가?

하지만 우리는 이 놀라운 사실을 자주 망각한다. 아이를 사랑하는 부모는 아이에게 올바른 길을 제시한다. 아이가 참되고 바르게 성장할 수 있도록 가르치고 이끌어준다. 가만히 놔두면 아이는 망한다. 본성대로 살면 망하는 건 시간문제다. 하나님께서 우리를 생명의 길로 이끄시는 손길이 느껴지는가? 내 귀에 속삭이시는 진리의 말씀이 들리는가? 우리를 향해 세우신 원대한 계획이 보이는가?

우리는 하나님의 손길을 거부하고 귀를 틀어막고 눈을 가리고 내 삶의 주인은 나라고 하나님은 참견하지 말라고 소리 지른다. 하나님께서 하시는 말씀은 내가 편한 대로 왜곡하여 이해한다. 말씀을 골고루 꼭꼭 씹어 먹어야 하는데 내가 좋아하는 부분만 먹는다. 나에게 유리한 말씀만 듣고 다른 말씀은 가차 없이 버린다. 그러면서 하나님 뜻대로 산다고, 내 인생의 주인은 하나님이라고 주절댄다.

예수님이 나의 구주라는 사실을 믿는가? 그 분이 나를 구원하시고 나의 주인 되시며 대장되신다는 사실을 믿는가? 이 사실을 믿는 사람은 주님의 말씀을 따른다. 그 말씀에 순종한다. 내 인생의 주인이 내가 아니라는 사실이 못마땅한가? 예수님이 나의 모든 것을 **빼앗아간** 것 같은 느낌이 드는가? 이 세상에서 누릴 즐거움과 기쁨을 모두 금하셨다는 생각이 드는가? 말씀을 생각하면 끊임없이 나를 속박하고 옥죄어 오는 느낌이 드는가? 말씀은 나에게 죄책감과 부담감만 가중시키는 족쇄라고 여겨지는가? 예수님이 주인인 삶보다 내가 주인인 삶이 더 가치 있고 즐거워 보이는가?

여기 흉측한 돌덩이를 보물이라 믿고 두 팔로 힘겹게 들고 있는 사람이 있다. 이 사람은 이 돌덩이가 최고의 가치라고 생각하기 때문에 어디를 가나 이것을 꼭 가지고 다닌다. 사람을 만날 때도, 잠자리에서도, 몸을 씻을 때도, 일을 할 때도, 쉴 때도 이 돌덩이를 꼭 몸에 지닌다. 돌덩이가 너무 무거워 힘들고 번거롭고 지치기도 하지만 자신의 생각에 최고의 보물이기 때문에 떼어놓는다는 생각을 한 번도 한 적이 없다.

그러던 어느 날 돌덩이 때문에 할 일도 제대로 못하고 힘겨워하는 그를 보고 어떤 사람이 다이아몬드 원석을 내밀었다. 무겁기만 하고 가치도 없는 돌덩이는 버리고 이 다이아몬드로 반지를 만들어 끼고 자유롭게 할 일을 하라고 그 사람은 말했다. 돌덩이를 가진 사람은 어떤 반응을 보였을까?

정신이 올바른 사람이라면 돌덩이를 버리고 다이아몬드를 받는 것이 지극히 정상이다. 다이아몬드는 돌덩이보다 훨씬 가볍지만 그 가치는 비교가 되지 않는다. 예수님을 나의 주인으로 모신 삶도 이와 같다.

우리가 예수님을 나의 주인으로 섬기지 않으면 우리는 죄와 마귀를 주인으로 섬길 수밖에 없다. 내 인생의 주인은 나라고 주장하는 것은 나의 본성과 일치하는 죄에게 주인 자리를 내주는 꼴이 된다.

죄의 무게는 돌덩이에 비할 바가 아니다. 죄가 우리 삶의 주인이 되어 우리를 내리 누를 때 온갖 부정적인 생각과 어두움이 우리를 채운다. 불안, 근심, 염려, 열등감, 우울, 외로움, 분노, 시기, 미움, 증오, 질투, 슬픔, 절망, 의심, 자기비하, 자포자기, 자살충동 등으로 우리 마음이 가득 찬다. 이런 마음을 가득 품고 성경에서 죄라고 명한 모든 행동을 아무 죄의식 없이 저지른다. 죄가 우리 마음을 움켜쥐고 있는데도, 그 심각성을 전혀 인식하지 못한다.

그러면서 내 삶의 주인이 되어 주시겠다고, 그 흉측한 돌덩이 대신 다이아몬드를 주시겠다고 다가오는 예수님을 믿지 못한다. 받을 손도 없는데 그런 걸 주면 어떡하냐고 원망 섞인 눈초리만 보낼 뿐이다. 그리고 그 다이아몬드가 진짜인지 어떻게 믿겠느냐고 의심한다. 내 손에 든 돌덩이를 내려놓아야 다이아몬드를 받을 수 있다.

내 삶의 주인이 내가 아니라 주님임을 인정해야 가장 가치 있는 삶을 살 수 있다. 내 삶의 주인이 나라고 주장하는 동안 우리는 광야생활을 하고 있는 것이다. 예수님을 내 삶의 주인으로 인정하지 않는 한 우리의 광야생활은 끝나지 않는다.

광야에서의 40년은 우리가 예수님을 믿겠다고 결단하는 순간부터 예수님을 진정한 나의 구주로 인정하기까지의 삶이다. 예수님이 나의 유일한 구원자이시며 내 삶의 최고의 가치라는 사실을 확신할 때 우리는 요단강 앞에 서게 된다. 하나님께서 허락하신 가나안이 드디어 우리 앞에 펼쳐지는 것이다. 광야에서 기적만 바라고, 불순종하고, 우상 숭배하고, 반역하고, 가라면 가고 오라면 오는 수동적인 삶을 살고, 아무런 희망도 없는 세상의 끈에 묶여 살았지만, 이제 우리는 요단강 건너편의 천국으로 들어가는 마지막 관문 앞에 서 있다.

이스라엘 백성은 가나안 정탐시기를 기준으로 20세 이상 된 자는 모두 죽었다. 여호수아와 갈렙만 빼고. 그 당시 미성년자들은 아버지 세대의 불순종과 반역이 어떤 결과를 가져오는지 지켜보면서 40년 동안 광야를 떠돌았다.

가나안을 정탐하러 갔던 이스라엘 지도자들이 하나님께서 주신 땅을 악평하며 '우리가 애굽 땅에서 죽었거나 이 광야에서 죽었으면 좋았을 것을 어찌하여 여호와가 우리를 그 땅으로 인도하여 칼에 쓰러지게 하려 하는가. 우리 처자가 사로잡히리니 애굽으로 돌아가는 것이 낫지 아니하랴.(민 14:2,3)'라고 말했을 때 하나님은 '너희 말이 내 귀에 들린 대로 내가 너희에게 행하리니 너희 시체가 이 광야에 엎드러질 것이라. 너희 중에서 이십 세 이상으로 계수된 자 곧 나를 원망한 자 전부가 여분네의 아들 갈렙과 눈의 아들 여호수아 외에는 내가 맹세하여 너희에게 살게 하리라 한 땅에 결단코 들어가지 못하리라.(민 14:28~30)'고 말씀하셨다.

당시 미성년자들은 20세 이상 된 사람들이 어떻게 하나님을 원망했고, 하나님께서 그들을 어떻게 하셨는지 두 눈으로 똑똑히 보았고, 두 귀로 명확히 들었다. 하나님은 그들이 원망했던 말 그대로 이루셨다. 그들의 입에서 나간 말이 그들의 미래가 되었다. 그 이후에도 미성년자들은 아버지 세대가 툭하면 원망하고 불평하고 거역해서 전염병과 불과 독사와 지진으로 멸망당하는 모습을 계속해서 지켜보았다. 아이들은 40년 동안 어떤 행동이 재앙을 불러오는지 체험을 통해 학습했다. 어른들이 죽어가는 모습을 보면서 해서는 안 될 행동들을 뼛속에 새겨 넣었다. 하나님은 체험을 통해 순종과 불순종의 결과를 학습하게 하셨다. 하나님의 교육에 대한 효과는 요단강을 건너기 직전에 그들이 여호수아에게 한 말에서 나타난다.

'그들이 여호수아에게 대답하여 이르되 당신이 우리에게 명령하신 것은 우리가 다 행할 것이요. 당신이 우리를 보내시는 곳에는 우리가 가리이다. 우리는 범사에 모세에게 순종한 것 같이 당신에게 순종하려니와 오직 당신의 하나님 여호와께서 모세와 함께 계시던 것 같이 당신과 함께 계시기를 원하나이다. 누구든지 당신의 명령을 거역하며 당신의 말씀을 순종하지 아니하는 자는 죽임을 당하리니 오직 강하고 담대하소서.(수 1:16~18)'

광야의 삶은 학습과
훈련의 기간이다

우리는 주위에서 해서는 안 될 행동을 하는 교인들을 자주 접한다. 그 행동의 결과는 며칠 만에 드러나기도 하고 수십 년이 지난 후에 나타기도 한다. 원망과 음란과 탐욕과 분열과 거짓과 불순종은 반드시 그에 합당한 결과(징계)가 나타난다. 하나님은 그런 결과를 보여주시면서 우리가 배우기를 바라신다. 하나님의 방법과 뜻에 어긋나게 살아가면 어떤 결과를 맞게 되는지 우리가 똑똑히 보고 학습하기를 바라신다. 불순종이 곧 멸망이란 사실을 의심 없이 받아들이기 원하신다.

하나님을 원망하고 거역하면 광야에서 죽을 수밖에 없음을 우리는 명심해야 한다. 이스라엘 백성 중 미성년자들은 어른들이 하나님께 거역할 때마다 시체가 되는 모습을 40년 동안 보면서 자랐다. 하나님은 이와 동일하게 우리가 보고 배우기 원하신다.

그러나 우리는 하나님의 의도와 달리 악한 행동을 한 사람의 행동이 만천하에 드러나면 그 사람을 욕하고 손가락질하기 바쁘다. 그 사람을 비난하고 정죄하는 데 많은 시간과 힘을 쓴다. 그 사람의 악행이 왜 옳지 못한지 하나님의 견지에서 바라볼 생각은 하지 않고 '인간의 탈을 쓰고 어떻게 저런 짓을 할 수 있지?' 라는 말만 되풀이한다. 그 사람의 행동을 통해 나에게 가르치시려는 하나님의 학습계획에는 눈길도 주지 않고 배우기를 거부한다.

세상에 수없이 일어나는 사건과 사고, 공론화 되는 문제들, 우리 주위에서 일어나는 모든 일 속에 하나님은 교육의도와 학습목적을 담아 놓으셨다. 만약 우리가 그 많은 일들 속에 숨겨놓으신 하나님의 의도를 깨닫지 못한다면 우리는 계속해서 광야를 헤매야 한다. 요단강 앞에 서서 가나안을 바라보며 어른이 된 이스라엘 아이들이 여호수아에게 한 고백과 담대함이 우리 것이 되지 못한다.

하나님께서 세상을 주관하시고 나를 인도해주신다는 확신이 없으면 요단강을 건널 수 없다. 하나님은 이스라엘 아이들에게 이런 확신이 들 때까지 계속해서 교육시키셨다. 교육의 방법이 너무 가혹하다고 생각하는가?

지진, 해일, 폭우, 폭설, 폭염, 산사태, 태풍, 허리케인, 산불 등의 자연 재해와 기아, 질병, 전쟁, 테러, 살인 등의 인재로 수십만 명씩 죽어가는 이 상황이 바로 하나님께서 우리를 깨닫도록 마련해 놓으신 학습의 장이란 사실을 아는가? 이런 재앙이 나에게 당장 닥치지 않았다고 마음 놓고 있는가?

하나님은 자연과 사람과 상황을 통해 우리를 가르치고 계신다. 하나님만이 유일한 신이며 이 세상과 세상에 속한 모든 것을 주관하시는 분이심을 우리가 배우기 원하신다. 전지전능하신 하나님, 무소부재하신 하나님, 사랑이 한이 없으신 하나님, 공의로우신 하나님, 평화와 정의를 기뻐하시는 하나님, 자비와 긍휼이 넘치시는 하나님, 인생을 주관하시고 인도 하시는 하나님을 알기 원하신다. 그 하나님을 알고 믿을 때 우리는 하나님만 의지할 수 있다. 세상과 사람이 아니라 하나님만 의지할 때 우리는 담대히 요단강을 건너게 되는 것이다. 예수님을 나의 구주로 모시고 출렁대는 강물에 발을 담그게 된다. 그러면 하나님께서 그 강물을 갈라 마른 땅으로 만들어 주신다. 저기 하나님께서 나에게 허락하신 가나안 땅이 있다.

광야생활은 소망을 키우는 기간이다

이스라엘 아이들은 자신들의 부모와 친척과 어른들이 광야에서 시체가 되어 나뒹구는 모습을 보면서 어떤 생각을 했을까? 어서 이 시련의 시기를 끝내고 하나님께서 허락하신 가나안으로 들어갈 날을 손꼽아 기다렸을 것이다. 젖과 꿀이 흐르는 땅, 평화의 땅, 자유의 땅, 기쁨의 땅으로 들어갈 날만 학수고대했을 것이다. 비록 방황의 시기이기는 하지만, 한 발자국을 걸으면 그만큼 가나안에 가까워질 것이라 생각하며 그 땅에 대한 소망을 키웠을 이스라엘 아이들. 이 아이들의 모습이 바로 우리의 모습이다.

현실을 둘러보면 마실 물조차 변변치 않은 황무지 같고, 흙바람만 황망히 떠도는 광야 같지만 우리는 가나안에 들어갈 소망을 품는다. 그 곳에 가기만 하면 지난날의 시름은 모두 잊고 즐겁고 기쁘게 살 수 있으리란 소망을 가슴 깊이 간직한다.

그런데 많은 사람들이 세상의 기준에 맞춘 행복을 소망으로 품는 것이 문제기는 하다. 지금 돈이 없는 사람은 돈을 많이 버는 것이 가나안이라 생각하고, 지금 무시당하는 사람은 많은 사람들에게 인정받고 존경받는 것이 가나안이라 생각한다. 또 가나안을 죽어서 가는 천국이라 생각하기도 한다. 이 땅에서 이루어질 소망이든 죽어서 이루어질 소망이든 우리는 가슴에 소망을 품는다. 이 소망을 품지 않으면 우리는 하루도 살아가지 못한다. 현실은 암담하고, 답답한데 그 소망조차 없으면 어떻게 살 수가 있겠는가?

우리는 가나안에 대한 희미한 환상과 소망을 품고 평생을 살아간다. 이 땅에 살면서 모진 고생을 한 사람은 그 소망의 크기가 좀 더 클 것이고, 별 고생 없이 순탄한 인생을 보낸 사람은 가나안을 향한 열망이 적은 경우가 많다. 그래도 광야 길을 헤매는 것은 매한가지니까 교회에 다니는 사람들은 비슷한 소망을 품는다.

희망이 죽고 열망이 사라지는 이 세대에 이런 소망이라도 품는 것은 다행이라면 다행이다. 광야생활이 힘들고 고될수록 가나안에 대한 우리의 소망은 강해진다. 요단강만 건너면 하나님께서 허락하신 생명의 땅 가나안이 우리를 기다리고 있다는 사실은 실제로 우리에게 큰 힘을 준다. 이스라엘 백성들이 40년을 유리방황하며 가슴에 품었던 그 소망이 곧 이루어진다고 생각했을 때 그들의 마음이 어떠했을지 상상해 보라. 광야에서 이 소망을 품지 않으면 우리는 요단강을 건널 수 없다. 광야생활이 고된 이유는 하나님께서 우리가 가나안에 대한 소망을 크게 가지기 원하시기 때문이다.

만약 광야생활이 편하고 윤택하고 부족한 것이 없다면 우리는 가나안에 들어갈 생각을 하지 않을 것이다. 여기서도 충분히 잘 살 수 있는데 왜 굳이 그곳에 가려 하겠는가? 하지만 하나님께서 허락하신 땅은 가나안이지 광야가 아님을 알아야 한다. 우리가 하나님의 선택받은 자녀인 이상 우리는 가나안에 들어가야 한다. 왜냐하면 그것이 하나님의 뜻이기 때문이다.

광야생활은 가나안에 대한 소망을 키우는 기간이다. 그 소망이 클수록 하나님의 뜻과 계획에 더 잘 순종할 수 있다. 가나안으로 나를 이끄시는 하나님의 은혜에 감사할 수 있다. 나에게 허락하신 땅으로 인해 기뻐하고 즐거워할 수 있다. 현실의 고난을 불평하지 말자. 그 고난을 통해 가나안의 소망을 키우시는 하나님의 은혜에 감사하자.

광야생활은 겸손해지는 기간이다

애굽에서 나온 이스라엘 백성의 초기 모습을 한마디로 표현하자면 '시끄럽다'이다. 하나님께서 그들을 구출할 계획을 모세에게 들었을 때부터 광야생활 수십 년을 지내기까지 그들은 자신의 목소리를 낮출 줄 몰랐다. 자신의 생각과 판단을 목에 힘을 주어 주장했다. 기분 내키는 대로 불평하고 원망했다. 하나님의 말씀을 듣기보다 자신의 생각과 감정을 더 크게 표현했을 때 그들에게 온 것은 죽음이었다.

모세조차 므리바 물을 낼 때 감정 절제를 못해 화를 냈다가 가나안에 들어가지 못하고 죽었다. 모세는 가나안에 들어가기를 어느 누구보다 사모했다. 가나안은 마음에 사모하고 열망한다고 모두 들어가는 곳이 아니다. 내 생각보다 하나님의 뜻을 앞에 두고, 내 목소리보다 하나님의 말씀에 귀 기울일 때 들어갈 수 있다. 이는 내 고집, 내 지식보다 하나님을 더 의지하고 따르는 것이며, 전적으로 겸손해야 함을 뜻한다.

겸손하지 않으면 상대방의 소리가 귀에 들어오지 않는다. 내가 더 잘났고, 내가 더 잘한다고 생각하면 상대방의 의견이나 능력을 무시하게 된다. 내 방법이 최고라고 생각하면 다른 사람 생각은 들어볼 필요가 없어진다. 이렇게 자신이 최고라고 생각하며 다른 사람을 무시하는 사람을 우리는 교만하다고 말한다.

또 다른 측면에서 자신은 무능력하며 아무것도 할 수 없다고 말하는 것도 교만이다. 하나님께서 호렙산에서 모세를 부르셨을 때 모세는 자신은 그런 일을 감당할 수 없는 하찮은 인간임을 여러 번 강조하며 하나님의 명령에 불복했다. 우리는 보통 이런 모세의 모습을 보면서 모세는 겸손한 사람이라고 생각한다. 하지만 하나님의 관점에서 보면 모세는 매우 교만한 사람이었다. 왜냐하면 하나님의 뜻보다 자신의 생각을 앞세우는 것이 교만이기 때문이다.

모세의 이런 교만은 쉽사리 사라지지 않았다. 이스라엘 백성이 만나만 먹어서 질린다고 애굽에서 먹던 다른 음식도 먹고 싶다고 하나님을 원망했을 때, 모세는 이 백성을 자신이 다 감당할 수 없다고 투정을 부렸다.

'이 모든 백성을 내가 배었나이까. 내가 그들을 낳았나이까. 어찌 주께서 내게 양육하는 아버지가 젖 먹는 아이를 품듯 그들을 품에 품고 주께서 그들의 열조에게 맹세하신 땅으로 가라 하시나이까.(민 11:11~15)'

모세는 뭔가를 착각하고 있었다. 이스라엘 백성을 자신이 책임지는 줄 알고 있었다. 이스라엘 백성은 하나님께서 책임지신다. 부모에게 맡겨주신 자녀들, 목회자에게 맡겨주신 성도들, 대통령에게 맡겨주신 국민들 이들도 모두 하나님이 책임지신다. 인간은 인간을 책임질 능력이 없다. 한치 앞도 못 내다보는 인간이 자신도 책임지지 못하면서 어떻게 다른 사람을 책임질 수 있단 말인가?

이스라엘 백성은 전적인 하나님의 은혜와 능력으로 출애굽 했고,

하나님께서 내려주신 만나를 먹고 살았다. 하나님의 인도로 길을 걸었고, 하나님의 역사하심으로 전쟁에서 승리했다. 인간이 어떤 존재인지 알고 하나님의 능력을 의지하는 겸손함이 모세에게는 없었다. 또 하나님께서 한 달 동안 먹을 고기를 내려주시겠다고 하자 모세는 이렇게 대답했다.

'나와 함께 있는 이 백성의 보행자가 육십만 명이온데 주의 말씀이 한 달 동안 고기를 주어 먹게 하겠다 하시오니 그들을 위하여 양 떼와 소 떼를 잡은들 족하오며 바다의 모든 고기를 모은들 족하오리이까.(민11:21~22)'

모세의 초점은 하나님의 능력이 아니라 자신의 지식에 있었다. 자신이 생각하기에 불가능한 일은 하나님도 하실 수 없다고 판단했다. 이스라엘의 지도자라고 선택된 모세도 이런 교만에 빠져있었는데 이스라엘 백성은 얼마나 더 했겠는가!

모세의 교만은 여기서 그치지 않았다. 하나님의 모습을 보여 달라고 한 사건이 바로 그것이다. 죄 가운데 육체를 가진 인간은 거룩하신 하나님을 육신의 눈으로 볼 수 없다. 하나님은 거룩한 영이시기 때문에 죄가 있고 썩어질 육체를 가진 인간이 하나님의 모습을 보면 죽을 수밖에 없는 것이다. 그래서 하나님은 시내산에 올라오기 전에 몸을 정결케 하라고 명하셨다. 하나님의 찬란한 영광의 빛을 보는 순간 인간이 죽는 현상은 활활 타오르는 풀무 불에 먼지 한 조각이 흔적도 없이 사라지는 이치와 같다.

그런데도 모세는 하나님의 모습을 보여 달라고 생 때를 썼다. 모세는 하나님의 음성만으로 만족하지 못했다. 자신의 위치정도 되면 하나님의 모습은 볼 수 있다고 생각했다. 모세는 인간인 자신의 모습을 겸손히 인식하지 못했고, 하나님의 존재도 알지 못했다.

모세의 이 교만은 요단강 바로 앞에 서기까지 없어지지 않았다. 자신이 가나안에 들어가지 못하는 섭섭함을 이스라엘 백성에게 표현하는 모습 속에는 자신이 하나님께 어떤 죄를 지었는지 생각지 못하고 그래서 그 죄를 회개치 않았음이 드러난다. 자신의 교만 때문에 가나안에 들어가지 못한다고 생각했으면 이스라엘 백성들을 원망하지는 않았을 것이다.

이 세상에 완벽한 인간은 없다. 우리가 생각하기에 흠잡을 데 없이 위대한 지도자라도 피조물인 인간임을 부인하지 못한다. 인간은 불완전한 존재이다. 그래서 하나님을 의지하지 않고 인간을 의지하면 쉽게 죄에 빠지고 교만해진다. 예수님 시대 바리새인과 율법학자들은 자신들이 모세의 제자임을 힘주어 강조했다. 모세의 제자이기 때문에 그들은 모세의 법을 완벽하게 지킨다고 주장했다. 하지만 그 법은 모세의 법이 아니었다. 모세는 그 법을 받아 전달해주는 역할만했을 뿐이지 그 법은 하나님의 법이었다.

이스라엘을 종살이에서 해방시키시고 광야에서 40년을 돌보시고 가나안을 차지할 수 있도록 하신 분은 하나님이시다. 모세가 아니다. 하지만 그들은 하나님보다 중간 전달자인 모세에게 더 큰 초점을 맞추었다. 사람에게 초점을 맞추다보니 실제로 법을 주신 하나님이 보이지 않았다. 법속에 숨겨두신 하나님의 뜻을 깨닫지 못했다. 그래서 바리새인과 율법학자들은 사람에게 편하도록 말씀을 교묘하게 왜곡시키고 자신들의 이익을 위해 이용했던 것이다. 그들이 만든 법은 일부 기득권층만을 감싸고 이롭게 하는 법이었다. 무지하고 가난하고 힘없는 대다수 백성들에게 그 법은 그들을 정죄하는 도구로밖에 사용되지 않았다.

하나님을 잊어버리고 사람에게 초점을 맞추다보면 하나님의 뜻과는 점점 더 멀어지게 된다. 이는 현대를 살아가는 우리의 모습과도 유사하다. 오늘날 교회는 여러 교파와 교단으로 나뉘어져 있다. 그 파들이 하나씩 나뉠 때마다 특출한 종교 지도자가 나타난다. 교단 창립자가 생기는 것이다. 새로운 교단을 지지하는 사람들은 함께 모여, 타 교단보다 더 뛰어나다고 생각하는 규칙과 규범을 세운다. 그 규칙과 규범을 따를 때 비로소 같은 교단임을 인정해 주고 물질적, 관계적 지원을 한다.

그들이 강조하는 내용을 들어보면 자신이 속한 교단 창립자의 탁월함이 드러난다. 그리고 그 창립자가 한 말은 추호의 의심도 없이 받아들여야 하는 진리가 된다. 탁월하다고 추앙받는 종교 지도자가 너무 많은 나머지 하나님의 말씀을 묵상하는 시간보다 그들이 한 말을 연구하고 숙지하는 데 더 많은 노력과 시간을 들인다. 하나님보다 사람에게 더 큰 초점을 두는 것이다.

사람이 만들어낸 이론과 학설과 체계를 공부하느라 정작 하나님의 마음을 깨달을 시간이 없다. 문제는 종교 지도자들이 주장하는 지식을 다방면으로 섭렵한 사람들이 대다수 교인들에게 추앙받는다는 사실이다. 해외에서 박사학위를 따거나 국내에서 유명한 신학대학원을 나오면 사람들의 신뢰도가 급상승하는 이유는 무엇일까?

하나님은 항상 동일하신데 우리는 사람을 보며 하나님의 수준을 우리 마음대로 판단한다. 하나님보다 중간 전달자에게 더 큰 초점을 두면 우리는 하나님과 멀어질 수밖에 없다. 중간 전달자가 사람이라는 사실을 잊어서는 안 된다.

사람에게 초점을 두면 쌍방이 다 교만해질 가능성이 높아진다. 존경받고 추앙받는 사람은 자신이 다른 사람보다 더 낫다는 생각을 가지기 쉽고, 떠받드는 사람은 '저 사람은 저렇게 위대한데 나는 왜 이 모양이지' 또는 '나도 저 사람처럼 살아야지'라는 생각을 가지기 쉽다. 이 모두가 비교에서 비롯된 생각이다. 비교는 곧 교만이라는 사실을 알아야 한다. 비교는 하나님이 아니라 사람에게 초점을 맞출 때 일어나는 생각이다.

하나님은 나를 천하보다 귀하게 지으시고 나만을 위한 특별한 계획을 갖고 계신다. 하나님은 나를 나 되게 하시기 위해 이 땅에 보내 주셨다. 이런 믿음은 인간을 바라볼 때 흔적도 없이 사라진다. '나는 왜 저 사람보다 못하지' 또는 '그래도 내가 저 사람보다는 낫지'라는 생각이 순식간에 들어오기 때문이다.

교만은 근본적으로 하나님을 의지하지 않는 모든 생각과 행동과 말이다. 하나님의 말씀에 비추어 보지 않은 생각과 말과 행동은 교만인 경우가 많다. 입이 뻣뻣하고 혀가 둔해서 하나님의 말씀을 전할 수 없다고 계속해서 발뺌하는 모세에게 하나님은 '누가 사람의 입을 지었느냐. 누가 말 못하는 자나 못 듣는 자나 눈 밝은 자나 맹인이 되게 하였느냐. 나 여호와가 아니냐.(출4:11)'라고 말씀하셨다.

하나님께서 함께 하시면 우리는 어떤 일이든 할 수 있다. 사람을 보고 사람에게 초점을 맞추면 불가능한 일이 하나님께 초점을 맞추면 가능한 일이 된다. 사람을 보면서 쌓은 열등감과 낮은 자존감이 하나님을 바라보면 놀랍게 회복되고 새롭게 정립되는 기적을 체험한다. 광야생활은 내가 사람을 보며 세웠던 모든 부정적인 생각들을 내려놓고 하나님을 보며 겸손해지는 기간이다. 나를 하나님께서 지으신 그 모습 그대로 인정하는 것이 겸손이다. 나의 선입견과 고정관념으로 나를 바라보는 것이 아니라 하나님의 관점에서 나를 바라보는 훈련! 이 훈련이 광야에서 선행되지 않으면 우리는 요단강을 건너지 못한다.

광야생활은 믿음을 키우는 기간이다

　요단강 앞에 선 이스라엘 1.5세대와 2세대들은 가나안이 아름답고 비옥한 땅이란 사실을 믿어 의심치 않았다. 광야와는 비교도 할 수 없는 기름지고 풍요로운 땅, 생명수가 흐르는 땅, 기쁨의 노래로 가득 찰 땅이란 사실을 그들은 믿었다. 이 믿음이 없었다면 그들은 요단강을 건너지 못했을 것이다. 요단강을 건너기 위해서는 이 믿음이 꼭 필요하다. 세상과 인간을 지도자로 삼았던 광야생활보다 예수님을 나의 구주로 모신 삶이 훨씬 더 좋다는 믿음이 있어야 한다. 세상과 인간이 주는 만족보다 예수님께서 주시는 평안이 훨씬 더 가치 있다는 사실을 믿어야 한다. 세상이 강요하는 방법보다 하나님의 방법을 최고로 여기는 믿음을 가져야 한다. 이 믿음으로 마음을 채울 때 비로소 우리는 요단강을 건널 준비가 되는 것이다.

　보통 사람들은 요단강을 건너는 것이 죽음을 뜻한다고 생각한다. 요단강을 건너면 예수님이 팔 벌려 나를 환영해주시고 먼저 간 믿음의 선조들을 만날 수 있다고 생각한다. 요단강 가의 생명나무 열매를 따 먹으며 기쁘고 즐겁게 살 수 있을 것이라고 생각한다.

　그러나 요단강은 가나안으로 들어가는 길목일 뿐이다. 이스라엘 백성들이 요단강을 건너 그 강가에서 집 짓고 살았는가? 거기서 농사짓고 목축업을 하며 눌러앉아 행복하게 살았는가? 전혀 그렇지 않다. 가나안에 들어가서 그들이 한 일은 하나님의 방법으로 성을 하나씩 점령하는 일이었다. 한마디로 말하면 가나안 땅에서 그들이 한 일은 전쟁이었다. 물론 하나님께서 함께 계셔서 결과는 불을 보듯 뻔한 전쟁이었지만, 그래도 전쟁은 무서운 것이다. 아무도 전쟁을 좋아하는 사람은 없다. 하지만 전쟁을 하지 않으면 하나님께서 허락하신 가나안을 차지할 수 없었다.

이스라엘 백성은 요단강을 건너기 전에 가나안을 정복하는 방법에 대해 알았을까? 하나님은 불비나 우박 등의 자연재해를 통해 그들을 한 순간에 싹 멸하실 수 있었다. 그런데 하나님은 왜 그런 방법을 동원하지 않으시고 이스라엘 백성이 직접 전쟁을 치르게 하셨을까? 여기에는 여러 가지 이유가 있는데 그 중 첫 번째는 하나님께서 이스라엘 백성의 믿음을 키우기 원하셨기 때문이다.

하나님은 요단강을 갈라 마른 땅으로 이스라엘 백성을 건너게 하셨다. 그 이후 그들이 오로지 하나님을 믿고 하나님의 방법대로 공격한 성은 모두 그들의 손에 떨어졌다. 성을 하나씩 점령할 때마다 그들은 하나님의 실체를 경험하고 그 분의 위대하심을 고백할 수밖에 없었다. 이런 체험과 고백이 믿음을 키우는 과정이란 사실을 하나님은 너무나 잘 알고 계셨다. 요단강을 건너기 전에 이스라엘 백성의 믿음은 겨우 한 알의 씨앗크기 정도였다. 그 씨앗 한 알만큼의 믿음이 있을 때 요단강을 건너게 된다. 이제 겨자씨 한 알의 믿음이 왜 중요한지 감이 올 것이다. 요단강을 건넌 이후 하나님은 믿음의 싹을 틔우고 줄기를 자라나게 하고 큰 나무로 자라 열매 맺는 믿음으로 자라게 하신다. 믿음의 성장은 한순간에 이루어지지 않는다. 하나님을 향한 전적인 믿음의 바탕 위에서 하나님의 방법대로 성을 하나씩 공격할 때 믿음은 조금씩 자라난다.

하나님께서 이스라엘 백성에게 전쟁을 시키신 두 번째 이유는 하나님은 사람을 통해 역사하시기 때문이다. 하나님은 우리와 함께 일하고 싶어 하신다. 나를 통해 하나님의 전지전능하심을 드러내시고, 하나님의 위대하심과 탁월하심을 드러내기 원하신다. 그래야 나와 내 삶을 보는 많은 사람들이 나를 부러워하지 않겠는가.

사람들은 자연의 위대함에 감탄하면서도 자연을 만드신 하나님은 부인한다. 자연은 그냥 '우연히' 생겼다고 주장한다. 하지만 나를 통해 역사하시는 하나님의 능력을 보면 그들은 하나님을 부인하지 못할 것이다. 왜냐하면 내가 직접 고백할 거니까. 이 일을 행하신 분은 내가 아니라 하나님이라고 분명히 밝힐 테니까. 사람들은 우리의 삶을 통해 하나님의 살아계심을 인정하게 될 것이다.

하나님께서는 나와 함께 일하시기를 간절히 원하신다. 그 하나님의 소망을 이루어 드리는 것이 우리가 할 일이다. 하나님께서 방법을 주시고 일을 할 수 있는 여건을 열어주시면 우리는 그냥 그 길을 가면 된다.

이스라엘 백성이 여리고를 7일 동안 돌았던 것처럼. 다른 사람이 보면 제정신이 아니라고 비웃을 수도 있다. '백 바퀴를 돌아봐라 성벽이 무너지나 그게 무너지면 내 손에 장을 지진다'고 호언장담할 수도 있다. 하지만 우리의 능력은 하나님께 있다. 여리고 성이 무너진 이유는 7일 동안 여리고 성을 돌았기 때문이 아니라 하나님의 능력을 믿고 그 방법에 순종한 데 있다. 하나님의 방법에 순종하면 하나님은 나를 들어 쓰신다. 우리가 상상할 수도 없는 자리에서 우리를 써 주신다. 그 자리에서 하나님의 살아계심을 천하에 드러내는 일이 우리가 할 일이다.

전쟁을 통해 가나안을 정복하도록 하신 하나님의 세 번째 의도는 우리가 안일함에 빠지지 않도록 하기 위해서이다. 가나안의 브리스 족속, 아모리 족속, 히위 족속, 여부스 족속, 가나안 족속, 헷 족속을 한꺼번에 몰아내지 않은 이유는 그 땅에 사람이 없으면 야생동물이 그 땅을 차지하기 때문이라고 하나님은 말씀하셨다.

우리는 무언가를 이미 차지했다고 생각하면 그것에 대해 서둘지 않는다. 이미 내 것인데 어디 가겠나 하는 마음이 든다. 이런 안일함이 생기기 시작하면 우리는 나태해지고 죄에 대해 해이한 마음을 갖게 된다. 여호수아를 지도자로 삼아 부지런히 가나안 땅을 정복한 이스라엘 백성들이 하나님께서 허락하신 땅을 모두 다 차지했을까?

'여호수아가 나이가 많아 늙으매 여호와께서 그에게 이르시되 너는 나이가 많아 늙었고 얻을 땅이 매우 많이 남아 있도다.' (수13:1)

이스라엘 백성이 30년 동안 열심히 땅을 정복했는데도 차지해야 할 땅은 여전히 '매우 많이' 남아 있었다. 하나님께서 우리에게 허락하신 땅은 광활하다. 이 정도면 되겠지 하는 안일함은 우리가 죽을 때까지 가질 수 없는 생각이다. 우리가 아무리 열심히 성을 점령한다 해도 하나님께서 허락하신 성을 모두 손아귀에 넣기는 어렵다.

하나님은 우리가 게을러지는 것을 막으신다. 게으르면 망하기 때문이다. 안일함은 삶에 안주하게 한다. 안주한 삶 속에서는 비전도 꿈도 소망도 빛을 잃는다. 하나님은 우리가 살아있기를 바라신다. 소망이 없는 삶은 죽은 삶이다. 하나님은 우리가 날쌘 군인으로 평생을 살아가기 바라신다. 하나님께서 차지하라고 명령하신 성을 점령하며 힘차고 굳센 하나님의 군사가 되어 평생을 승리하며 살기 바라신다.

광야생활은 전쟁도 없고 도전도 없는 밋밋한 생활이다. 성장도 없고 평안도 없는 삶이 광야생활이다. 이스라엘 백성은 전쟁을 통해 얻은 땅만을 차지할 수 있었다. 우리도 영적 전쟁을 통해 우리 삶의 지경을 넓혀나가게 된다.

그렇다면 우리가 정복해야 할 성은 무엇일까? 우리가 정복해야 할 성은 바로 우리의 옛 습관이다. 교만, 불순종, 비교, 불평, 원망, 미움, 시기, 질투, 살인, 도둑질, 다툼, 욕심, 이기심, 열등감, 분냄, 참지 못함, 고함치는 것, 흘기는 눈, 무례함, 이간질, 게으름, 편협한 사고, 안일함, 당 짓는 것, 용서하지 못함, 이중 잣대, 위선, 우울증, 걱정, 근심, 불안, 공포, 거짓말, 간음, 동성애, 무시, 비난, 함부로 판단함, 우상숭배 등 우리가 예수님을 올바로 믿기 시작하면서 격파해야 할 견고한 진들은 너무나도 많다.

우리가 예수 믿기 전에 일상적으로 행했던 이런 습관들은 영적 전쟁을 통해서 하나씩 점령하게 되는데 오직 하나님의 방법에 순종할 때만 완전정복이 가능하다. 어떤 습관은 제거하는 데 평생이 걸리기도 하고, 어떤 습관은 몇 번의 싸움으로 제거되기도 한다.

우리가 나태할 수 없는 이유는 언제 이런 죄들이 틈탈지 모르기 때문이다. 우리가 조금만 경계태세를 늦추어도 마귀는 귀신같이 알고 우리 마음에 죄된 생각을 흘려 넣는다. 이제 우리의 옛 습관이 어떤 형태로 우리 삶에 거머리처럼 달라붙어 있는지 알아보고 그것을 제거하는 과정을 하나씩 다루어 보기로 하자.

4장

변화하고 성장하는 신앙

무엇이 죄인가

우리의 옛 습관은 제거해야 할 죄이다. 죄는 하나님께서 성경을 통해 명백히 밝히셨다. 세상과 나의 관점에서는 전혀 죄가 아니라도 하나님께서 죄라고 하시면 죄다. 나를 못살게 굴던 사람이 어려운 상황에 처했을 때 내가 '그럴 줄 알았다. 심보를 곱게 써야 잘살지.'라고 고소해 하면 죄를 지은 것이다. 이스라엘의 패망을 보고 비웃고 좋아했던 주변 나라들이 하나님께 어떤 심판을 받았는지 우리는 성경을 통해 알아야 한다.

입은 하나님을 찬양하고 입술은 하나님께 기도하는 척 하지만 마음이 하나님을 떠나있으면 죄를 저지르는 것이다. 이 죄로 인해 우리는 지혜와 명철이 사라지고 어리석은 자가 된다. 세상이 죄라고 판단하는 것은 겉으로 그 결과가 확연히 드러난다.

하지만 하나님께서 죄라고 명하시는 것은 겉으로 쉽사리 드러나지 않는다. 전에는 전혀 죄로 여겨지지 않았던 생각이나 행동이 성경을 읽고 깨닫기 시작하면서 너무나 가증한 죄임을 알게 된다.

하나님은 우리의 믿음을 키우시면서 그 죄를 다룰 믿음의 수준에 이르면 죄를 하나씩 보여주신다. 죄는 여러 가지 형태로 나타날 수 있다. 어린 시절에 저지른 잘못이나 무의식중에 사람 또는 다른 사물에게 가했던 상처, 누군가를 향한 감정이나 어떤 상황에서 드는 반복된 생각 등 죄의 형태는 다양하다. 그러나 하나님께서 죄를 다루시기 전에 꼭 하시는 일이 있는데 그것은 정체성의 회복이다.

정체성의 회복

　나는 누구인가? 나는 이 땅에 왜 태어났는가? 나는 어떤 사람인가? 나는 무엇을 하고 살아야 하는가? 나의 재능(달란트)은 무엇인가? 사람들이 수천 년을 고민했고, 지금도 고민하고 있는 질문이다. 이 모든 질문의 답이 성경 안에 있다. 내가 누구인지 알려면 먼저 하나님을 알아야 한다.

　사기그릇 하나가 내가 왜 만들어졌는지 혼자 아무리 고민해 봐도 답을 구하기는 힘들다. 그릇을 만든 도공에게 물어보면 답이 바로 나온다. 하나님께 여쭤보면 내가 누군지 명확하게 알려주신다. 하나님께서 나를 만드셨으니까. 하나님의 말씀이 성경이다. 아무리 성경을 읽어도 모르겠다고? 이런 사람은 아직도 성경을 하나님의 말씀으로 읽지 않고 자신의 생각으로 읽고 있을 공산이 크다.

　성경은 하나님의 말씀이다. 하나님의 말씀은 인간의 지식과 생각으로 깨달아지지 않는다. 지금까지 내 속에 쌓아놓았던 기존 지식, 고정관념, 선입견은 버려야 한다. 하나님의 음성을 들으려면 성령에 취해야 한다. 내 생각보다 하나님의 뜻이 훨씬 더 위에 있음을 믿어야 한다. 이런 믿음을 갖고 아무것도 담지 않는 순수한 마음으로 성령님께서 가르쳐 주시는 대로 말씀을 들어야 한다.

하나님의 음성이 들리기 시작하면 우리는 깨닫게 된다. 하나님과 내가 누구인지, 하나님께서 나를 얼마나 사랑하시는지, 그 사랑을 확증하시기 위해 어떤 일을 하셨는지, 나를 통해 이루고 싶어 하시는 일이 무엇인지, 그 일을 할 수 있도록 어떤 지원을 하시는지 구체적이고 확실하게 알려 주신다. 예수님께서 우리의 무거운 짐을 대신 지시고, 우리에게 쉽고 가벼운 짐을 주셨다는 의미를 알게 된다. 어린아이와 같이 되지 아니하면 천국에 들어갈 수 없다는 예수님 말씀의 의미를 깨닫게 된다.

하나님의 음성이 들리면 가장 먼저 정체성이 회복된다. 그동안 세상과 사람들이 세뇌시켰던 잘못된 정체성을 버리고 하나님의 관점으로 나의 존재를 재조명하게 된다. 세상과 사람들의 눈이 아니라 하나님의 눈에 비친 나의 모습을 보게 된다. 내가 어떤 존재인지 하나님 안에서 새롭게 정의 내릴 때 나는 흔들리지 않는 믿음의 소유자가 된다.

하나님은 나의 정체성을 먼저 회복시키신 후에 나의 옛 습관을 하나씩 다루신다. 그래야 죄를 하나씩 다룰 때마다 죄책감에 시달리거나 악한 감정에 빠져들지 않기 때문이다. 정체성이 회복되면 하나님의 말씀에 순종하여 죄를 더 빨리 정복하게 된다.

죄와 사탄의 관계

그 다음으로 하나님께서 깨닫게 해 주시는 부분이 죄와 사탄에 대한 것이다. 사탄과 마귀와 귀신이 어떤 존재인지 알게 해 주시고, 죄가 이런 존재와 어떤 관련이 있는지 알려주신다. 죄는 하나님께서 성경에서 죄라 명하신 모든 생각과 말과 행동이다.

사탄은 우리에게 행동과 생각과 말을 통해 죄짓게 한다. 우리는 보통 마귀와 귀신을 생각하면 머리에 뿔이 달린 흉측하게 생긴 괴물이나 두 눈에 벌건 빛을 내고 입가에 피가 줄줄 흐르는 모습을 떠올리지만 사탄과 마귀와 귀신은 그렇게 드러내 놓고 나타날 정도로 허술한 존재가 아니다. 만약 마귀나 귀신이 이런 형태로 나타난다면 우리는 바로 예수 이름으로 대적할 수 있을 것이다.

그러나 사탄은 매우 교묘한 방법으로 우리를 죄 가운데 빠지게 한다. 바로 생각을 통해 스며드는 것이다. 어떤 생각이 우리 마음에 떠오를 때 우리는 그 생각이 마귀가 주는 것이라 깨닫지 못하는 이유는 마귀가 흘려주는 생각이 우리의 본성과 일치하기 때문이다. 그래서 그 생각이 죄라는 인식을 하지 못하고 대적하지 못하는 것이다. 우리는 그 생각이 나 자신의 생각인줄 믿는다.

죄로 인해 우리의 본성은 변질되었다. 죄가 들어오기 이전에 우리의 본성은 천사처럼 맑고 양털처럼 깨끗했다. 그러나 죄로 인해 먹보다 더 검게 변하고 말았다. 죄의 본질은 우리의 본성과 일치한다. 인간은 가르치지 않고 올바로 양육하지 않고 그냥 놔두면 인간이 아니라 짐승처럼 살아간다.

죄는 자신뿐 아니라 남을 해롭게 한다. 갓난아기들도 젖꼭지를 꽉 깨물어 자신을 낳아준 엄마를 아프게 한다. 아이들은 자라나면서 누가 가르쳐 주지도 않았는데 거짓말도 잘 하고, 투정도 잘 부리고, 싸움도 잘 한다. 원망도 잘 하고, 불평도 잘 하고, 질투도 잘 한다. 이 모든 옳지 못한 말과 행동과 생각이 우리의 본성과 사탄의 계략이 정확히 맞물려 돌아가기 때문에 우리는 별 생각 없이 이런 죄들을 습관화한다.

다른 사람 흉보는 것, 수다 떨면서 시간 낭비하는 것, 고자질 하는 것, 누군가 자신의 잘못을 지적하면 불같이 화내는 것, 대충 시간 때우고 돈 버는 것, 쉴 때도 아닌데 쉬려고 하는 것……. 이런 행동들을 죄라고 생각하지 않는 이유는 무엇인가?

우리는 마귀가 어떻게 우리 마음에 생각을 흘려 넣고 성경말씀에 어긋나게 살아가도록 하는지 분명하게 알아야 한다. 마귀를 대적하기 위해서 하나님의 말씀을 반드시 알아야 한다. 성경에서 죄라고 명하신 행동과 말과 생각을 알아야 마귀의 계략에 넘어가지 않을 수 있다.

마귀는 상황과 여건과 사람을 통해서도 우리에게 죄짓게 한다. 상황에는 내 의지로 바꿀 수 있는 상황과 아무리 애를 써도 바꾸지 못하는 상황이 있다. 마귀는 주로 우리에게 우리가 아무리 안간힘을 써도 바꾸지 못하는 상황에 초점을 맞추게 한다.

마귀는 출생에 관해 우리에게 불평하게 한다. 경제력 없는 남편, 고집 센 아내, 말 안 듣는 자식, 잔소리 많은 부모, 유산도 못 물려주는 할아버지, 남녀차별 심한 할머니, 내 마음에 안 드는 이웃, 공평하지 못한 사회제도와 법, 손가락질 받는 한국교회, 무능력한 나라, 부패가 심한 정치인들 심지어 완벽하지 못한 운동선수까지 불평거리는 많고도 많다. 또 나의 학력, 능력, 지식, 돈, 연줄, 배경 등의 상황과 여건에 초점을 두게 한다.

마귀는 내가 현재 나의 의지와 하나님의 능력으로 바꿀 수 있는 작은 일들보다는 내 힘으로 바꿀 수 없는 것에 모든 관심을 집중하게 한다. 마귀가 어찌해 볼 도리가 없는 곳에 우리의 관심을 사로잡는 이유는 이런 상황들을 원망하면서 지금 충실히 해야 할 일에 소홀하게 만들 수 있기 때문이다.

마귀는 우리가 이런 것들을 불평하고 원망하는데 힘과 시간을 쓰게 한다. 모이기만 하면 누군가를 험담하고, 정치인을 욕하고, 나라를 비난하게 한다. 하지만 우리는 이런 행동이 마귀의 꼬임이라고 추호도 생각하지 않는다. 이것이 내 생각인 줄 알기 때문이다.

예수님은 '범사에 감사하라'고 하셨다. 우리가 아주 작은 것이라도 무언가를 불평하는 순간 우리는 예수님의 말씀에 불순종한 것이 된다. 불순종은 죄다. 마귀는 우리가 하나님께 불순종하게 하는데 온갖 교묘한 수단을 동원한다. 그래서 우리가 마지막 날 지옥에 떨어져 끝없는 고통을 당하게 하려는 것이다.

마귀의 수법은 아주 교활해서 우리의 지식과 생각으로 판가름할 수 없다. 나에게 어떤 생각이 떠오르면 그것이 죄인지 성경에 비추어 보아야 한다. 내가 하는 말이 하나님이 싫어하시는 말인지 성경에서 답을 찾아야 한다. 성경을 읽고 깨닫지 않으면 죄가 무엇인지 알지 못한다. 성경을 목숨처럼 읽어야 하는 한 가지 이유는 마귀의 계략을 철저히 파헤쳐서 죄짓지 않기 위함이다. 성경을 읽을 때 성령님은 무엇이 죄인지 하나하나 깨닫게 해 주신다. 그리고 죄짓지 않도록 우리를 성령의 능력으로 채우신다. 성령 충만한 삶은 죄짓지 않는 깨끗한 삶이다.

마음의 할례

요단강을 건넌 이스라엘 백성은 하나님의 명령으로 길갈에서 할례를 받았다. 애굽에서 나온 직후 남자는 다 할례를 받았지만, 광야생활 중에 태어난 사람들은 할례를 받지 않았기 때문이다. 할례는 무엇인가? 물리적으로 보면 껍질 한 겹 잘라내는 행위에 불과하다. 할례를 행한 여호수아에게 하나님은 이렇게 말씀하셨다.

'내가 오늘 애굽의 수치를 너희에게서 떠나가게 하였다.(수5:9)'

애굽의 수치는 종살이의 부끄러움이다. 이스라엘 백성은 할례를 받기 전까지 자신들이 노예라는 수치심을 갖고 있었다. 노예라서 당당하지 못하고, 노예라서 주눅 들고, 노예라서 고개를 들지 못했다. '노예가 뭘 할 수 있겠어?' 하는 생각에 자신감은 바닥을 치고 있었다. 그러나 하나님은 할례를 통해 그 수치심을 없애주셨다.

이스라엘 백성이 과거의 끈에 매여 정체성을 올바로 확립하지 못했을 때 하나님은 할례라는 의식을 통해 그들의 정체성을 회복시켜 주셨다. 그들이 하나님의 백성이라는 사실을 다시 한 번 상기시켜 주셨다. '너희는 이제 노예가 아니다, 너희는 나의 백성이며 강한 군대다'라고 그들의 마음에 새겨주셨다. 우리에게도 마음의 할례가 중요하다. 이제 우리는 마귀의 노예가 아니다. 과거에 어떤 죄를 지었든, 내

140

가 얼마나 못난 존재였든 그것은 모두 한 겹 껍데기에 불과하다. 그 껍데기를 잘라내야 한다. 그 껍데기를 제거하지 않으면 하나님과 나 사이의 회복을 방해하는 커다란 걸림돌이 된다. 세상이 나를 어떻게 판단하는지, 내가 나를 어떻게 보는지는 중요하지 않다. 이제 우리는 껍데기를 잘라내고 하나님과의 완전한 관계회복에 돌입해야 한다. 껍데기를 잘라내지 않으면 마귀가 계속해서 그 껍데기를 이용하여 우리의 발목을 잡고 우리가 전진하지 못하게 한다. 마귀는 노예의 수치심을 이용하여 우리가 성장하지 못하게 한다.

하나님은 분명히 말씀하셨다. 애굽의 수치를 우리에게서 떠나게 하셨다고. 없어진 수치심에 매여 정체성을 회복하지 못하면 앞으로 정복해야 할 수많은 성을 하나도 차지하지 못하는 결과를 초래한다. 이제 노예의 수치심을 버리고 하나님의 강한 군사로서 첫 번째 정복해야 할 성 여리고 앞에 서야 한다.

우리가 정복해야 할 첫 번째 성: 용서

하나님은 우리가 용서의 문제를 가장 먼저 다루기 원하신다. 우리가 성령의 충만함을 받으면 우리 마음속에 가장 먼저 두드러지게 나타나는 문제가 용서이다. 과거에 나에게 잘못했던 많은 사람들, 그들이 의도했든 의도하지 않았든 내 마음속에 상처로 남은 그들의 모든 행동과 그들 존재 자체에 대해 하나님은 용서할 것을 명하신다.

나는 아무 잘못이 없고, 순전히 그들 잘못으로 인해 내가 당한 고통을 생각하면 분통이 터지고 억울하지만, 그래도 하나님은 용서하라고 하신다. 용서는 내가 당한 부당함, 무시, 상처에 관점을 두면 절대 이루어지지 않는다.

용서는 하나님께서 나를 어떻게 용서하셨는지를 생각해야 할 수 있다. 만 달란트 빚진 자가 나라는 사실을 인정해야 한다. 이 사실을 받아들이면 나에게 백 데나리온 빚진 자를 용서할 수 있다. 예수님께서 나의 모든 죄를 대신 지시고 온갖 고통과 치욕을 당하며 내 죄를 용서하셨다는 믿음이 있어야 한다. 그래야 그를 용서할 수 있는 용기가 생긴다.

용서는 내 힘으로 할 수 있는 것이 아니다. 용서는 성령이 충만해야 할 수 있다. 성령의 능력이 아닌 내 힘으로 하려고 하면 마음은 더 괴롭고 세상을 향해 악을 품게 된다. 또한 용서는 남을 위해 하는 것이 아니다. 용서는 나를 위해 하는 것이다.

내가 남의 잘못된 행동으로 인해 괴롭고 슬퍼서 마음이 상해도 상대방은 나의 마음상태가 어떤지 모르는 경우가 많다. 상처를 주는 사람은 자신이 어떤 상처를 주었는지 전혀 깨닫지 못할 때가 많기 때문이다. 다른 사람은 생각도 하지 않는 말과 행동으로 인해 나는 괴로워 미칠 것 같은 상태가 된다. 이 괴로움에서 탈출할 수 있는 방법이 바로 용서이다.

용서는 마음의 평화를 가져온다. 성령님께서 용서의 문제를 다루기 원하시는데 내가 그 말씀에 순종하기를 머뭇거리거나 불순종하면 내 마음은 더욱 힘들어진다. 용서의 문제를 해결하지 않으면 그 다음 단계로 전진할 수 없다.

나에게 잘못한 사람들을 용서하는 것도 중요하지만, 내가 잘못한 사람들에게 용서를 구하는 것도 중요하다. 예수님을 믿기 전 광야 생활을 하는 중에 우리는 말이나 행동으로 다른 사람에게 상처를 준다. 내 이기심을 채우기 위해 직접적인 손해를 입히기도 하고, 알고 있는 정보를 공유하지 않아 다른 사람이 피해를 보게 하기도 한다. 사소한 말다툼이나 지나가는 행동 때문에 관계가 멀어지기도 한다. 나에게 유리한 상황을 만들기 위해, 일어난 일을 부풀리거나 축소시키는 경우도 있다. 이러한 모든 행동 뒤에는 반드시 피해자가 있고, 나로 인해 마음에 상처를 입은 사람이 있다. 용서의 문제에 부딪히면 성령님은 내가 용서를 구해야 할 사람을 계속해서 보여 주신다. 그 사람이 계속해서 생각나면서 내가 했던 행동들이 생생히 되살아나는 경험을 하게 된다.

용서를 구하는 방법은 성령님께서 마음에 주시는 방법대로 해야 한다. 전화나 편지를 통해 용서를 구할 수도 있고, 물질적인 피해는 합당한 금액만큼 보상해야 하기도 한다. 직접 찾아가서 사죄해야 할 수도 있고, 공개적인 자리에서 용서를 구해야 할 경우도 있다. 그 방법이 무엇이든 성령님께서 가르쳐 주시는 대로 하지 않으면 용서를 온전히 이룰 수 없다. 이스라엘 백성이 자기들 마음대로 판단하여 아이 성을 공격했다가 패했던 것처럼 우리 방법대로 대충 용서하려 하면 상대방의 마음을 더욱 힘들게 하는 결과를 초래한다.

용서의 문제는 어느 누구도 예외가 될 수 없는 문제이다. 사람들과 함께 살다보면 우리는 상처를 주기도 하고, 상처를 받기도 한다. 이 상처의 원인은 주로 우리와 가장 가까이 있는 가족이 될 경우가 많다. 서로 너무나 가까워 아무 허물이 없다고 생각해서 함부로 말하고 행동하기 때문이다. 내가 이런 말을 하면 상대방이 어떻게 생각할까, 어떤 감정을 느낄까에 대해 심각하게 고민해 보는 사람은 별로 없는 듯하다. 가족끼리 뭘 그렇게 어렵게 생각하고 행동하냐고? 사회에서 일어나는 범죄의 불씨가 대부분 가정에서 시작한다는 사실을 아는가? 건강하고 바람직한 가정의 아이들이 범죄자가 될 확률은 거의 무에 가깝다.

오늘 내가 한 말과 행동이 남편, 아내, 아이들, 부모의 마음속에 어떤 씨로 자라고 있는지 점검해야 한다. 증오와 분노의 씨인지, 불신과 고통의 씨인지, 불평과 좌절의 씨인지, 분열과 질투의 씨인지, 아니면 화평과 온유의 씨인지, 사랑과 기쁨의 씨인지, 믿음과 존중의 씨인지, 희망과 칭찬의 씨인지를 깊이 성찰해 보아야 한다.

내가 한 말은 그들의 마음속에 차곡차곡 쌓여 싹을 틔운다. 미움의 씨는 증오의 싹을 틔워 분노의 열매를 맺는다. 비교의 씨는 경쟁심이라는 싹을 틔워 이기의 열매를 맺는다. 이기심이라는 열매는 자신의 이익을 위해 남을 짓밟는 행위를 아무 가책 없이 하게 한다. 아니, 오히려 남의 불행을 기뻐하게 한다.

가족들 간에 이루어지는 말 한마디, 작은 행동 하나가 우리의 인생을 결정한다. 우리는 어느 누구보다 가족 간의 용서를 먼저 다루어야 한다. 용서를 구할 때는 상처를 입은 사람의 입장에 서야 한다. 상처 입은 사람의 말을 끝까지 들어주어야 한다. 무엇 때문에 상심했는지 솔직하게 이야기하고 상처를 준 사람은 당시 행동이나 말을 변명하려 하지 말고 자신의 잘못을 인정해야 한다.

용서는 인내와 존중이 필요하다. 나로 인해 괴로워하는 상대방의 마음을 존중하고 그의 말을 끝까지 들어주는 인내가 없으면 올바른 용서가 이루어지지 못한다. 올바른 용서가 이루어져야 우리 마음속에 싹을 틔우려고 움찔대던 부정적이고 악한 씨들이 사라진다. 증오, 비교, 절망, 슬픔의 씨앗이 사라진 자리에 기쁨, 사랑, 평온, 인내의 씨앗을 심어야 한다. 이 과정이 반복될 때 비로소 건강한 가족이 만들어지는 것이다.

용서는 하루아침에 이루어지지 않는다. 또 나에게 잘못한 모든 사람을 다 용서했다고 해서 용서의 문제를 더 이상 거론하지 않아도 되는 것이 아니다. 용서는 일생을 통해 이루어 가야 할 문제이다.

우리는 약한 존재이다. 말로 상처주면 안 된다는 사실을 알면서도 입을 열고 보면 그게 가시 돋친 말이다. 행동이나 표정이나 눈빛으로 남을 쉽게 무시하고, 사나운 표정도 자주 짓고, 기분이 조금이라도 상하면 눈을 흘긴다. 나의 생각 없는 손짓 하나가 다른 사람에게는 평생 상처가 될 수도 있다.

용서의 문제는 인간의 능력으로 절대 해결할 수 없다. 나의 약함을 인정하고 성령님께 전적으로 의뢰해야 한다. 누군가를 만나거나 전화를 할 때, 회의를 하거나 발표를 할 때 우리는 성령님께 나의 생각과 말과 행동을 붙잡아 달라고 기도해야 한다. 다윗은 입에 파수꾼을 세워달라고 하나님께 기도했다. 성령께서 내 입에 넣어주시는 대로 말을 해야 서로에게 유익이 된다.

그렇다면 내 생각은 모두 버려야 하는가? 우리의 생각은 우리의 본성과 직결되어 있다. 우리의 본성은 죄의 본질과 일치한다고 앞에서 언급했다. 생각나는 대로, 입에서 나오는 대로 말을 하면 항상 안 좋은 결과가 발생한다. 그 결과로 인해 상대방만 상처를 받는 것이 아니다. 내 마음도 괴롭고 쓰리다. 우리가 성령에 사로잡히지 않고 말을 하면 어느 샌가 우리는 남을 욕하거나, 비난하거나, 헐뜯고 있는 우리의 모습을 발견한다. 앞날에 대해 걱정하거나, 우울해하거나, 어떤 일에 대해 부정적인 결과를 예측하고 있는 우리의 모습을 보게 된다. 조금만 기분이 상해도 화내고, 소리 지르고, 악담을 하는 우리의 모습. 이런 모습이 바로 우리의 본성이다. 본성대로 말하고 행동하면 우리는 하나님을 드러낼 수 없다. 성령의 사람은 성령의 열매를 삶에서 드러내는 사람이다. 본성대로 말하고 행동하면서 성령의 사람이라고 주장할 수는 없다. 내 성격대로 내 감정대로 삶을 이끌어 가면서 성령의 열매를 기대할 수는 없는 노릇이다.

본성대로 말하고 행동하면 우리는 하나님께 용서받지 못한다. 하나님의 용서는 우리가 회개할 때 이루어진다. 회개는 무엇인가? 보통 사람들은 어렸을 때부터 지은 죄를 모조리 되뇌는 것이 회개라고 생각한다. 그래서 부흥회나 집회에서 회개하라고 하면 전에 하나님께 고백했던 죄를 앵무새처럼 자꾸 반복한다.

아이가 실수로 유리잔 하나를 깼다. 엄마는 아이가 다치지 않아서 다행이라 생각하며 깨진 유리조각을 깨끗이 치웠다. 아이는 엄마에게 잘못했다고 말했다. 그러면 엄마는 다음부터 조심하라고 주의를 주며 보통은 유리잔을 깬 사실을 잊는다. 그런데 그 후 아이가 엄마에게 매일 또는 생각날 때마다 유리잔 깨서 죄송하다고 말한다면 엄마는 마음이 어떻겠는가? 이미 잊은 일을 자꾸 거론하면서 용서해달라고 조르는 아이의 모습을 상상해보라.

우리도 이와 같다. 전에 하나님께 다 고백하고 용서 받은 죄를, 그리고 하나님께서 기억에서 지워버리신 죄를 자꾸만 들춰내서 용서해달라고 조르는 것이 우리는 회개라고 생각한다. 하나님 보시기에 얼마나 어처구니없는 일인가! 하나님께서 잊으신 죄를 다시 생각나게 하는 것은 마귀의 술책이다. 그 마귀의 꼬임에 넘어가 예전에 지었던 죄만 주구장창 읊조리고 있는 우리의 모습은 결코 하나님께서 원하시는 모습이 아니다.

그렇다면 진정한 회개는 무엇인가? 회개는 죄악의 길에서 돌이키는 것이다. 내가 전에 아무 가책도 없이 거짓말을 밥 먹듯이 했다면 하나님의 말씀을 깨닫고 더 이상 거짓말을 하지 않는 것이 회개이다. 이전에는 할 일은 충실히 하지도 않고, 한 일보다 더 큰 대가를 바랐다면, 이제 내 할 일을 충실하게 하고 내가 한 일에 대한 대가에 만족하는 것이 회개이다.

회개는 하나님께서 죄라고 명하신 일을 끊고 의의 길을 걷는 것이다. 회개는 입으로 하는 것이 아니다. 회개는 온몸으로 하나님의 말씀에 순종하는 것이다.

우리는 본성으로 말하고 행동하는 것이 죄라는 사실을 알아야 한다. 본성에 따라 살면 우리는 같은 잘못을 계속 저지르게 된다. 여전히 감정 절제하지 못하고, 외적인 것에 좌우되며, 함부로 판단하는 습관을 버리지 못한다. 같은 잘못을 수없이 저지르고 하나님께 말로 회개하기를 반복하는 삶에는 발전이 전혀 없다.

하나님은 자비로우시며 오래 참으시는 분이라 생각하는가? 물론 오래 참으신다. 우리가 돌이키기까지 수십 년도 참아 주신다. 하지만 하나님은 공의의 하나님이란 사실도 알아야 한다. 하나님께 돌아와 살 날은 우리가 생각하는 만큼 그리 많지 않다. 회개는 하나님의 용서를 이루지만, 돌이키지 않고 순종하지 않는 회개는 하나님의 심판을 면치 못한다.

우리가 정복해야 할 두 번째 성:
거짓말과 거짓행동

거짓은 인류에게 최초의 죄를 짓게 했다. 에덴동산에서 마귀는 거짓말을 이용하여 하와를 유혹했다. 마귀는 처음부터 거짓을 말하는 자요, 거짓은 마귀의 것이라고 성경은 말한다. 거짓말은 진실보다 귀에 잘 들어온다. 거짓이 진실보다 훨씬 더 달콤하게 들리는 이유는 우리가 죄의 본성을 갖고 있기 때문이다.

소금은 바닷물에서 훨씬 더 잘 녹는다고 한다. 우리가 본성과 일치하는 말이나 행동을 접할 때 더 잘 끌리는 이유가 여기에 있다. 때로 우리는 거짓말에 더 솔깃해하고, 거짓말을 더 잘 믿는다. 거짓이 우리의 본성과 일치하기 때문이다.

하나님의 말씀이 아닌 사람의 말, 즉 거짓으로 무장한 사람의 말이 우리 귀에 잘 들어오는 사실을 이용하여 마귀는 우리를 죄짓게 한다. 사기를 치거나 당하게 하고, 이단에 빠지게 하고, 사람 사이를 이간질하게 하고, 책임회피하게 하고, 거짓을 합리화하게 한다.

사기는 지킬 수 없거나, 지킬 마음이 없을 때 남발하는 모든 약속이다. 주가조작처럼 남에게 재산상의 손해를 끼치는 금융사기도 있지만, 우리가 주목해야 할 사기는 '신뢰의 사기(詐欺)'이다. 엄마가 아이에게 곤란한 상황을 모면하기 위해 지나가는 말로 하는 약속, 친구 간에 비밀을 절대 말하지 않겠다는 약속, 인기를 얻거나 권력을 잡기 위해 공개적으로 하는 약속, 연인들 간에 마음이 결코 변치 않겠다는 약속, 이윤이 많이 남으면 근로자들에게 공평하게 나누겠다는 기업체 경영자의 약속, 구체적인 계획도 없으면서 단기간에 눈에 띄는 결과를 내 놓겠다는 허황된 약속, 생각도 한 적이 없으면서 갑작스런 상황에 닥쳐 황급히 남발한 약속, 남의 마음을 사로잡으려고 내 거는 황당무계한 약속 등 사람 사이의 믿음을 깨는 사기가 우리 주위에는 너무나 많이 판을 치고 있다.

사람들은 이런 약속을 하고 별 생각 없이 약속을 깬다. 그 상황만 모면하면 괜찮다는 생각이 너무나 팽배해 있다. 그 약속을 안 지켰다고 사기죄로 감옥에 갈 것도 아니고, 다들 그런 약속은 아무렇지 않게 하고 별 생각 없이 깨는데 뭐가 그리 큰 문제가 되느냐고 반문하고 싶은가? 이런 크고 작은 약속을 지키지 않는 행동이 대수롭지 않다고 세뇌시키는 것이 마귀의 계략이다.

약속을 하면 사람들은 기대하게 된다. 약속을 내 건 사람의 입장에서는 안 지켜도 괜찮다고 생각할지 모르지만, 약속을 받은 사람은 그 사람이 약속을 꼭 지킬 것이라 기대를 한다. 기대하는 마음으로 이제나 저제나 약속 지킬 날만 기다리는 사람에게 약속이 지켜지지 않았을 때의 실망감은 말할 수 없이 크다.

바비 인형을 몹시도 갖고 싶어 하는 세 살짜리 여자아이는 눈을 뜨나 감으나 그 인형이 자기 품에 안길 날만 손꼽아 기다린다. 하지만 엄마는 '다음에'를 연발하며 약속을 번번이 깨버린다. 약속을 지키지 않은 날의 수가 길어질수록 아이의 마음에는 실망감이 싹튼다. 그 실망감이 자라서 결국 엄마를 믿지 못하는 지경에 이른다는 사실.

선거철이 되면 정치인들은 지키지도 못할 약속을 남발한다. 그 약속이 이루어질 거라 기대하며 국민들은 그들에게 또다시 희망을 건다. 그러나 결국 돌아오는 것은 실망뿐이다. 실망에 실망을 거듭하면 불신이 싹트게 된다. 그러면 더 이상 무슨 말을 해도 믿지 못하는 사태가 발생하는 것이다. 지키지 않는 약속은 사기다. 마귀는 사람 사이의 신뢰를 무너뜨리기 위해 거짓말을 이용한다.

우리가 진리로 무장되지 않으면 우리는 거짓에 쉽게 농락당한다. 사기를 당하는 것도 적은 돈이나 노력으로 큰 결과를 기대하기 때문이다. 일한만큼의 대가에 만족하는 마음을 가지면 사기를 당할 확률이 훨씬 적어진다.

또 '공짜'라는 가면을 쓰고 우리에게 다가오는 것들은 나중에 우리에게 가장 큰 대가를 치르게 하는 경우가 많다. 일례로 휴대폰을 살 때 사람들은 '공짜'로 사지만, 그 기계에게 시간을 빼앗기고 삶을 도둑맞는다. 혼자만의 여유를 빼앗기고, 어떤 문제에 대해 깊이 생각해야 할 시간을 갖지 못하게 된다. 해야 할 일에 충실하지 못하게 자꾸 방해를 받게 된다. 방해받지 않으려면 꺼버리면 되지 않냐고? 그것을 끄는 일은 엄청난 의지를 요구한다. 휴대폰을 한 시간만 꺼보라. 누가 중요한 일로 연락 했으면 어쩌지 하는 불안감이 밀려온다.

사람들은 보통 공짜라면 무조건 좋아하지만 실은 공짜가 가장 비싸다는 사실을 알아야 한다. 공짜를 좋아하면 사기를 당할 기회를 자주 접하게 된다. 또한 진리를 알지 못하면 이단에 빠질 위험이 높아진다.

이단은 눈에 보이는 사람이나 결과에 집착하게 한다. 성경을 전체로 보기보다 부분에 집착하는 경향이 높다. 이단은 각 성도의 영적 성장보다 교세 확장이나 사람을 신격화하는데 더 큰 초점을 둔다. 이단의 교주나 창설자들은 육신의 눈으로 볼 수 없는 하나님이 자기 자신이라고 주장한다. 그들은 자신이 하나님의 자리를 꿰차고 앉아 사람들의 마음을 미혹하고 죄에 빠지게 한다. 이들은 처음부터 거짓으로 시작한 사람들이다. 이들이 쏟아놓는 거짓이 진리보다 더 솔깃하게 들리고 달콤하게 들리는 이유는 우리가 진리를 모르기 때문이며, 우리가 본성의 귀로 그들의 말을 듣기 때문이다.

본성은 죄와 가깝다. 진리와 본성은 항상 대립하고 충돌한다. 하지만 그들이 내놓는 거짓은 나의 본성을 만족시키기 때문에 마음에 거부감이나 거리낌이 들지 않는다. 이 시대 수많은 사람들이 이단에 빠지는 이유는 진리를 모르기 때문이다. 진리를 모르면 나는 나도 모르는 사이에 거짓에 농락당하게 된다.

또한 마귀는 거짓을 이용하여 사람 사이를 이간질하게 하고 멀어지게 한다. 우리가 누군가를 싫어할 때 그 사람에 대해 좋지 않은 소문을 듣게 되면 우리는 그 소문이 근거가 있는지 없는지도 생각해 보지 않고 다른 사람에게 퍼뜨린다. 소문을 퍼뜨릴 때는 들은 그대로만 전하는 것이 아니라 내가 가지고 있는 부정적인 감정까지 덤으로 얹어서 퍼뜨리는 경우가 많다.

나중에 그 소문을 들은 당사자는 그 소문의 진원지를 찾다가 나와 마주치게 된다. 이 상황에 보통 사람들은 자신이 소문을 퍼뜨리지 않았다고 발뺌한다. 하지만 나에게 소문을 들은 증인이 있기 때문에 나와 그 소문의 당사자 간에는 말싸움이나 다툼이 일어나게 마련이다. 가뜩이나 싫어하는 감정이 있는데다, 싸움까지 했으니 그 사람을 볼 때마다 나는 얼굴이 일그러지고 기분이 상한다. 이런 앙금이 조금씩 쌓이면 사람 사이는 점점 멀어지게 된다. 만약 소문의 당사자가 나를 찾아왔을 때 내가 솔직히 잘못을 고백하고 사실대로 말했다면 결과는 어땠을까?

남을 나쁘게 말하는 것은 죄다. 소문내놓고 안 냈다고 말하고, 거기다 내 감정까지 보태 그 사람을 더 나쁜 사람으로 몰았으니 나는 큰 거짓말을 한 것이고 이 또한 죄다. 싸우고 눈 흘기고 화내는 이 모든 행동도 죄다. 내가 어떤 소문을 들었을 때 그것이 참인지 거짓인지를 파악하지 못하면 나는 계속해서 죄를 짓게 된다. 또한 그 소문이 사실이라 해도 남의 잘못은 내 입에 담지 말아야 한다. 나도 언제 그런 잘못을 저지를지 모르기 때문이다.

마귀는 시시때때로 우리가 거짓을 입에 담게 한다. 근거 없는 말을 하게하고, 그런 말을 한 적 없다고 오리발을 내밀게 한다. 그러면서 사람사이를 금가게 한다. 거짓을 통해 서로가 서로를 미워하고 멀어지게 하는 마귀의 교묘한 술책에 우리는 더 이상 넘어가지 않아야 한다.

우리는 책임회피를 하기 위해 거짓말을 하기도 한다. 상사가 시킨 일을 제때 해놓지 않았을 때, 학생이 형편없는 성적표를 받아 왔을 때, 주부가 살림을 충실히 하지 않았을 때, 가장이 가정을 제대로 꾸려나가지 못할 때, 교사가 학생들의 실력을 충분히 끌어올리지 못했을 때, 정치인이 나랏일보다 제 밥그릇 채우기 급급할 때, 경찰이 범죄자를 잡기보다 뇌물에 휘둘릴 때 등 자신의 할 일을 제대로 하지 못했을 때 우리는 변명을 하며 거짓말을 지어낸다. 갑자기 무슨 일이 생겼다거나, 몸이 피곤하다거나, 시간이 없다거나, 돈이나 인력이 부족하다는 핑계를 대며 자신의 할 일에 대한 책임을 회피한다.

예수님은 맡은 자의 구할 것은 충성이라고 말씀하셨지 책임회피하기 위해 변명하며 거짓말하라고 하지 않으셨다. 우리가 부지런하지 못해서 다시 말해 게을러서 하지 않은 일을 둘러대기 위해 꾸며대는 거짓말은 결국 그 손해가 우리 자신에게 돌아온다는 사실을 알아야 한다.

상관이 맡긴 일을 충실히 하지 않는 직원에게 누가 중요한 일을 맡기려고 하겠는가? 열심히 공부하지 않는 학생은 불성실이라는 꼬리표를 달고 사는 사람이다. 불성실한 사람은 어디에서도 환영받지 못한다.

맞벌이로 벌어오는 돈 몇 푼이 가족의 건강과 화목을 책임져주지 못한다는 사실. 바쁘고 피곤하다는 핑계로 살림을 제대로 하지 않으면 가족의 건강이 위협받고 그렇게 애를 쓰고 벌었던 돈이 한 순간에 날아가는 사태를 겪게 된다.

배우는 것은 학생의 몫이지 선생은 가르치기만 하면 된다고 생각하는 교사가 어떻게 참되고 바른 제자를 배출해낼 수 있겠는가? 이런 교사는 자신이 가르친 학생이 수백 수천 명이라도 인생의 말년이 쓸쓸할 수밖에 없다.

개인의 이익을 위해 법을 만들고 고치는 사람들의 결말은 굳이 말하지 않아도 우리는 너무나 잘 알고 있다. 뇌물을 받고 불법을 묵인하고, 죄 없는 사람들의 호소를 묵살하며, 가난하고 힘없는 사람들을 이용하고 착취하는 모든 사람들은 자신이 행한 행동이 그대로 자신에게 돌아옴을 알아야 한다. 내가 맡은 일에 충실하지 않고 부지런히 일하지 않으면 우리는 우리 행동을 변명하기 위해 언제 거짓말을 하게 될지 알 수 없다.

거짓말은 또 다른 거짓말을 불러온다. 한 번 거짓말을 하면 그 거짓말을 덮기 위해 더 큰 거짓말을 해야 한다는 사실을 우리는 잘 알고 있다. 우리는 보통 처음에는 아무것도 아니라고 생각하며 농담 삼아 거짓말을 한다. 누군가를 놀려먹기 위해, 깜짝 놀라게 해주려고, 분위기를 띄우려고, 곤란한 상황을 모면하기위해, 재미삼아 거짓말을 한다. 이런 거짓말은 보통 사실을 말하는 순간 끝이 나지만, 거짓말을 좋아하는 사람들이 모인 자리에서는 계속해서 거짓말이 더 커지는 현상이 발생한다. 또 한참 거짓말에 물이 오르는데 누군가 그 맥을 끊으며 사실을 말하면 '눈치 없는 인간' 취급을 받기도 한다.

세상은 거짓을 이용하여 누군가를 곤란에 빠뜨리거나 당황하게 하는 행위가 죄가 아닌 '재미'라고 세뇌시킨다. 거짓말에 거짓말을 더해 갈수록 재미가 더 커진다고 생각하게 한다. 그래서 처음부터 거짓말을 하려고 작정하고 만든 프로그램이나 놀이가 인기 있다. 세상이 거짓말을 죄가 아니라고, 그건 살아가는 데 필요한 기술이나 재미라고 아무리 세뇌시켜도 우리는 그 거짓말에 속아 넘어가면 안 된다. 하나님 보시기에 작은 죄는 없다. 죄는 그 자체로 천국에 들어가지 못하게 하는 치명적인 악이다.

우리가 정복해야 할 세 번째 성:
정직

밤 10시 집에 오는 길에 택시를 탔다. 택시 안이 어두워 내가 만 원짜리로 택시비를 냈는데, 택시기사가 오만 원권으로 잘못알고 거스름돈을 내주었다. 친구에게 필기구를 빌려주었는데 친구가 그걸 잃어버렸다. 같은 물건이라고 사왔는데 보니 내 것보다 훨씬 비싼 것이었다. 밥솥이 고장 나서 가전제품 판매점에 가보니 10대 특별 한정판매라서 70% 할인한 값에 샀다. 남편한테는 30% 할인해서 샀다고 말하고 남는 돈은 챙겼다. 이런 경우 드는 생각은? 횡재했다?

아이들이 엄마 아빠는 학교 다닐 때 공부 잘했냐고 물어볼 때 하는 대답, 학교에서 공부 열심히 했냐고 묻는 부모님의 질문에 대한 자녀들의 대답, 궁금하거나 모르는 것이 있으면 질문하라는 선생님의 물음에 대한 반응, 자신이 잘 모르는 사실을 다른 사람이 물어봤을 때 보이는 반응, 비리가 드러나거나 사건에 연루되었을 때 사실대로 실토하라는 압박에 대한 행동 등 이런 경우에 닥치면 우리는 정직하게 잘 대답하지 않는다. 정직하게 대답하면 '긁어 부스럼'이란 속담이 머릿속에 떠오르며 사태를 악화시킬 것 같은 기분이 든다. 정직하게 대답하지 않으면 바로 무마될 일을 정직하게 대답하면 괜히 일을 크게 만들 것이란 우려가 생기기도 한다. 하지만 하나님은 우리에게 정직하라고 하셨다. 가슴을 치며 우리에게 정직을 기대하신다.

아나니아와 삽비라는 땅 판 돈 일부를 감추어 두고 전부를 다 헌금했다고 성령을 속인 죄로 그 자리에서 꼬꾸라져 죽었다. 엘리사의 종 게하시는 나아만 장군에게 돈과 옷을 챙긴 후 그런 짓 안했다고 발뺌한 죄로 평생 문둥병자로 살아야 했다. 부정직은 성령을 속이는 죄다. 정직하지 않음은 보통 다른 사람 눈에는 잘 드러나지 않는다.

하지만 자기 자신과 성령님은 절대 속일 수 없다는 사실을 알아야 한다. 나의 심장과 폐부를 감찰하시는 하나님을 만나려면 정직은 필수요소이다. 하나님은 나의 모든 생각과 마음의 괴로움을 아신다. 그런 하나님 앞에 나와서 거룩한 척, 고상한 척, 아무 문제없는 척하는 행동은 하나님 보시기에 가증되다.

정직은 순수한 마음과 직결된다. 내 안에 있는 생각들을 아무 계산 없이 정직하게 하나님께 아뢸 때 하나님은 나의 마음에 역사하신다. 하나님의 음성을 들려주시고, 위로해주신다. 육신의 귀에 들려오는 질문에도 정직하지 못하고, 눈앞의 이익을 위해 정직을 헌신짝처럼 버리는 행동을 하면서 하나님과 가까워질 수는 없다.

정직은 한 순간에 체화되지 않는다. 하나님께서 정직을 다루실 때가 되면 우리에게 정직하지 못하게 하는 크고 작은 유혹들이 온다. 나만 입 다물면 아무도 모르거나 내 주머니가 두둑해지는 상황에 직면하게 된다. 이런 시험이 왔을 때 우리가 나 자신을 바라보면 열이면 열 모두 그 시험에 통과하지 못한다. 여리고성을 무찌를 수 있었던 비결은 하나님의 말씀에 대한 순종이었다. 나의 상황과 여건과 마음에 초점을 맞추면 나는 유혹을 이기지 못한다. 우리는 이런 유혹이 왔을 때 '정직하라'고 명령하신 하나님께 초점을 맞추어야 한다. 하나님께서 내게 하신 명령에 일단 순종해야 한다.

여리고성을 7일 동안 맴돌면서 이스라엘 백성은 무슨 생각을 했을까? 그들 마음속에 한 치의 의심도 없이 그냥 맴돌기만 하면 하나님께서 모든 일을 다 해결하시리란 믿음이 있었을까? 정직하라는 말씀에 순종만 하면 내가 잘되리라는 믿음, 이 믿음은 하나님 말씀에 순종할 때 조금씩 자라게 된다.

내가 정직을 행하면 하나님은 하나님의 성품 중에 정직의 부분을 체험하게 해 주신다. 내가 사랑을 실천하면 사랑의 하나님을 체험할 수 있고, 용서를 실천하면 하나님의 그 크신 용서의 마음이 전해진다.

일단 순종하는 것이 중요하다. 정직하라는 말씀에 순종하면 하나님과의 관계가 급격히 좋아진다는 사실을 알게 될 것이다. 전에는 그토록 고민되고 걱정되던 큰 문제가 정직을 실천하면 전혀 문제될 것이 없는 일이었음을 깨닫게 될 것이다. 마음속의 불안이 봄 눈 녹듯 사라지는 기적도 맛보게 될 것이다. 솔직하게 순수하게 하나님께 내 마음을 토설할 수 있다는 사실이 얼마나 큰 복인지 알게 되리라. 하나님과의 관계 개선을 위해 우리는 반드시 정직을 실천해야 한다.

우리가 정복해야 할 네 번째 성:
게으름

하나님의 말씀에 순종하려면 부지런해야 한다. 말씀에 순종하기 위해서 우리는 하나님의 말씀을 알아야 한다. 우리에게는 하나님의 말씀을 깨닫는 시간이 필요하다. 하나님의 말씀을 깨닫기 위해 하루의 시간 중 얼마를 투자하는가? 성령님께 직접 가르침 받은 말씀이 아니면 아무리 유명한 설교자가 대언한 말씀이라도 우리 삶을 변화시키는 능력이 발휘되지 못한다. 그런 말씀은 머리에만 머물기 때문이다.

나를 변화시키는 강력한 능력의 말씀은 내가 사모하는 마음으로 읽은 말씀, 성령님께서 깨닫게 해 주신 말씀이다. 하나님의 뜻은 성경 속에 고스란히 녹아있다. 성경 밖에서 하나님의 뜻을 찾으려고 하는 모든 안간힘은 헛된 일이다. 그런데도 우리는 조용히 혼자 성경을 읽는 일보다 교회 모임에 참석하거나 부흥회에 가는 일을 더 중요하게 생각한다. 일주일 동안 성경은 한 번도 읽지 않아도 괜찮지만, 주일 예배는 빠지면 안 된다고 생각한다. 하나님의 말씀을 아는 일은 소홀히 해도 헌금은 충실히 해야 한다고 생각한다. 하나님의 뜻하고는 상관없이 세상과 사람들이 세뇌시킨 방법대로 살아가면서도 무엇이 잘못인지를 모른다.

부지런함이란 무엇인가? 쉴 새 없이 할 일을 찾아서 하는 것인가? 다른 사람의 일까지 도맡아서 척척 해내면 부지런한가? 아침에 일찍 일어나면 부지런한 사람인가? 잠언에는 부지런한 사람, 지혜로운 사람, 의로운 사람과 게으른 사람, 어리석은 사람, 악한 사람이 극명하게 대조되어 나타난다. 부지런한 사람은 지혜로워지고 지혜로우면 의로운 행동을 하게 된다.

반대로 게으르면 어리석어져서 악한 행동을 할 수밖에 없다. 우리가 부지런해야 하는 이유는 의로운 행동을 하기 위해서이다. 의로운 행동이란 무엇인가? 우리가 의롭다 칭함을 받을 수 있는 길은 단 한가지다. 예수님을 믿는 것이다. 예수님을 믿는 사람은 예수님을 사랑하고 그 말씀에 순종하는 사람이다.

예수님의 말씀에 순종하려면 그 말씀이 무엇인지 알아야 한다. 말씀을 깨닫기 위해 힘쓰고 애쓰는 사람이 부지런한 사람이라는 사실. 부지런히 말씀을 깨달으면 나는 지혜로워진다. 성령님께서 지혜를 물붓듯 부어주시기 때문이다. 지혜가 가득하면 의를 행하게 된다. 하나님의 능력으로 예수님을 믿게 된다. 바꿔서 말하면 하나님의 말씀을 깨달으려고 힘쓰지 않는 사람은 게으른 사람이고, 그 사람은 곧 어리석어져서 악한 행동을 하게 된다는 말이다. 나는 부지런한 사람인가, 아니면 게으른 사람인가?

우리는 하나님의 말씀을 읽지 않는데 대해 여러 가지 핑계와 변명을 댄다. 회사 업무가 바빠서, 시험기간이라서, 밭에 할 일이 많아서, 중요한 프로젝트를 진행하고 있기 때문에, 시간이 없어서, 집중이 안돼서, 피곤해서, 잠이 와서, 이해가 안돼서, 재미없어서 등 하나님의 말씀을 읽지 않는 이유는 가지가지다.

하나님의 말씀은 영의 양식이다. 영의 양식을 먹지 않으면 우리는 영적으로 메마를 수밖에 없다. 영양공급을 안 하면 몸이 자라지 못하는 것처럼 영의 양식을 먹지 않으면 우리는 영적으로 성장하지 못한다. 하나님의 마음을 알기 위해서 우리는 영적으로 자라나야 한다.

영적인 수준이 하나님께서 인정하시는 정도에 미치지 못하면 우리는 하나님의 말씀을 깨달을 수 없다. 아기들이 부모님의 깊은 속마음을 이해하지 못하는 것과 같은 이치다. 하나님의 마음을 알기 위해서, 하나님의 뜻이 무엇인지 알기 위해서 우리는 영의 양식을 먹어야 한다. 말씀을 읽지 않고 깨닫지 않으면 우리는 말라 죽어버린다. 하나님께서 간절한 목소리로 우리를 부르시는 소리도 듣지 못하고, 우리를 향한 하나님의 애타는 손짓도 깨닫지 못한다.

우리는 하나님의 말씀을 소홀히 하면서 하나님의 뜻대로 살고 싶다고 몸부림치면서 기도한다. '주여'를 목이 터져라 부른다. 하나님께서 우리 기도에 응답하시지 않아서 우리가 하나님의 뜻을 모르는가? 우리가 부르짖는 기도를 듣지 못할 정도로 하나님은 귀먹지 않으셨다. 하나님은 이미 우리에게 하나님의 뜻을 명명백백하게 성경에 기록해 놓으셨다. 성경이 너무 가까이에 있고 너무 흔해서 그 귀중함을 깨닫지 못하는가?

갖가지 핑계를 대며 성경을 읽지 않은 사람은 하나님의 말씀을 무시하는 사람이다. 어느 분야에서 가장 인정받고 존경받는 사람이 나를 찾아와서 인생에 도움이 될 말을 직접 해 주었다고 생각해 보라. 그 사람이 한 말을 깨끗한 종이에 써서 책상 앞에 붙여놓고 매일 보면서 마음을 새롭게 하고, 틈만 나면 다른 사람에게 자랑하지 않겠는가? 그런데도 사람과는 비교할 수 없이 거룩하고 위대하신 하나님께서 직접 하신 말씀은 왜 뒷방 늙은이 취급하는가? 하나님은 말씀하신다. 성경 안에 하나님의 마음과 뜻이 다 들어있다고, 제발 성경 좀 읽으라고, 그래서 생명 길을 가라고 가슴을 치고 애통해하시며 우리에게 간절히 말씀하고 계신다.

말씀을 읽고 깨닫기 시작하면 나의 생활 전반의 습관을 돌아보게 된다. 내가 아무 생각 없이 허비하던 시간들이 아까워지기 시작한다. 하나님께서 세월을 아끼라고 하신 명령이 뇌리에 박히기 시작한다. TV 보는 시간, 수다 떠는 시간, 하릴없이 노닥대는 시간, 인터넷 접속하는 시간, 특별한 목적도 없이 시간만 낭비하는 친구들과의 모임, 심지어 잠자는 시간까지 아깝게 느껴진다. 왜냐하면 그 시간에 하나님의 말씀을 읽고 기도할 수 있기 때문이다.

내가 말씀 읽지 않고 기도하지 않았을 때는 위에 열거한 시간들이 없어서는 안 될 것 같았는데, 말씀에 눈을 뜨고 귀가 열리기 시작하면 그런 모든 시간들이 세월의 낭비였음을 깨닫게 된다. 그리고 그런 시간들이 하나님께 가까이 가지 못하게 하는 방해물이라는 사실을 알게 된다.

TV 보는 일을 한순간에 끊기는 너무나 힘이 든다. 벌써 수십 년을 TV에 길들여져 살았기 때문이다. 그 전파 전달 장치가 삶의 일부를 넘어서서 삶의 전부가 되어 버린 사람도 있을 것이다. 아침에 눈 뜨자마자 TV를 켜고, 외출했다가 들어오면 바로 켜고, 시간만 나면 수시로 보는 것이 너무나 강력한 습관이 되었는데 어찌 그것을 한 순간에 고칠 수 있겠는가? 거의 매일이다시피 만나 수다를 떨던 이웃들에게서 떨어져 나와 혼자만의 시간을 가진다는 생각은 마음에 큰 불안과 걱정을 안겨준다. 남들이 나를 뭐라고 생각할까? 나에 대해 험담하면 어쩌지?

하지만 우리가 알아야 할 것은 하나님의 마음이지 세상과 사람들의 생각이 아니다. 하나님의 마음을 모르면 나는 세상과 사람들에게 휘둘릴 수밖에 없다. 하나님의 뜻을 모르면 세상에서 옳다고 주장하는 방법을 따라 살 수밖에 없음을 알아야 한다.

우리는 하나님을 기쁘시게 하기 위해 사는 사람들이지 세상과 사람들의 비위를 맞추기 위해 사는 사람이 아님을 명심해야 한다. TV가 있어야 세상 돌아가는 물정을 알 수 있고, 유행에 뒤떨어지지 않을 수 있다고 사람들이 이구동성 떠들어대도 우리가 알아야 할 것은 세상 물정과 유행이 아니라 하나님의 뜻임을 마음에 새겨야 한다.

TV가 없어도 세상이 어떻게 돌아가는지 알 수 있는 통로는 많이 있다. 라디오나 신문, 주간지나 월간지도 있고, 책을 통해서도 더 깊은 지식을 터득할 수 있다. TV는 사람들이 주장하는 좋은 목적으로 쓰이는 경우보다 시간을 허비하게 하고 할 일을 제대로 하지 못하게 하는 장애물의 역할을 할 때가 훨씬 많다.

또 우리는 이웃들과의 모임도 조절해야 할 필요가 있다. 이웃들과 모여서 무슨 이야기를 주고받는지 내 자신의 모습을 더듬어보라. 모이는 횟수가 늘어날수록 유익하고 다양한 정보보다는 누군가를 험담하거나 부정적인 말이 자주 오고 간다는 사실을 알게 될 것이다.

하나님께서 우리에게 주신 귀한 시간을 우리는 죄짓는 데 사용할 때가 얼마나 많은가. 하나님의 말씀을 읽고 깨달으려면 지금까지 별 생각 없이 허비하던 시간을 재편성해서 유용하게 써야 한다. 내게 주어진 오늘 하루, 지금 이 시간은 하나님께서 나에게 주신 은혜이며 놀라운 복이다. 어제 죽은 사람에게는 오늘이란 시간이 허락되지 않는다. 그 은혜와 복을 남을 비난하고 욕하는데 쓰거나 TV 보는 데 쓴다면 우리는 배은망덕한 자가 된다. 하나님의 말씀을 알기 위해 힘쓰지 않는 사람이 게으른 자라는 사실을 우리는 잊어서는 안 된다.

게으름과 부지런함을 구별할 때 우리는 사람들의 관점이 아니라 하나님의 관점에서 판단해야 한다. 우리는 무슨 일이든 쉬지 않고 몸을 움직이면 부지런하다고 착각한다. 잠도 다른 사람보다 훨씬 덜 자고 무슨 일에 몰두하면 우리는 그런 사람을 열정적이고 부지런하다고 평가하기도 한다.

여기 축구에 재능이 있어서 축구선수가 되기로 작정한 사람이 있다. 그런데 그는 이미 축구선수가 되기로 결심했으면서 축구 연습에는 몰두하지 않고 다양한 경험을 해야 한다며 피아노도 잠깐 쳤다가, 농구도 해 봤다가, 골프도 쳐보고, 로봇도 조립해 보고, 음식 만들기를 시도하기도 했다. 한시도 몸을 쉬지 않고 그는 열심히 여러 가지 일을 했다. 이 사람이 부지런한가? 게으른가? 이 사람이 스스로는 뭔가를 부지런히 했다고 생각하겠지만, 코치나 감독의 입장에서는 이 모든 일들이 시간 낭비밖에 안 된다.

우리는 쉴 새 없이 우리 몸을 움직여 봉사하거나 교회 일을 하면 하나님께서 '충성된 종'이라고 칭찬하실 거라 착각한다. 하나님께서 우리를 이 땅에 보내주실 때는 우리 각자를 향한 목적이 있다. 하나님은

164

우리가 그 목적에 맞게 쓰이도록 우리에게 재능을 부어주셨다. 성인이 될 때까지 아니 그 이후에라도 자신의 재능이 무엇인지 찾는 것이 중요하다.

재능을 찾는 기간은 공부하는 기간과 일치한다. 재능을 찾기 위해서는 다양한 지식과 정보를 접해보아야 한다. 다양한 지식과 정보를 배우고 여러 가지 분야를 접해보면서 내가 무엇을 좋아하고 어떤 일을 하고 싶어 하는지를 파악해야 한다. 다른 사람에게는 지겹기 그지없는 일이 나에게는 즐거움이 되고 흥분이 되는 일이 분명 있을 것이다. 그런 일을 찾았으면 그에 대한 재능을 개발하는 데 최선을 다해야 한다.

하나님께서 주신 재능은 한 순간에 빛을 발하지 않는다. 부단한 노력과 시간을 들여 공들여 갈고 닦아야 재능이 제 빛을 찾아 눈부시게 빛나게 된다. 하나님의 인도와 능력의 바탕 위에 나의 의지와 노력으로 빛을 찾은 재능은 하나님께서 원하시는 때와 장소에서 쓰이게 된다. 나의 재능이 이렇게 발휘될 때 수많은 사람들에게 하나님의 영광을 드러낼 수 있는 것이다. 재능을 주신 분이 하나님이요, 그 재능을 키워주신 분도 하나님임을 세상과 사람들에게 드러내게 되는 것이다. 이것이 바로 하나님께서 우리를 이 땅에 보내주신 목적에 일치하게 사는 삶이다.

하나님의 목적에 맞게 살아야 우리는 '착하고 충성된 종'이라는 칭찬을 들을 수 있다. 하나님께서 주신 재능을 힘써 개발하고 그것으로 인해 성령의 열매를 많이 맺는 삶, 이 삶이 바로 하나님 보시기에 부지런한 삶이다. 한 달란트 받은 종은 그것을 헝겊으로 싸서 나무 밑에

묻었다가 나중에 주인이 돌아왔을 때 원금을 그대로 드렸다. 이 종에게 주인이 내린 평가는 '악하고 게으른 종'이었다.

하나님께서 주신 재능을 묻어두는 사람이 게으르고 악한 사람이다. 나는 어떤 사람인가? 재능을 파악하는 단계부터 헤매고 있지는 않은가? 재능은 많이 배워야 알 수 있다. 배움 자체를 기피하면서 나의 재능이 무엇인지 보여 달라고 하나님께 무작정 매달리고 있지는 않은가? 겸손한 마음으로 부지런히 배우려고 하는 사람에게 하나님은 길을 열어 주신다. 아무것도 모르면서 다 아는 척 하는 사람에게는 하나님께서 열어주시는 길이 보이지 않는다. 하나님께서 열어주시는 길을 최선을 다해 걸을 때 우리는 어느 순간 하나님께서 주신 재능을 마음껏 발휘하며 하나님께 영광 돌리는 삶을 사는 우리 자신을 발견하게 될 것이다.

이런 의미에서 부지런함과 착함은 일맥상통한다. 우리는 착함을 어떻게 이해하고 있는가? 착한 사람은 큰 소리 안 내고, 어떤 일이 생기든 특히 불의한 일도 묵묵히 참아내며, 상관이나 주위 사람들에게 피해 안 끼치고, 있는 듯 없는 듯 살아가는 사람인가? 우리는 보통 착한 사람을 바보 취급한다. 바보가 착한 사람의 전형이라 생각하는 사람들이 많다.

하지만 예수님의 관점은 우리의 생각과 매우 다르다. 다섯 달란트 받은 종과 두 달란트 받은 종에게 주인은 '착하고 충성된 종'이라 칭찬했다. 자신이 받은 달란트를 가지고 열심히 일해서 갑절로 남긴 그들에게 주어진 평가가 '착함'이었다. 하나님께서 내게 주신 재능을 열심히 개발해서 열매를 많이 남기는 사람이 착한 사람이다. 여기서 말하는 열매는 돈이 아니다. 사랑, 희락, 화평, 오래 참음, 온유, 자비, 양선, 충성, 절제라는 성령의 열매이다.

착한 사람은 하나님을 기쁘시게 하는 사람이다. 부모는 자식이 잘 될 때 가장 기뻐한다. 하나님께서 우리를 자녀 삼아 주시고, 우리 아빠가 되어 주셨다. 아버지는 우리가 재능을 부지런히 개발하고 열심히 배워서 어엿한 성인으로 자라 사회에서 쓸모 있는 사람이 되기 바라신다. 하나님은 우리가 아버지의 마음을 알고 그 뜻을 따라 하나님의 나라가 이 땅에 이루어지도록 힘쓰는 사람이 되기를 바라신다.

하나님께서 주신 무한한 재능을 묻어두고 개발하지 않으면 나는 악하고 게으른 종이다. 착한 사람은 하나님께서 이 땅에 보내주신 목적을 이루며 사는 사람이다. 우리는 세상의 관점에서 착한 사람이 하나님의 관점에서는 결코 착한 사람이 아님을 알아야 한다. 나는 지금 하나님께 착하고 충성된 종이라는 평가를 받을 수 있는지 나 자신의 모습을 깊이 성찰해 보아야 한다.

게으른 자는 다른 사람의 능력을 무시하고 감사할 줄 모른다. 자신의 일을 충실히 하지 않는 사람은 충실히 일하는 사람의 능력을 폄하한다. 자신은 온갖 잘못과 실수를 수도 없이 저지르면서 다른 사람의 조그만 실수에는 불같이 화를 내며 민감하게 반응한다. 공부를 열심히 해보지 않은 사람은 박사나 석사 학위를 딴 사람을 과소평가한다. 그들이 흘린 땀, 노력, 투자한 시간과 돈에는 아랑곳하지 않고, 그들의 능력을 오물처럼 여긴다. 그러다가 무슨 문제가 생기면 그런 능력을 가진 사람들에게 척추가 없는 연체동물처럼 굽실거린다.

목표를 정하고 그것을 이루기 위해 최선을 다해보지 않는 사람은 성공한 위치에 오른 사람들을 그저 운이 좋아서, 부모 잘 만나서 성공했다고 비하한다. 그러면서 자신은 운도 나쁘고, 돈 많은 부모도 없기 때문에 성공하지 못한다고 아무 노력도 시도도 하지 않는다.

운동 경기를 볼 때도 국가대표급 선수에게 욕을 퍼부으며 자기가 나가도 그것보다는 잘하겠다고 호언장담한다. 국가대표가 되기 위해 그 선수가 쏟은 땀과 뼈를 깎는 훈련과 들인 시간과 노력을 한순간에 묵살하고, 하찮은 인간으로 몰아간다. 이런 사람일수록 유명 연예인이나 운동선수가 가까이 지나가거나 사인을 해준다고 하면 물불 안 가리고 덤벼들 사람이다.

게으른 자는 모든 일에 불평불만이 많고 주어진 것에 감사할 줄 모른다. 그리고 항상 핑계를 대며 제 할 일을 안 하려고 한다. 게으른 자는 어리석게 되고 결국 악한 자가 된다. 게으른 자가 들어갈 천국은 없다.

말씀을 알아갈수록 우리는 게으름이 죄라는 사실을 깨닫는다. 우리가 게으른 만큼 하나님의 목적을 이룰 수 있는 시간이 자꾸 지연되기 때문이다. 게으르면 배우지 못하고, 배우지 못하면 능력을 키울 수 없다. 능력이 없으면 하나님께서 원하시는 자리에서 쓰임 받지 못한다. 하나님께서 원하시는 자리에서 쓰임 받지 못하면 우리는 하나님께 영광 돌릴 수 없다. 성도의 궁극적인 목적은 하나님을 영화롭게 하는 데 있음을 우리는 잘 알고 있다. 우리가 게을러서 하나님을 영화롭게 하지 못한다면 게으름이 우리 삶의 목적을 가로막는 죄임을 부인하지 못할 것이다. 하지만 우리는 게으름을 죄로 잘 인정하려 하지 않는다. 죄로 인정하지 않기 때문에 회개치 않고, 계속해서 게으른 생활을 이어나간다. 게으름을 합리화하고 핑계를 대며 변화하지 않으려고 버틴다. 그러나 회개하지 않고 변화하지 않으면 우리에게 영적 성장은 일어나지 않는다는 사실을 명심해야 한다. 태어나서 자라지 않는 아기는 부모를 근심케 할 뿐이다. 나는 하나님을 근심케 하는 사람인가, 하나님을 영화롭게 하는 사람인가?

우리가 정복해야 할 다섯 번째 성:
판단

우리는 누군가를 만났을 때 그 사람의 얼굴, 옷차림, 말투 등으로 그 사람이 어떤 사람이라고 쉽게 판단한다. 세상은 사람을 만났을 때 처음 10초가 가장 중요하다고 우리에게 세뇌시킨다. 그 10초의 인상을 좋게 만들기 위해 성형수술을 하고, 유명 브랜드 옷에 명품 가방을 메기도 한다. 피나는 훈련을 거쳐 사투리를 표준어로 바꾸기도 한다. 그 판단의 기준은 오로지 우리의 선입견과 고정관념이다. 세상과 사람이 수십 년 동안 꾸준히 강요하고 주입시켜온 사람 판단하는 방법을 우리는 아무런 여과 없이 그대로 받아들이고, 우리 삶에 그대로 적용한다. 그래서 아무런 근거도 없이 우리가 만나는 사람을 쉽게 판단하고 겪어 보지도 않았으면서 그 사람이 어떤 사람이라고 마음속에 새겨 넣는다.

한 번 우리 뇌에 박힌 생각은 수정하는 데 엄청난 시간이 걸리며, 올바르게 각인될 때까지는 훨씬 더 많은 세월이 걸린다. 야고보서는 사람들이 이와 같이 쉽게 판단하고 사람을 대하는 방식에 대해 엄히 경계하고 있다.

'만일 너희 회당에 금가락지를 끼고 아름다운 옷을 입은 사람이 들어오고 또 남루한 옷을 입은 사람이 들어올 때에 너희가 아름다운 옷을 입은 자를 눈여겨보고 말하되 여기 좋은 자리에 앉으소서 하고 또 가난한 자에게 말하되 너는 거기 서 있든지 내 발등상 아래에 앉으라 하면 너희끼리 서로 차별하며 악한 생각으로 판단하는 자가 되는 것이 아니냐.(약 2: 2~4)'

우리가 사람을 외모로 판단하면 우리는 곧 사람에 따라 차별하게 된다. 차별은 공평하신 하나님의 성품에 반대되는 행동이다. 우리가 사람을 판단하고 차별하는 행위는 악한 죄이다. 예수님은 우리가 판단하는 대로 판단을 받을 것이라고 하셨다. 내가 다른 사람에게 사용하는 판단의 잣대가 하나님께서 나를 판단하시는 잣대가 된다는 사실. 이 얼마나 무서운 사실인가!

또한 우리가 쉽게 저지르는 잘못된 판단 중 하나는 성도의 믿음에 대한 판단이다. 교회는 여러 가지 기준을 정해놓고 성도의 믿음을 판단한다. 교회 출석을 잘 한다든가, 헌금을 많이 낸다든가, 교회에서 봉사를 많이 하면 그 사람은 믿음이 좋다고 판단한다. 그래서 이런 기준에 어느 정도 충족되면 직분을 딸(?) 수 있다고 생각한다. 교회가 정한 기준에 충족하여 직분을 받은 사람은 그 직분이 높을수록(?) 어깨에 힘을 주고 목이 빳빳해진다. 교회가 판단한 자신의 믿음이 하나님의 평가와 일치할 것이라고 착각한다.

그러나 교회와 다른 교인들의 판단에 의해 세워진 믿음에는 구원의 확신이 없다는 사실을 아는가? 수십 년을 교회에서 직분을 갖고 일한 사람에게 천국에 들어갈 확신이 있는지, 성령님께서 함께 하심을 믿는지 물어보라. 아마 열에 아홉은 애매모호하고 확신 없는 대답을 할 것이다.

예수님은 '주여, 주여' 하는 자마다 다 천국에 들어가지 못한다고 분명히 말씀하셨다. 예수님의 이름으로 귀신을 내쫓고 병든 자를 고치는 이적을 행한 자들도 천국에 들어가지 못했다. 우리는 사람이 판단하는 믿음이 우리의 믿음이라는 착각에서 벗어나야 한다.

이제는 목회자나 교인들의 판단보다 하나님의 판단에 초점을 맞추어야 할 때이다. 하나님께서 나를 인정해주셔야 나는 진실 된 믿음의 소유자가 된다. 목회자나 교인들의 시선을 지나치게 의식하여 그들의 관점에서 믿음 있는 척 하는 자가 되지 말고 하나님께서 기뻐하시는 진정한 믿음의 소유자가 되어야 한다.

우리는 다른 사람의 일회적이나 단기간의 행동을 보고 그 사람을 판단하기도 한다. 어떤 상황에서 감정에 격한 사람을 접하면 그 사람은 다혈질적이고 성질을 잘 내는 사람이라 판단한다. 한 번의 실수나 잘못이 그 사람의 성격이나 고칠 수 없는 단점이라 생각하는 경우도 많다. 그래서 우리는 어떤 사람이 우리에게 잘못하거나 우리 주위의 사람들에게 실수를 하면 그 일을 두고두고 마음에 간직하며 잊지 않는다. 그 사실을 계속 곱씹으면서 그 사람을 상종 못 할 인간으로 구분하기도 한다. 누군가 우리가 저지른 한 번의 실수를 되새기며 나를 마주대하기도 싫은 인간으로 대한다면 마음이 어떻겠는가? 하나님은 판단 받지 않으려면 판단하지 말라고 하셨다. 다른 사람은 함부로 판단하고 그 판단에 따라 그 사람을 대하면서 다른 사람들이 우리를 올바르게 대하리라 기대하는가?

한 번의 잘못으로 감옥에 수감되었던 사람, 한 순간의 실수로 다른 사람의 생명을 해하거나 피해를 끼친 사람, 사면초가의 상황에서 어쩔 수 없이 잘못된 길을 선택한 사람, 본인의 의지와는 무관하게 분위기에 휩쓸려 죄를 지은 사람 이런 사람들이 자신의 잘못을 인정하고 바른 길을 가려고 노력할 때 우리는 그들이 지은 잘못을 잊어버려야 한다. 한 번의 잘못을 계속해서 되뇌며 그 사람을 정죄하면 안 된다. 하나님은 죄를 미워하라고 하셨지 사람을 미워하라고 하지 않으셨다.

죄를 버린 사람은 하나님께서 가장 기뻐하시는 사람이다. 죄의 길에서 돌이킨 사람을 우리의 판단대로 정죄하는 행위는 하나님의 마음에 어긋나는 행위이다. 하나님은 우리가 죄를 회개할 때 그 죄를 깨끗이 없애주시고 기억조차 하지 않으신다. 하나님께서 다 잊으신 죄를 우리가 들추어내어 지적하는 것은 월권이다. 판단은 하나님께서 하실 일이지 우리의 할 일이 아니다. 우리가 할 일은 판단이 아니라 사랑임을 잊지 말아야 한다.

판단은 종종 차별과 무시를 동반한다. 70평짜리 아파트에 사는 사람과 10평짜리 연립주택에 사는 사람, 1억 원짜리 고급 외제차를 모는 사람과 5백만 원짜리 경차를 모는 사람, 모피코트를 입은 사람과 만 원짜리 잠바를 입은 사람, 전교 1등 하는 자녀를 둔 부모와 꼴찌를 면치 못하는 자녀를 둔 부모, 대기업 회장과 이름도 없는 회사의 말단 직원, 상류층 출신에다 해외 명문대를 졸업한 사람과 시골 출신에다 정규학교도 제대로 졸업하지 못한 사람 이 들 중 누가 더 낫다고 생각하는가?

세상은 더 많이 가진 사람이 더 나은 사람이라 평가한다. 세상은 더 많이 가진 사람에게 더 후한 대접을 한다. 그래서 어디를 가든 겉모습이 으리으리하면 칙사 대접을 받고, 외모가 후줄근하면 무시를 당한다. 백화점에 한 번 가보라. 외모에 따라 직원들의 태도가 어떻게 변하는지 금방 알 수 있을 것이다.

사람을 소유로 판단하면 어떤 상황이든 사람이 모인 곳에는 차별이 따른다. 어떤 사람은 우러러보고, 어떤 사람은 무시한다. 학교에서는 학생이 받은 성적에 따라 대우가 달라진다. 미녀와 추녀는 어떤 얼굴을 가졌느냐에 따라 사람들이 그들을 대하는 태도가 하늘과 땅 차이다. 뚱뚱한 사람은 자신이 가진 몸매 때문에 영문도 모르는 무시를 당하기도 한다. 눈에 보이는 소유로 사람을 판단하는 행위는 하나님 보시기에 크나큰 죄다.

우리 모두는 하나님께서 지어주신 피조물이다. 하나님 보시기에 우리 한 사람 한 사람은 천하보다 귀한 존재이다. 우리의 가치는 이 세상 어떤 것보다 값지다. 우리가 돈을 얼마나 소유했든 어떤 얼굴을 가졌든 어떤 능력을 손에 넣었든 우리의 가치는 변하지 않는다.

하지만 세상은 소유가 바로 가치라고 세뇌시킨다. 더 많이 더 좋은 것을 가지면 가치가 올라간다고 착각하게 만든다. 이런 착각 때문에 많은 사람들이 더 넓은 집, 더 비싼 차, 더 좋은 직장, 더 높은 명예를 위해 치열하게 경쟁한다.

소유는 가치를 결정하지 못한다. 다이아몬드 원석이 고급 케이스에 담겨있든 허름한 자루 속에 담겨있든 그 가치가 변하지 않는 것과 같은 이치이다. 하지만 우리는 껍데기로 그 가치를 판단할 때가 얼마나 많은지……. 소유로 사람을 판단하는 것은 하나님의 관점에서 엄청난 죄임을 잊지 말아야 한다.

우리가 정복해야 할 여섯 번째 성:
교만

　교만이 무엇이라 생각하는가? 나의 잘남을 자랑하는 것인가? 다른 사람보다 나를 낮게 여기는 것인가? 그래서 다른 사람 무시하고, 자신이 최고라고 뻐기는 행동인가? 교만은 근본적으로 하나님을 의지하지 않는 모든 생각, 말, 행동이다. 하나님의 말씀을 생각하지 않고, 내 생각을 앞세우는 것이 교만이다. 아이성을 공격할 때 이스라엘 백성은 자기들 생각에 군사 3천 명만 있으면 거뜬히 그 성을 함락시킬 수 있다고 생각했다. 하나님을 의지하지 않고 하나님의 방법이 아닌 자신들의 생각으로 성을 공격했을 때 어떤 결과가 발생했는가? 삶을 살아가는 기준이 하나님의 말씀이 아니라면 교만한 삶을 살고 있는 것이다.

　교만한 삶의 가장 큰 특징은 삶의 중심이 나에게 있다는 사실이다. 선택의 기로에 섰을 때, 사람들을 만날 때, 말 한마디를 할 때, 순간순간 시간을 어떻게 보낼지 결정할 때, 생각 한 자락을 이어갈 때 이 모든 순간의 선택기준이 나의 생각이 된다. 누구를 만나고, 어떤 이야기를 하고, 어떻게 행동해야 할지를 결정하는 기준은 나의 생각과 그동안의 경험을 바탕으로 한다.

또는 세상이 주는 지식이나 정보, 기술에 근거하여 사람을 대하기도 한다. 혼자 있는 시간에는 생각이 나는 대로 그냥 방치한다. 생각에 생각이 꼬리를 물수록 걱정, 근심, 불안 등이 우리의 마음을 가득 채우는 경험을 자주 하게 된다. 그래서 내가 중심이 되는 삶을 사는 사람은 혼자 있는 시간을 좋아하지 않는다. 혼자 삶을 곰곰이 생각해 보는 시간을 잘 가지려 하지 않는다. 혼자 있으면 무섭고 불안하고 마음이 어지럽다.

또 내가 중심이 되는 삶의 특징은 사람들과의 관계가 원만하지 않다는 것이다. 내가 생각한대로 말하고 행동하기 때문에 내 입에서 실수가 자주 발생한다. 내 입에서 나도 모르게 가시 돋친 말이 튀어나가 다른 사람의 마음에 상처를 입히게 된다. 나의 말실수나 잘못된 행동은 다른 사람에게 피해를 입히고 그들과의 관계에 금이 가게 한다. 약간의 금은 시간이 흐르면 점점 그 틈이 더 벌어져 종내에는 회복할 수 없는 지경에 이르기도 한다. 내 방법으로 관계를 회복하려고 노력해 보지만 더 큰 오해를 불러 오는 경우도 종종 있다.

내가 삶의 중심이 되면 내 주위에는 적이 많다. 나를 고깝게 생각하거나 못마땅하게 생각하는 사람도 많아진다. 내가 삶의 중심이 되면 사람들과의 원만하지 못한 관계 때문에 고민하고 속을 끓이는 시간이 늘어나게 된다.

내가 중심이 되는 삶의 또 다른 특징은 비교의식에 사로잡힌다는 것이다. 삶의 기준이 나이기 때문에 나와 타인을 끊임없이 비교하게 된다. 어느 누구를 만나든, 어떤 상황에 처하든 모든 판단의 기준은 나 자신이 된다. 내 키보다 크면 키 큰 사람이고, 작으면 키 작은 사람이 된다. 나보다 몸집이 크면 뚱뚱한 사람이고, 적으면 마른 사람이다. 나보다 아는 것이 많으면 똑똑한 사람이고, 적으면 무식한 사람이다. 나보다 가진 것이 많거나 지위가 높으면 고개를 숙여야 하고, 쥐뿔도 가진 것이 없으면 무시해도 된다고 생각한다.

비교를 하다보면 쉽게 열등감에 빠지게 된다. 또는 우월감에 도취되기도 한다. 열등감에 빠져 자신을 한없이 비하하고 학대하며, 우월감에 들떠 다른 사람에 대한 무시를 아무렇지 않게 한다. 여기서 우리는 열등감도 우월감도 모두 교만에 근거한 죄라는 사실을 인정할 수밖에 없다. 삶의 중심이 내가 되면 나는 교만한 자다. 교만은 패망의 선봉이라고 성경은 명백히 밝히고 있다.

교만한 사람은 하나님께서 내게 주신 능력을 무시한다. 인간의 뇌는 능력이 무궁무진하다. 인간에게는 생각한 것은 모두 만들 수 있는 능력이 있다고 한다. 하나님은 우리가 생각한 것은 모두 이룰 수 있는 능력을 주셨다.

그런데 우리는 이 사실을 믿지 않는다. 내가 절실히 이루고 싶은 꿈이나 비전이 있어도 그것을 해낼 능력이 없다고 시도조차 하지 않는다. 돈도 없고, 지식도 없고, 학벌도 딸리고, 빽도 없다고 갖가지 핑계를 대며 꿈을 접는다.

꼭 꿈이 아니라도 지금 당장 해야 할 일, 맡겨진 일을 대할 때도 그것을 잘 해낼 자신이 없고, 능력이 없어서 못하겠다고 발뺌을 한다. 공부를 열심히 해보지 않은 학생은 자신은 원래 머리도 나쁘고 공부도 못하고 공부에 흥미도 없어서 성적이 그 모양이라고 핑계를 댄다. 살림을 충실히 하지 않는 주부는 자신은 원래 요리에도 소질이 없고,

정리정돈도 잘 못하며, 알뜰하게 사는 게 습관이 되지 않아서 집안이 엉망이라고 변명한다. 학생이 배울 수 있도록 여러 가지 방법을 개발하고 적용해보지 않은 교사는 요즘 아이들은 모두 집중력이 떨어지고, 선생 말을 듣지 않아서 잘 못 가르치는 것이라고 책임을 회피한다.

우리는 무엇 무엇 때문에 나는 못한다는 말을 자주 반복한다. 부모 말 안 듣는 자식 때문에, 협조 안 해주는 국민들 때문에, 부족한 재정 때문에, 사회 교육 문화 경제 정치 전반에 걸친 문제 때문에 우리는 못한다고 변명을 한다. 하지만 바울은 이렇게 고백했다.

'내게 능력 주시는 자 안에서 내가 모든 것을 할 수 있느니라.(빌 4:13)'

우리가 못하는 이유는 하나님이 아니라 내가 앞서기 때문이다. 하나님 안에서 우리에게 불가능한 일은 없다. 하나님은 전지전능하시기 때문이다. 교만은 하나님 안에 거하는 자유한 삶이 아니라 내 지식과 경험 안에 갇힌 삶이다. 교만은 하나님의 능력을 무시하고 나 자신을 아무것도 할 수 없는 무능력한 인간으로 평가하게 한다.

교만은 하나님께서 주시는 능력에 초점을 맞추기보다 지금 내가 가진 상황과 조건에 내 눈을 고정시키게 한다. 하나님 안에서 모든 일을 할 수 있다는 확신을 잃게 하고, 자신감을 무너뜨리는 것이 바로 교만이다. '나는 잘 못해요' 하면서 몸을 빼는 사람은 결코 겸손한 사람이 아니라는 사실. 이런 사람은 하나님이 보시기에 매우 교만한 사람이다. 하나님의 능력을 의지하지 않고, 나를 내세우기 때문이다.

겸손한 사람은 하나님의 능력 안에서 하나님께서 맡겨주신 일을 충실히 해 내는 사람이다. 하나님은 우리가 하나님의 일을 할 때 필요한 모든 것을 구하기만 하면 주신다고 약속하셨다. 또한 약한 자를 들어 쓰신다고 하셨다. 우리가 약하고 부족하기 때문에 하나님께서 우리를 쓰시려고 하는 것이다. 강하고 가진 것이 많은 사람을 쓰면 나중에 자기 덕으로 돌릴까봐 처음부터 약하고 무식한 우리를 하나님의 능력으로 채워 쓰시려는 하나님의 놀라운 의도! 그 거룩한 계획이 우리 안에 숨 쉬고 있다는 사실을 믿는가? 나를 앞세워서 하나님의 능력을 제한하거나 차단하는 어리석은 행동은 이제 그만하자.

교만은 근본적으로 하나님을 의지하지 않는 것이다. 사람은 기대야만 살 수 있는 존재이다. 사람 인(人) 자는 사람이 어떤 존재인지 잘 나타내고 있다. 혼자서는 설 수 없는 존재가 바로 사람이다. 사람에게는 누군가 기댈 존재가 필요하다. 그래서 부모에게 기대고, 자식에게 기대고, 아내나 남편에게 기댄다. 친구에게, 이웃에게, 직장동료나 상사에게, 권력자에게, 정치인에게, 기업체 사장에게, 목회자에게 기대기도 한다. 사람은 처음부터 기대면서 살도록 설계되었다.

그런데 사람에 대한 기대가 종종 우리에게 실망을 안겨준다. 자식에게 건 기대가 실망으로 돌아온다. 부모에게 바란 기대가, 아내나 남편에게 건 기대가, 형제나 자매를 향한 기대가, 이웃이나 동료에 대한 기대가, 상사나 사장에 대한 기대가, 정치인이나 유명인에 대한 기대가, 목회자나 종교 지도자에 대한 기대가 서서히 사그라지기도 하고 한 순간에 무너지기도 한다.

사람에 대한 기대는 실망을 가져온다. 실망은 분노를 낳고, 분노는 증오를 낳고, 증오는 포기를 낳는다. 사람에게 기대면 결국 우리에게 돌아오는 것은 실망과 좌절뿐이다. 그래서 사람들은 변하지 않는 신,

자신을 실망시키지 않는 신을 찾아 기대는 것이다.

하나님을 의지하기까지 우리는 사람을 의지할 수밖에 없다. 하나님의 관점에서 우리가 사람을 의지하는 것은 교만이다. 결코 변치 않는 진리이신 예수님이 나의 길과 생명이 되심을 명백히 밝히셨음에도 불구하고 우리가 눈에 보이는 사람을 좇아 살았기 때문이다. 하나님께서 명하신 생명 길을 가지 않고 멸망 길을 내 맘대로 걸었기 때문에 이는 크나큰 죄이며, 이것이 바로 교만이다. 하나님을 의지하지 않고 세상과 사람을 의지하는 것이 교만임을 한시도 잊지 말자.

우리가 정복해야 할 일곱 번째 성:
말

우리는 살면서 어떤 말을 얼마나 많이 할까? 우리가 한 말은 우리 삶에 어떤 영향을 끼치며 어떤 결과로 돌아올까? 잠언에는 사람이 하는 여러 가지 말들이 상세하게 나타난다. 사람을 살리는 말에는 지혜와 훈계와 법과 교훈과 책망이 있다. 또 정직한 말, 의로운 말, 선한 말, 슬기로운 말, 명철한 말 등이 있다.

반면 사람을 망하게 하는 말에는 꾀는 말, 거만한 말, 거짓말, 호리는 말, 구부러진 말, 삐뚤어진 말, 이간하는 말, 패역(인륜에 어긋나고 순리를 거스름)한 말, 떠드는 말, 중상(사실무근의 악명을 씌워 남의 명예를 손상시키는 일)하는 말, 멸시(업신여김, 몹시 낮추어 봄, 깔봄)하는 말, 한담(한가하게 서로 주고받는 이야기 또는 중요하지 않는 이야기, 잡담), 속이는 말, 미련한 말, 과격한 말, 지나친 말, 허물을 거듭하는 말, 다투는 말 등이 있다.

우리는 누군가를 만났을 때 어떤 말을 주로 하는가? 남의 허물을 들추어내어 반복해서 떠들고 다니지는 않는가? 한가하게 잡담을 나누면서 하나님께서 주신 시간을 낭비하고 있지는 않은가? 사람과 세상을 비난하면서 부정적이고 암울한 말을 하고 있지는 않은가? 싸우고,

고함치고, 거역하고, 헐뜯는 데 나의 입을 쉬지 않고 사용하고 있지는 않는가? 누군가를 속이고, 속은 사람을 멸시하고, 내가 잘났다고 거만하게 말한 적은 없는가? 근거도 없이 남의 이름을 더럽히고 그런 말 한 적 없다고 거짓말을 한 적은 없었는가?

성경은 우리가 죄라고 생각해보지도 않은 말을 죄라고 규정한다. 하나님께서는 입에서 나오는 말이 우리 인생을 결정한다고 말씀하고 계신다. '사람은 입에서 나오는 열매로 말미암아 배부르게 되나니 곧 그의 입술에서 나는 것으로 말미암아 만족하게 되느니라. 죽고 사는 것이 혀의 힘에 달렸나니 혀를 쓰기 좋아하는 자는 혀의 열매를 먹으리라.(잠 18:20~21)' 내가 하는 말이 인생의 삶과 죽음을 결정한다. 나는 죽음의 열매로 배를 채우고 있는가, 아니면 생명의 열매로 배를 채우고 있는가?

'입과 혀를 지키는 자는 자기의 영혼을 환난에서 보전하느니라.(잠 21:23)' 내 영혼을 살리는 길이 입과 혀를 지키는 데 있다. 그렇다면 우리가 어떻게 해야 앞에서 언급한 망하는 말을 하나도 하지 않을 수 있을까? 안타까운 일이지만 입단속을 할 능력이 우리 안에는 없다. 아무리 마음을 다잡고 다짐을 하고 손가락을 깨물며 결심을 해도 우리는 어느 순간 사망의 말을 하고 있는 우리의 모습을 발견한다. 친한 친구가 다른 친구 험담을 하면 나도 모르게 거기 가담하여 더 큰 소리로 열을 내고, 조금만 감정이 상하면 고함이 터져 나오고, 세상에 대해 부정적이고 비관적인 말을 술술 쏟아놓게 된다.

이와 같은 말들이 고장 난 수도꼭지에서 물 새듯 줄줄 나오는 이유는 우리가 성령에 사로잡히지 않았기 때문이다. 성령이 내 본성을 충만하게 덮을 때 우리는 본성의 모습이 아닌 성령의 모습으로 산다. 성령님이 나를 채우면 나는 사망의 말이 아닌 생명의 말을 한다. 성령이 충만히 나를 둘러 덮지 않으면 나는 언제 죄를 지을지 알 수 없다. 아니 죄를 짓고도 그것이 죄인지조차 깨닫지 못한다.

우리의 생명은 처음부터 하나님께서 주신 것임을 인정해야 한다. 생명이 내 것이라 생각하면 내 방법대로 생명을 대한다. 내 생명을 창조하시고, 나를 생명 길로 이끄시는 분이 하나님임을 인정할 때 하나님께 내 생명을 의탁하게 된다. 하나님의 방법이 아니면 나는 죽을 수밖에 없는 존재임을 인정할 때 하나님께 매달리고, 하나님만 의지하게 된다. 내 속에 있는 것으로는 생명 길을 갈 수 없다. 성령의 힘이 아니면 우리는 사망의 말을 시도 때도 없이 하고, 하나님께 불순종하고, 멸망 길로 달려가게 된다.

하나님의 마음에 합한 자라는 인정을 받았던 다윗도 입에 파수꾼을 세워달라고 하나님께 기도했다. 우리의 입에 성령의 파수꾼을 세워야 한다. 내 생각대로 내 감정대로 말하면 우리의 삶은 육신을 따라 본성을 따라 사는 삶이 된다. 예수님도 입으로 들어가는 것이 더러운 것이 아니라 입에서 나오는 것이 더러운 것이라고 말씀하셨다. 깨끗하고 거룩한 말을 할 수 있는 비결은 성령에 충만해지는 방법뿐이다.

우리가 한 말은 우리 삶에 어떤 영향을 미칠까? 가나안을 정탐하고 온 각 지파 지도자들의 보고를 들은 이스라엘 백성들은 '우리가 애굽 땅에서 죽었거나 이 광야에서 죽었으면 좋았을 것을 어찌하여 여호와가 우리를 그 땅으로 인도하여 칼에 쓰러지게 하려 하는가 우리 처자가 사로잡히리니 애굽으로 돌아가는 것이 낫지 아니하랴.(민 14:2하

~3)'라고 모세와 아론을 원망했다. 이 말을 들으신 하나님께서는 '너희 말이 내 귀에 들린 대로 내가 너희에게 행하리니 너희 시체가 이 광야에 엎드러질 것이라.(민 14:18하~19)' 라고 말씀하셨다. 우리가 한 말은 우리 삶에 그대로 실행된다. 우리의 말이 하나님의 귀에 들어가기 때문이다. '더워 죽겠다' '추워 죽겠다' '바빠 죽겠다' '미치겠다' '정신이 하나도 없다' '~때문에 못살겠다' '짜증난다' 라는 말을 우리는 입에 달고 산다. 이런 말들이 하나님의 귀에 들어가 그 말대로 우리 삶에 그대로 적용된다고 생각해보라. 우리가 '제정신으로' '사는' 날이 얼마나 될까?

우리가 날마다 죽을 맛인 인생을 꾸역꾸역 이끌어가는 이유는 우리가 한 말이 우리 인생에 그대로 적용되기 때문이다. 하나님은 우리가 이 땅에서 천국을 누리며 살기 원하신다. 하나님은 우리 입에서 천국의 말이 나오기를 바라신다. 화평의 말, 감사의 말, 기쁨의 말, 거룩한 말, 긍정적인 말, 격려의 말, 칭찬의 말이 나오기를 바라신다. 남에게 한 말이 내 인생에 그대로 적용된다는 진리를 깨닫고, 육의 말이 아닌 영의 말을 하며 살기 바라신다.

우리가 한 말 한마디 한마디는 하나님의 귀에 들어간다는 사실을 잊지 말자. 그 말이 우리 삶을 이루어가는 바탕이 된다는 사실. 이 사실을 깨달을 때 우리는 이제까지 멸망의 말로 쌓았던 견고한 진을 하나님의 방법으로 공격할 태세를 갖추게 된다. 내 입에서 어떤 말이 나가는지 깨닫기 시작할 때가 바로 그 견고한 진을 쳐부술 순간이다.

말의 진은 평생에 걸쳐 진멸해야 한다. 우리는 평생 말을 하며 살아야 하기 때문이다. 멸망의 말을 생명의 말로 바꾸어가는 영적 싸움은 우리가 육신의 장막을 벗을 때까지 계속해야 한다. 하나님께서 가르쳐주신 방법 안에서 성령의 능력으로 한 마디 한 마디 변화해 가다보면 우리는 하나님께서 기뻐하시는 거룩하고 정결한 말을 하게 될 것이다.

우리가 정복해야 할 여덟 번째 성:
걱정, 근심

우리가 매일 접하는 대중매체는 이 세상이 걱정할 일로만 가득 차 있다고 말하는 듯하다. 학교폭력, 따돌림, 납치, 강도, 살인, 강간, 테러, 전쟁, 환경오염, 질병, 기근, 지진, 해일, 폭염, 홍수, 정치비리, 경기불황, 각종 교육 관련 문제들, 주가폭락, 부동산 경기 침체, 불안한 세계정세 등 우리와 직간접적으로 관련된 걱정은 많고도 많다. 이런 외부적인 걱정이 아니더라도 나 자신의 문제, 가족 문제, 집안 문제, 인간관계에 관한 걱정들이 모든 사람들에게 산적해 있다. 말 안 듣는 자녀 때문에, 내 맘도 몰라주는 남편이나 아내 때문에, 한자리에 모이기 껄끄러운 시댁식구 때문에, 다가오는 명절 때문에……. 우리의 걱정거리는 한이 없다.

중·고등학교에 다니는 딸아이가 밤늦도록 들어오지 않으면 걱정의 크기는 태산을 넘는다. 모임에 나갈 때는 내 모습이 남들 눈에 어떻게 보일까 노심초사. 조금만 속이 거북해도 큰 병이 있는 것이 아닐까 지레 겁을 먹고 걱정을 앞당겨 하기도 한다.

가족 중 누구라도 귀가시간이 좀 늦으면 사고가 난 것은 아닐까? 흉흉한 세상, 무슨 일 당한 것은 아닐까? 걱정에 걱정이 꼬리를 문다. 우리는 걱정이 당연한 일상이라 생각한다. 다른 사람들도 다 하는 걱정이기 때문에 걱정이 죄라고는 털끝만큼도 생각하지 않는다.

그러나 하나님은 '주 안에서 항상 기뻐하라(빌 4:4)', '아무것도 염려하지 말고 다만 모든 일을 기도와 간구로 너희 구할 것을 감사함으로 하나님께 아뢰라(빌 4:6)'고 말씀하셨다. 죄는 하나님 말씀에 불순종하는 것이다. 하나님께서 아무것도 염려하지 말라고 하셨는데, 우리는 우리 생각에 걱정, 근심이 미덕인줄 알고 시도 때도 없이 염려한다.

우리 걱정뿐 아니라 남 걱정도 잘 한다. 걱정을 하는 동안 우리는 기뻐할 수가 없다. 걱정을 하게 되면 감사가 사라진다. 즐거움이 사라지고 평안이 사라진다. 내가 걱정을 하는 동안 범사에 감사하라고 하신 하나님의 말씀을 불순종하게 된다. 걱정, 근심은 죄라는 사실을 명심하자.

우리가 아무리 걱정을 해도 걱정이 우리 삶의 문제를 해결해 주지는 못한다. 출장 간 남편과 연락이 되지 않는다고 온갖 상상을 하며 걱정을 하는 것이 내 마음을 편하게 만들어주지는 못한다. 오히려 걱정을 하는 만큼 내 마음은 불안해지고, 뭔가 정체모를 어두움이 내 마음을 조여 온다. 집에 있어야 할 아내가 집에 없어서 드는 의심과 걱정, 이웃들이 나에 대해 험담을 하지 않을까 하는 걱정, 분위기에 휩쓸리지 않으면 학교에서건 직장에서건 따돌림을 당할 것이라는 걱정, 투자한 돈이 잘못되어 알거지가 되지 않을까 하는 걱정, 공부도 못하는 자식이 사회에 나가서 사람 구실도 제대로 못하면 어떡하나 하는 걱정, 가진 것도 없이 속수무책 늘어가는 나이와 노후에 대한 걱정, 몸에 덜컥 큰 병이라도 들면 어쩌지 하는 근거 없는 걱정, 심지어 천

재지변이나 큰 사고로 나와 가족이 한순간에 몰살당하면 어떡하나 하는 어처구니없는 걱정까지 우리는 걱정을 마음에 달고 산다. 그러나 우리가 하루 종일 걱정을 해도 이 문제들이 속 시원히 해결되지는 않는다.

걱정은 내가 미래를 어떻게 해 보려는 욕심과 착각에서 비롯된다. 우리는 우리가 한 치 앞도 내다볼 수 없는 존재이며, 내가 내 인생의 주인이 아니라는 사실을 자주 망각한다. 추수를 마치고 수확량이 너무 많아서 곳간을 크게 짓고 쾌락을 누리며 살리라 계획한 어리석은 부자에게 하나님께서는 '오늘 내가 네 생명을 취하리니, 네 쌓은 것이 뉘 것이 되겠느냐?'라고 물으셨다.

우리는 앞날을 기약할 수 없는 존재이다. 우리는 다른 사람의 마음이나 수명도 어찌할 수 없는 존재이다. 우리는 사람의 생명이 하나님 손에 달렸으며, 사람의 마음을 움직이는 능력이 하나님께만 있다는 사실을 인정하지 않는다. 그래서 내가 무언가를 해보려고 노력한다. 고민하고 걱정하고 근심한 끝에 나온 마음으로 인생을 설계하고 사람을 대한다. 이런 마음으로 혼자서도 걱정하고 모여서도 걱정한다.

하지만 하나님은 말씀하신다. 내일 걱정은 내일하라고, 오늘의 수고는 그날로 족하다고. 우리는 오늘을 사는 존재이지 내일을 사는 존재가 아니다. 우리는 오늘 하나님께서 맡겨주신 일을 감사하며 기쁜 마음으로 충실히 해야 행복한 존재이다. 우리가 내일의 걱정을 오늘로 끌어당겨서 하는 것은 하나님 보시기에 불순종이며 시간 낭비일 뿐이다. 걱정은 삶의 문제를 해결하는 것이 아니라 더 악화시킬 뿐이다.

걱정은 세상과 사람을 바라볼 때 온다. 하나님을 바라보지 않는 순간 우리는 세상을 바라보게 되어 있다. 하늘의 일을 생각하지 않으면 우리는 땅의 일을 생각할 수밖에 없다. 걱정은 땅의 일을 생각할 때 홍수처럼 밀려온다. 땅의 일을 생각할 때 걱정이 쌓이고, 근심이 늘고, 불안이 산을 이룬다.

하지만 하늘의 일을 생각하면 마음에 평안과 기쁨이 솟아난다. 하나님을 바라보고 그 분의 약속을 믿고 소망 가운데 살면 걱정은 흔적도 없이 사라진다. 내 삶을 책임지시고 나에게 가장 좋은 것으로 채우시는 하늘 아버지가 나와 함께 계신다는 사실을 믿는다면 어찌 걱정을 할 수 있겠는가? 사람들은 근심과 염려가 인생의 미덕이라 생각하지만 예수님을 믿는 그리스도인은 걱정, 근심이 죄라는 사실을 잊지 말아야 한다.

우리는 걱정거리가 생기면 세상 만물을 주관하시는 하나님께 맡겨야 한다. 하나님께 도움을 구해야 한다. 내가 할 수 없는 일을 하나님은 하실 수 있다. 나는 사람의 마음을 움직일 수 없지만, 하나님은 사람의 마음을 감동시키고 변화시키는 전문가시다.

내 힘으로 어찌해볼 도리가 없는 일을 만났을 때 우리가 해야 할 일은 걱정이 아니라 기도이다. 하나님께 지금 해결해야 할 일을 솔직하고 자세하게 아뢰고, 그 일을 해결할 방법을 달라고 기도해야 한다. 마음이 불안하면 평안을 달라고 기도하고, 사람 때문에 힘들면 그 사람과 관계를 개선할 방법을 달라고 기도해야 한다.

문제에 부딪칠 때 그 문제에만 초점을 두면 사태는 더 악화될 뿐이다. 문제를 만나면 하나님께 매달려야 한다. 하나님을 바라볼 때, 그 문제를 통해 나를 성장시키시려는 하나님의 계획이 깨달아진다. 하나님의 계획안에서 인내를 통해 그 고난을 통과하게 하시고, 고난을 통과한 후 나에게 주시려는 영광이 선명하게 드러나게 하신다.

하나님은 우리의 성장을 위해 여러 가지 경로와 모양을 통해 우리를 훈련시키시는데, 문제가 올 때마다 우리가 걱정만 하고 있다면 우리는 하나님의 소원을 이루어드릴 수 없게 된다. 걱정은 우리가 하나님께 가는 길을 막는 장애물이다. 그러나 걱정대신 기도를 하면 하나님께 더 빨리, 더 가까이 다가갈 수 있는 촉진제가 된다. 여기에 '쉬지 말고 기도하라' 는 말씀의 비밀이 숨어있다. 우리가 기도를 멈추는 순간, 세상과 사람에 대한 걱정이 우리를 점령한다는 사실! 걱정이 나를 삼키지 못하게 하는 비결은 성령 안에서 무시로 깨어 기도하는 방법뿐이다.

우리가 정복해야 할 아홉 번째 성:
불안, 두려움

걱정과 근심은 결국 불안과 두려움을 낳는다. 내가 무언가를 해 보겠다고 나설 때, 내가 할 일에 대해 걱정과 근심이 생기고, 해 놓은 일에 대해 불안감이 든다. 하나님의 방법이 아닌 내 방법으로 일을 처리하면 그 일에 대한 책임을 내가 져야 하기 때문에 마음이 불안해지는 것이다.

주인이 맡긴 심부름을 주인의 방법대로 수행한 종은 마음이 불안할 이유가 없다. 주인이 종에게 배를 한 척 살 돈을 주면서 배를 구입한 후 물고기를 잡아오라고 했다. 그런데 종이 보니 배를 살 돈으로 땅을 사서 과수원을 만드는 것이 수익성 면에서 훨씬 나을 것 같았다. 종은 주인의 돈으로 배를 사지 않고, 땅을 사서 과수원을 만들었다. 종은 주인이, 자신이 돈을 어떻게 썼는지 물을까봐 주인을 볼 때마다 마음이 불안했다. 과일 나무가 자라서 열매를 맺고 돈이 되는 날만을 기다리느라 잠도 잘 못자고, 밥도 잘 먹지 못했다. 종은 주인의 방법대로 돈을 쓰지 않고, 자신의 판단대로 썼기 때문에 마음이 편치가 않았다.

주인이 배를 사서 고기를 잡으라한 말속에는 오로지 고기를 잡아 돈을 만들려는 의도만 있었을까? 종이 주인의 말을 그대로 따르지 않은 이유는 돈이라는 결과만을 생각했기 때문이다. 주인은 종이 배를 타고 바다에 나가 물고기를 잡으면서 여러 가지 상황에 직면하여 어려움을 이겨내는 방법을 배우기 원한 것은 아닐까? 폭풍을 헤쳐 나가는 방법, 물고기의 이동 경로, 하늘의 기후를 읽는 방법, 잡은 물고기를 신선하게 운반하는 방법 등 배를 타면서 얻어야 할 지혜를 주인은 종이 얻기 바랐을 것이다. 하지만 종은 주인의 의도가 오로지 '돈 만들기'에만 있다고 오해했기 때문에 자신이 생각한대로 돈을 써버린 것이다.

구원을 대하는 우리의 태도도 여기 나온 종과 비슷하다. 하나님은 우리가 구원에 이르는 길을 단 한 가지만 주셨다. 바로 예수님을 믿고, 말씀에 순종하는 것이다. 그런데 우리는 이 방법이 수익성 면에서 좋지 않다고 생각하고 세상의 방법대로 살면서 구원을 얻으려고 한다. 오른손이 한 일을 왼손이 모르게 하라는 예수님의 말씀에 순종하기보다, 대대적으로 광고해서 사람들에게 인정받고 내 이름을 높이는 것이 더 나은 방법이라 생각한다. 손 대접하기를 힘쓰고 화목케 하는 직책을 충실히 수행하기보다, 일단 내 몸의 편함을 먼저 챙기고 별 생각 없이 다른 사람들의 사이를 이간질하거나 헐뜯기를 밥 먹듯 한다. 항상 기도하라 하신 하나님의 말씀을 따르기보다, 세상과 사람에 대한 걱정과 근심을 끊임없이 하는 것이 옳은 일이라 생각한다.

우리가 영적으로 성장하기를 바라시는 하나님의 소원에 초점을 두기보다, 세상과 사람이 주는 욕심을 따라 사는 것이 이상적인 삶이라 서로를 세뇌시킨다. 우리가 하나님의 방법이 아닌 우리의 방법대로 살기 때문에 마음이 불안하고 죽음이 두렵다는 사실을 아는가?

우리가 하나님의 방법대로 구원을 이루어 간다면 우리는 매 순간 평화와 기쁨을 누려야 한다. 하나님을 생각하면 감사가 넘치고, 행복감이 밀려 와야 한다. 내가 죽는 날이 바로 주님 만나는 날이란 사실을 아는가? 그렇다면 우리가 죽음을 두려워해야 할 이유가 어디에 있는가? 그런데도 우리는 여전히 불안해하고, 두려움에 몸을 떤다.

눈에 보여야 할 사람이 보이지 않을 때, 혼자 길을 가거나 집에 있을 때, 이웃에서 끔찍한 사건이 일어나거나 불길한 소문을 들었을 때, 자녀의 앞날이나 자신의 노후를 생각할 때, 투자한 돈을 생각할 때, 연세 많은 부모의 건강상태를 생각할 때, 나라가 돌아가는 모습을 바라볼 때 등 우리가 불안해지고 두려워질 수 있는 상황은 많고도 많다. 하다못해 공포영화를 한 편만 봐도 우리는 그 잔영을 오래도록 머릿속에 간직하면서 두려움의 밑바탕이 되도록 한다. 이런 우리에게 하나님께서는 이렇게 명령하셨다. '내가 네게 명령한 것이 아니냐. 강하고 담대하라. 두려워하지 말며 놀라지 말라. 네가 어디로 가든지 네 하나님 여호와가 너와 함께 하느니라 하시니라.(수 1:9)'

우리가 두려워하고 조그만 일에도 소스라치게 놀라는 이유는 하나님께서 나와 함께 계심을 믿지 않기 때문이다. 나와 함께 계시는 하나님께서 이 세상을 주관하시고 전지전능하신 분이란 사실을 믿지 않기 때문에 우리는 계속해서 불안해하고 두려움에 휩싸여 사는 것이다. 내 인생을 이끄시고, 성령의 보호막으로 나를 감싸주시며, 순간순간 나에게 가장 좋은 것을 주시는 주님이 내 하늘아버지임을 믿는다면 이 세상 것으로 불안하고 두려워질 이유가 없어진다.

'강하고 담대 하라. 두려워하지 말며 놀라지 말라.' 는 하나님의 말씀은 '정말 그랬으면 좋을 것 같은' 우리의 소원이 아니라 하나님의 강력한 명령임을 알아야 한다. 하나님은 우리를 군사로 불러주셨다는 사실을 아는가? 군인은 명령에 불복하면 살아남지 못한다.

우리가 느끼는 두려움 중에 가장 큰 것은 죽음에 대한 두려움일 것이다. 운전을 하다가 마주 오는 차와 정면으로 충돌하여 사망하는 장면을 우리는 모두 한두 번은 상상해 보았을 것이다. 빨래를 널다가 고층 아파트 베란다에서 떨어지는 장면, 등산을 하다가 낭떠러지에서 구르는 장면, 말기 암에 걸려 시한부 인생을 마감하는 장면, 물에 빠져 익사하는 장면, 심장마비를 일으켜 병원에 가기도 전에 숨지는 장면, 심지어 밥을 먹다가 기도가 막혀 호흡곤란을 겪다 사망하는 장면까지 우리는 일상 속에서 항상 죽음을 연관 지어 생각하며 우리가 언제 죽을지 모른다는 두려움을 안고 살아간다.

그렇다면 우리가 이토록 죽음을 두려워하며 살아가는 이유는 무엇인가? 그 이유는 내 안에 예수님이 안 계시기 때문이다. 예수님이 내 안에 없으면 나는 천국에 들어갈 수 없다. 내 안에 예수님이 계시고, 나에게 천국에 들어갈 확신이 있다면 죽는 그날이 인생 최고의 날이란 사실을 알게 된다.

이 땅에서 저 하늘로 주소 변경하는 날이 바로 죽는 날이다. 그날 나는 영광의 하나님을 뵙게 된다. 죄 많은 육신으로는 볼 수 없었던 하나님을 눈같이 깨끗한 영혼으로 만나는 날. 그날이 바로 죽는 날임을 안다면 우리는 죽음을 두려워할 필요가 없어진다.

그런데도 우리는 하나님을 믿지 않는 사람들과 똑같이 죽음을 두려워하고, 언제 죽을지 모른다는 불안감에 몸을 떨며 산다. 우리가 하나님께서 주신 방법, 즉 하나님의 말씀에 순종하며 산다면 우리에게 죽음은 두려움의 대상이 아니라 학수고대하는 날이 되어야 한다. 하나님께서 맡겨주신 일에 충성을 다하며 살다가, 그 분이 나를 부르시는 날, 육과 영이 분리되는 그날 나는 기뻐하며 주님을 만나게 된다. 그날 나는 내가 이 땅에서 행한 대로 칭찬받고 상급을 받게 된다. 오늘 지금 이 순간, 죽어서 하나님 앞에 선다면 나는 하나님께 칭찬 받을 것 같은가, 아니면 책망 들을 것 같은가?

두려움은 근본적으로 하나님을 생각하지 않기 때문에 생긴다. 하나님의 말씀이 내 안에 없기 때문에 나는 진리를 알지 못하고, 진리를 알지 못하면 마귀의 거짓에 휘둘리게 된다. 마귀는 여러 가지 통로를 통해 우리를 두렵게 하고, 불안하게 한다.

마귀가 우리를 이렇게 만드는 이유는 하나님이 아니라 세상을 의지하게 하기 위해서이다. 노후가 불안한 사람에게는 연금과 적금을 많이 들게 하고, 도둑이 틈탈까 무서워하는 사람에게는 첨단 경비 장치를 설치하고, 경비업체를 고용해 철벽같이 집을 지키게 한다. 건강에 대해 마음이 불안한 사람에게는 보험을 여러 개 드는 것이 최고의 대비책이라 생각하게 한다.

마귀가 이렇게 세상의 방법으로 미래를 준비하게 하면 우리는 문제가 생길 때마다 하나님을 바라보는 것이 아니라 세상의 방법에 의지하게 된다. 세상의 방법대로 모든 것을 준비하는 사람에게 하나님의 존재가 필요할 리 만무하다.

또한 마귀가 우리에게 심어주는 두려움 가운데 하나는 사람에 대한 두려움이다. 마귀는 우리가 서로를 두려워하게 만들어서 우리가 사람을 대할 때 마음 문을 닫게 한다. 타인에 대해 경계심과 거부감을 갖게 하고, 사람 사이에 불신을 심어준다. 이 세상에 믿을 사람은 아무도 없다고 우리를 세뇌시킨다. 그래서 자신과 자신의 가족만을 바라보며 살게 한다.

하나님은 이 땅에서 더불어 화목하게 살라고 우리를 지어주셨다. 하나님은 우리가 열린 마음으로 서로를 도우며, 세워주며, 기뻐하며 살기 바라신다. 두려움은 하나님의 관점이 아니라 세상과 사람의 관점으로 모든 것을 바라볼 때 생긴다는 사실을 잊어서는 안 된다.

우리가 점령해야 할 열 번째 성:
욕심

욕심은 내 손에 있는 것이 내 것이라는 생각에서 비롯된다. 내가 가진 것이 내 것이라는 생각이, 더 많이 소유하면 더 행복할 것이라는 착각을 불러일으킨다. 그래서 남에게 해를 입히면서까지 자신의 이익을 추구하기도 하고, 불법을 저지르면서 내 주머니 속에 부를 채우려고도 한다. 내가 남보다 조금이라도 손해를 본다고 느끼면 몹시도 억울해 하고 분에 겨워 참을 수 없는 지경에 이르기도 한다. 또 가진 것이 많을수록 남이 나를 좋게 볼 것이라 생각하기도 한다. 그래서 딱히 필요도 없는 물건을 사고, 도를 넘는 사치에 빠지기도 한다.

눈에 보이는 것으로 판단하는 세상의 기준에 맞추기 위해 즉, 다른 사람에게 기죽지 않기 위해 널따란 집을 사고, 외제차를 사고, 수천만 원짜리 코트를 입고, 수백만 원씩 들여 명품을 산다. 게다가 세상은 우리가 욕심이 많아야 잘 살 수 있다고 세뇌시킨다. 욕심이 없으면 아무것도 이룰 수 없다고, 원하는 것을 손에 넣을 수 없다고 말한다. 그래서 우리는 욕심이 좋은 것인 줄 알고 세상 사람들과 똑같이 욕심으로 우리 마음을 채운다.

문제는 아무리 욕심을 부려도 우리는 행복해지지 않는다는 사실이다. 오히려 욕심을 부릴수록 마음은 공허해지고, 각박해지고, 우울해진다. 움켜쥔 손에 힘을 줄수록 가난해진다고 성경은 말하고 있다. 돈을 사랑하는 것은 일만 악의 뿌리요, 돈을 사랑하는 자는 하나님을 사랑하지 않는 자라고 성경은 명시하고 있다.

예수님은 당시 사람들의 존경과 부러움의 대상이었던 바리새인과 율법학자들에게 하나님과 재물을 겸하여 섬길 수 없다고 말씀하셨다. 그들이 섬기는 것은 하나님이 아니라 세상의 돈이었다. 돈을 많이 가지면 사람들이 굽실거리고 부러워할지는 모르지만 하나님과는 점점 멀어진다. 예수님은 부자가 하늘나라에 들어가는 것은 낙타가 바늘귀로 들어가는 것보다 어렵다고 하셨다.

욕심이 죄가 되는 이유 중 하나는 욕심을 부리려면 정직을 버려야 하기 때문이다. 공금횡령, 세금포탈, 비자금 조성, 금융사기 및 각종 사기 등 자신이 일한 대가보다 더 많은 돈을 벌기위해서는 불법을 저질러야 한다. 이런 불법을 저지르면서 정직할 수는 없는 노릇이다. 정직이라는 차단막이 사라지면 그 다음에는 죄가 제집 드나들듯 기척도 없이 들어온다. 거짓말을 밥 먹듯 하게 되고, 권력자에게는 아부를, 힘없고 가난한 사람에게는 폭력을 쓰거나 업신여기게 된다. 불공정한 판결을 하거나 옳지 못한 판단을 하게 된다. 없는 사람들의 돈을 가로채거나, 훔치기도 한다.

욕심은 내 것이 아닌 것을 내 것이라 주장하거나 착각할 때 생긴다. 이 세상과 이 세상의 모든 것은 하나님의 것이다. 나는 잠깐 이 세상에 살면서 하나님의 것을 사용하다 가는 나그네다. 우리는 태어날 때 빈손으로 온 것처럼 이 세상을 떠날 때도 빈손으로 간다. 눈에 보이는 이 세상 것 중 하나라도 우리가 가져갈 수 있는 것은 없다. 우리는 다만 하나님께서 만드신 아름다운 세상을 누리며, 보전하며, 다스리며 살다가 하나님께서 부르시는 날 떠나면 그만이다. 그리고 이 세상에 사는 동안에는 하나님께서 주신 것으로 만족하며, 감사하며, 즐겁게 살아야 한다.

부모는 자식의 필요를 채우는 사람이다. 부모는 자녀가 올바른 일을 하는데 뜻을 두면 힘닿는 대로 도와주려고 애쓴다. 하나님께서 이 세상과 이 세상 모든 것의 주인이시라는 사실을 믿는가? 그리고 우리가 하나님의 택함 받은 자녀라는 사실을 믿는가? 우리가 하나님의 뜻을 이루려고 결심하고 애쓸 때 하나님은 우리의 모든 필요를 채워주신다. 욕심은 나의 이득만을 추구하고 나 혼자 잘 살려는 안간힘이지만, 하나님의 뜻에 합당한 간구는 나를 희생하여 많은 사람을 잘 살게 하려는 목적 있는 소망이다.

내가 지금 간절히 원하는 것은 욕심에 근거한 것인가, 아니면 하나님의 뜻을 이루려는 소망에 근거한 것인가? 그 원함이 나의 욕심을 채우기 위한 것이라면 하나님은 들어주시지 않는다. 욕심을 채워주면 더 큰 욕심을 부리게 되고, 그 욕심은 밑 빠진 독처럼 결코 채워질 수 없기 때문이다. 그래서 욕심을 부리는 사람은 항상 마음이 공허하고 불안하다. 아무리 부어도 채워지지 않기 때문이다.

욕심을 부리는 사람은 항상 돈 때문에 걱정을 한다. 통장에 현금이 두둑이 들어 있어도 언제 무슨 일이 터져서 그 돈이 한 순간에 날아갈지도 모른다는 불안감이 도사리고 있기 때문이다. 그래서 여러 가지 방법으로 분산 투자를 한다.

반면에 하나님의 소망을 이루며 사는 사람은 돈 걱정은 전혀 하지 않는다. 이 세상의 돈이 모두 하나님의 것이며, 그 돈이 하나님의 일을 하는 데 쓰일 적절한 시기에 하나님께서 반드시 채워주시리라 믿기 때문이다.

이 세상의 돈이 내 통장이나 내 호주머니에 있다고 자신의 것이라고 생각하는가? 내 손아귀에 있다고 내 것이라고 착각하지 말자. 나는 하나님의 것을 사용하는 사람일뿐이다. 하나님은 나에게 그 분의 돈을 맡기시고 그 돈을 지혜롭게 사용하는지 시험하신다. 부모를 공경하고, 형제를 돕고, 가난하고 어려운 이웃을 보살피라고 내게 맡겨주신 돈을 내 배 채우는 데만 쓰면 천국 문이 바늘귀처럼 좁아진다. 이 땅에서 누린 호화로운 생활 때문에 죽어서는 불구덩이에서 영원히 고통을 당해야 한다.

욕심이라는 견고한 진을 파하기 위해서는 먼저 하나님께서 내게 주신 은혜에 감사하는 마음을 가져야 한다. 부지런히 일할 수 있도록 몸의 건강을 주신 은혜, 올바른 이성과 명료한 정신으로 살게 하신 은혜, 일용할 양식을 주신 은혜, 가족을 주시고 쉴 곳을 주신 은혜, 보고 듣고 말할 수 있게 하신 은혜, 하나님을 찬양할 수 있도록 하신 은혜, 무엇보다 예수님을 믿고 하나님을 알도록 하신 은혜에 감사해야 한다.

죄의 노예에서 해방시켜 하나님의 자녀가 되게 하신 그 놀라운 은혜를 우리는 하루에, 아니 일주일에 몇 번이나 되새기는가? 예수님의 십자가가 나에게 어떤 의미인지 말로 고백해 본 적이 언제인가? 욕심의 크기는 세상을 바라볼수록 커지고, 하나님을 바라볼수록 작아진다. 대신 하나님을 바라볼수록 하늘의 소망이 커진다.

감사는 하나님께서 내게 주신 은혜가 족하다는 고백이다. 감사는 하나님께서 내게 이제까지 최고의 것을 주셨고, 또 앞으로도 가장 좋은 것으로 채우실 것이라는 믿음의 고백이다. 감사는 내가 지금까지 하나님의 은혜로 살았으며, 또 살아갈 것이라는 삶의 간증이다. 감사는 세상과 사람을 바라보면 흔적도 없이 사라지지만, 하나님께서 내게 주신 은혜를 생각하면 저절로 넘쳐난다. 욕심을 소망으로 바꾸는 비결은 나의 시선을 하나님께 맞추는 데 있다. 내 마음과 생각을 하나님께 고정시킬 때, 감사가 흘러넘치고 하늘의 소망으로 채워진다.

욕심을 깨뜨리는 두 번째 비결은 하나님께서 나의 형편과 사정을 모두 아시고 채워 주시리라 믿는 믿음에 있다. 하나님은 우리의 머리털까지 몇 개인지 아시는 분이다. 우리가 처한 상황과 여건이 어떠한지 하나님은 너무나 잘 알고 계신다.

참새 한 마리도 하나님의 허락이 없으면 땅에 떨어지지 않는다는 사실을 믿는가? 우리는 참새보다 훨씬 귀한 존재들이다. 그렇다면 하나님은 왜 우리의 기도에 즉각 응답하시지 않는 것처럼 보이는가? 지금 죽을 만큼 힘들고 고통스러운데 하나님은 왜 즉시 우리의 문제를 해결해 주시지 않는가?

선생님이 학생에게 어려운 숙제 하나를 내 주었다. 아이는 집에 와서 그 숙제를 풀려고 끙끙대면서 여러 가지 방법을 강구해 보았다. 보고 듣는 모든 것이 그 숙제와 관련되어 머릿속에 맴돌았다. 그러다 중요한 단서를 찾아 결국 그 숙제를 해낼 수 있었다. 만약 아이가 이런 과정을 거치지 않고 엄마나 아빠에게 대신 숙제를 해 달라고 했다면 어땠을까?

아이는 스스로 숙제하는 과정을 통해 생각의 크기가 자라고, 세상을 보는 관점이 넓어진다. 어려운 숙제를 마쳤을 때 아이가 느꼈을 성취감과 자신감을 생각해보라. 이와 같은 과정이 쌓일 때 아이는 폭넓은 사고의 소유자가 될 수 있고, 여러 상황에 적절하게 대처할 수 있으며, 이는 또한 인격의 성장으로 이어진다.

하나님께서 우리에게 원하시는 것은 단시간에 내놓는 답이 아니다. 우리에게 주어진 숙제를 통해 우리가 하나님의 숨겨진 의도와 뜻을 찾고, 하나님의 마음을 깨닫는 과정을 충분히 거치기를 바라신다. 내가 처한 형편은 하나님의 뜻을 알기 위한 숙제이다. 내가 겪는 고난은 하나님의 계획을 알기 위한 시험이다. 이 숙제와 시험의 답은 세상과 사람이 결코 줄 수 없다. 이는 오로지 하나님의 방법과 지혜로만 풀수 있다.

하나님은 우리가 이 고난을 통해 하나님께 더 가까이 나오기를 바라신다. 세상의 방법으로는 풀 수 없기 때문에 하나님을 의지할 수밖에 없다는 사실을 빨리 깨닫기 바라신다. 그래서 하나님의 보좌 앞에 담대히 나와 하나님께서 준비하신 복을 마음껏 누리기 원하신다.

우리 눈에는 고난이 고통이지만, 하나님의 관점에서는 말할 수 없는 은혜와 복이다. 내가 처한 상황과 형편이 하나님께 가까이 다가가는 지름길이라는 사실을 믿을 수 있겠는가? 이 사실을 믿는다면 나는 세상의 욕심이 아니라 하나님의 소망을 품은 거룩한 사람이 된다.

하나님께서 내가 처한 고난을 통해 하나님의 마음을 드러내기 원하신다는 사실을 알아야 한다. 하나님의 마음을 보여주시고, 그 계획을 깨닫게 하셔서 나를 생명의 길로 인도하시는 하나님의 놀라운 은혜를 믿고 받아들여야 한다. 이 은혜를 깨달을 때 나는 욕심대로 사는 사람이 아니라, 하나님의 뜻대로 사는 사람이 된다.

우리가 정복해야 할 열한 번째 성:
분노

인생을 살다보면 화날 일이 참으로 많다. 말 안 듣는 자식을 보면 화가 나고, 내 맘 몰라주는 가족들을 보면 화가 나고, 내 의견을 무시하거나 반대하는 사람을 만나면 화가 나고, 내 수고를 인정해주기는 고사하고 날마다 구박만 하는 상관 때문에 화가 나고, 나에게 피해를 끼치는 사람 때문에 화가 나고, 온갖 비리를 저지르면서도 철면피 같은 정치인들을 보면 화가 나고, 제 할 일도 제대로 못하면서 남에게는 완벽함을 바라는 사람들을 보면 화가 난다.

성도의 양육에는 신경도 쓰지 않으면서 교회의 물리적 확장에만 혈안이 된 목회자들을 보면 화가 나고, 겸손하라는 예수님의 말씀은 시궁창에 처박고 하늘 높은 줄 모르고 교만해지는 교회 직분자들을 보면 화가 나고, 사회적 지탄의 대상이 되고 있는 현시대 교회의 모습을 보면 화가 치솟는다.

요즘은 특히나 별것 아닌 말 한마디에도 쉽게 화를 내고 감정을 조절하지 못하는 사람들이 늘어나는 추세다. 길거리에서 사소하게 벌어진 말다툼 때문에 분을 품고 살인까지 저지르는 경우도 있고, 심지어 아무 이유 없이 오가는 사람들에게 칼이나 총을 휘두르는 사람들의 내면을 살펴보면 사회에 대한 분노가 적지 않게 쌓인 경우도 자주 접한다.

그렇다면 이토록 위험한 분노는 어디서 오는 것일까? 화를 내는 가장 근본적인 이유는 피해의식에 있다. 내가 자식을 위해 얼마나 고생하는데, 나 하고 싶은 일도 못하고 얼마나 많은 시간과 노력을 들여 가정을 꾸려나가는데, 내가 얼마나 골머리를 싸매며 작성한 기획안인데, 내 피 같은 세금으로 위정자들이 뒷주머니를 채우다니, 나를 속이고 내 돈을 딴 데로 빼돌려? 이런 피해의식이 우리를 분노하게 한다. 어느 누구도 나에게 관심을 보이지 않고, 나를 무시한다고 생각하는 사람들의 마음에는 그 피해의식의 크기가 너무 커서 눈길 한번으로도 충분히 그들을 화나게 할 수 있다.

피해의식은 내가 남보다 훨씬 더 수고하는데도 아무도 인정해주지 않는다는 생각에서 비롯된다. 나는 다른 사람에 비해 가진 것이 없다는 비교의식에서 나오기도 한다. 힘들고 어려운데 아무도 나를 위로해주지 않고, 내 아픔을 공감해주지 않는다는 생각이 피해의식을 키운다.

피해의식이 깊은 사람은 다른 사람이 나에게 조금이라도 손해를 끼치거나 내가 피해를 본 것 같으면 불같이 화를 내며 못 견뎌한다. 언성을 높이고 싸워서 반드시 손해를 보상받아야 직성이 풀린다. 사소한 말 한마디, 눈길 한 번에 화가 나서 기분이 상하면 몹쓸 짓까지 불사하는 것이 이들의 특징이다.

그렇다면 피해의식은 어디서 오는 것일까? 이는 자신에 대한 실망, 내 주위 사람들에 대한 실망, 사회에 대한 실망이 겹치고 겹친 데서 온다. 이 중 피해의식의 최대 원인은 자신에 대한 실망이다. 이는 외적인 실망보다는 내적인 실망이 큰 비중을 차지하는데, 나는 아무것도 할 수 없는 존재라는 생각이 자신에 대해 계속해서 실망하게 만든다. 어떤 일에 대한 시도도 거의 하지 않으며, 새로운 사실이나 정보를 받아들이기를 거부하거나 몹시 어려워한다. 나는 못난 사람이라는 잘못된 생각을 마음 저 깊이 깔아놓고, 누구를 만나든, 어떤 일을 대하든 이런 생각을 바탕으로 행동한다.

우리는 여기서 분노가 내가 가진 생각에서 비롯된다는 사실을 알게 된다. 내가 어떤 생각을 하느냐에 따라 나에 대해 실망하고, 피해의식을 키우고, 쉽게 분을 내는 사람으로 만들어가는 것이다. 앞서 언급했듯이 우리는 생각을 방치해선 안 된다. 생각이 흘러가는 대로 그냥 두면 우리는 하나님 말씀에 반대되는 생각으로 가득 찬다. 우리의 본성에 따라 드는 생각은 모두 악하고 더럽고 무질서하다. 생각이 우리의 습관과 인격을 형성하는 기본 요소임을 우리는 잊지 말아야 한다.

화가 나면 우리는 어떻게 행동하는가? 먼저 화가 난 대상에게 소리를 지른다. 눈을 흘기고, 욕을 하고, 폭력을 행사하기도 한다. 내가 내는 화를 정당화하거나 하소연하기 위해, 또는 다른 사람의 공감을 얻기 위해 내가 화내는 대상을 다른 사람에게 헐뜯기도 한다. 부부싸움으로 마음에 쌓인 화를 며칠씩 가슴에 담아놓고 서로에게 차가운 눈초리를 보내면서 말조차 섞지 않는 경우도 있다. 누군가와의 싸움 후에 풀지 못한 분노가 몇 년씩 지속되기도 한다.

버리지 못한 분노를 가슴에 쌓아 놓고, 수시로 화를 내면서 자신이 화를 빨리 버리지 않는 이유는 자존심이 강하기 때문이라 착각한다.

자존심이 강하기 때문에 다른 사람에게 고개를 숙이거나 잘못했다고 말하는 것은 용납할 수 없다고 변명을 한다.

마음속에 분을 가득 담고 있는 것이 자존심이 강한 것인가? 버리지 않은 화 때문에 다른 사람의 마음에 날카로운 상처를 입히고 화목하기를 꺼려 하는 마음이 옳다고 생각하는가? 예수님은 해가 지도록 마음에 분을 품지 말라고 하셨다. 마음에 분을 품고 있으면 마귀가 틈탈 기회를 주는 것이라고 하셨다. 화를 버리지 않고 마음에 담아 두는 것은 예수님 말씀에 대한 불순종일 뿐이다.

화를 내는 동안 우리는 즐거울 수 없다. 화를 내면서 동시에 행복할 수 없는 것이 우리의 모습이다. 마음에 화를 담고 있으면 하나님께서 주시는 기쁨을 담을 공간이 없어진다. 화는 하나님의 말씀에 불순종하게 하는 일등공신이다. 우리가 화를 내는 순간 항상 기뻐하라고 하신 주님의 말씀을 어기게 된다.

화를 내면 우리의 얼굴은 일그러지고 어두워진다. 길을 가면서 사람들의 얼굴을 유심히 살펴보라. 그 사람이 평소에 가장 자주 가지는 감정이 얼굴에 드러난다. 나는 어떤 얼굴의 소유자인가? 우리가 예수님의 말씀에 순종하는 사람이라면 우리의 얼굴에서는 기쁨과 감사가 흘러나와야 한다. 범사에 감사하고, 항상 기뻐하는 삶은 권장사항이 아닌 주님의 명령이다.

화는 정신이나 마음에만 영향을 미치는 것이 아님을 알아야 한다. 화를 내고 스트레스가 쌓이면 그 증상이 곧 몸의 병으로 나타난다. 연구결과에 따르면 최신 의료기기로 아무리 검사를 해도 원인을 알 수 없는 병을 앓는 사람이 늘어나고 있다고 한다. 하나님께서는 분을 품으면 뼈가 썩는다고 말씀하셨다.

상대방이 아무리 큰 잘못을 우리에게 저질렀다 해도 그 일 때문에 우리가 분을 품으면 우리만 손해다. 그 분노 때문에 우리의 뼈가 썩는 지경에 이르기 때문이다. 분을 품지 않고 빨리 풀어버리는 것은 다른 사람을 위해서가 아니다. 이는 하나님께서 우리를 너무 사랑하셔서 우리가 병드는 것을 막으려고 내리신 명령이다. 하나님은 우리가 이 땅에서 천국을 경험하며 행복하게 살기를 바라신다. 병든 몸과 마음으로 행복하게 살 수는 없는 법이다.

그렇다면 어떻게 화를 내지 않을 수 있을까? 안타깝지만, 화를 내지 않는 것은 불가능하다. 하나님도 분노하신다. 하지만 하나님은 오래오래 참으신 후에 즉 우리에게 돌이킬 기회를 수도 없이 주신 후에 분노하신다. 우리도 화가 날 때 하나님의 본을 따라야 한다.

오래 참는 것은 사랑의 가장 큰 특징이다. 화가 난다고 즉시 그 화를 쏟아 놓아서는 안 된다. 내 감정에 따라 올라오는 말, 마음을 거치지 않고 입에서 내쏟는 말은 참지 못한 말이다. 참는 것은 부단한 훈련의 결과이다. 바울은 '인내는 연단을, 연단은 소망을 이룬다' 고 했다.

화를 참으면 화병이 된다고 세상 사람들은 말한다. 그래서 화는 모두 방출해야 한다고 말한다. 맞는 말이다. 문제는 그 화를 어떻게 방출하느냐이다. 내 속에서 올라온 화는 대부분 사람과 상황에 대한 것이다. 그러나 우리는 분노의 방출 대상을 사람으로 정해선 안 된다. 사람에게 화를 내면 상황은 점점 더 나빠진다. 그러면 화는 더 많이 쌓이고, 사람 사이의 관계는 더 악화된다.

화가 나면 하나님께 내 마음 상태를 그대로 쏟아보라. 유치하거나 치사하게 보일지 모르지만, 나를 화나게 한 사람의 행동을 하나님께 고자질해도 괜찮다. 내 속에서 올라오는 대로 하나도 숨기지 않고 하나님께 화를 쏟아놓을 때 하나님의 잔잔한 목소리가 나를 위로한다는 사실을 느끼게 된다.

처음에는 화를 주체하기가 힘들어 아무 소리도 안 들린다. 화가 난 순간에 하나님을 찾기란 쉽지 않다. 하지만 하나님 찾기는 훈련이란 사실을 명심해야 한다. 훈련은 하면 할수록 더 잘하게 되는 것이다. 처음에는 화를 열 번 내는 동안 하나님을 한 번만 찾았다면 두 번째, 세 번째는 자꾸 하나님을 더 자주 찾는 훈련을 해야 한다. 하나님께서 지금 이 상황에 나와 함께 계시며 나의 마음을 알아주신다는 믿음이 우리를 참을 수 있게 한다.

우리는 아무도 나의 마음을 알아주지 않는다고 생각할 때 못 참고 화를 낼 때가 많다. 화를 내서라도 내 마음을 표현하기 위해서이다. 하지만 나의 마음을 하나님께서 모두 알아주시고, 내 편이 되어 주시는 하나님께서 나와 함께 하신다는 사실을 믿으면 우리 마음에 억울함이 많이 사라진다.

화가 날 때마다 하나님을 찾으면 나중에는 화를 내야 할 상황에 화가 나지 않는 기적이 일어난다. 오히려 나를 화나게 한 상대방의 마음을 이해하고 헤아리려는 마음이 생긴다. 화를 다스릴 수 있는 능력은 하나님 찾기에서 비롯된다는 사실을 잊지 말아야 한다.

여기서 중요한 것은 나를 위로하시는 하나님의 음성은 하나님의 말씀을 깨달은 만큼만 들린다는 사실이다. 하나님의 말씀을 깨닫지 않으면 하나님께서 나에게 속삭이는 위로의 음성이 들리지 않게 된다.

이는 우리가 평소에 하나님의 말씀으로 단단히 무장되어 있어야 함을 뜻한다.

하나님의 말씀으로 내 생각이 채워져 있지 않으면 화가 나는 순간에 아버지의 음성을 들을 수가 없다. 화가 치밀어 오를 때 가까스로 하나님을 찾았다 해도 하나님께서 뭐라고 말씀하시는지 들을 수 없다면 그 화를 누그러뜨리기는 어렵다.

하나님의 음성은 성령님께서 내게 깨닫게 해 주신 말씀의 분량만큼만 들린다는 사실을 알아야 한다. 평소에는 성경을 하찮은 돌덩이 보듯 하다가 무슨 일이 닥쳐서 하나님을 찾는다고 아버지의 음성이 들릴 것이라고 생각하면 오산이다. 죄의 유혹을 이길 수 있는 힘은 하나님의 말씀이 내 속에 얼마나 가득 차 있느냐에 달려있다. 화내고, 눈흘기고, 고함치고, 욕하고, 헐뜯고, 남을 아프게 하는 행위는 모두 죄다. 이 같은 죄를 저지르지 않을 수 있는 힘은 하나님 말씀을 깨달음에 있다.

성령 안에 거하는 사람은 온유하고 오래 참는다. 오래 참음은 사랑의 가장 큰 특성이고, 하나님은 곧 사랑이라는 사실을 알아야 한다. 내가 화내지 않고 참았다면 사람을 사랑한 것이고, 하나님께서 내 안에 거하신다는 증거이다. 하나님께서 우리를 오래 참아주셨듯이 우리도 오래 참는 훈련을 해야 한다. 하나님의 위로의 음성을 들으면서.

그런데도 어쩔 수 없이 화를 냈다면 화를 빨리 마음에서 털어버려야 한다. 해가 지도록 분을 품지 말라고 하신 예수님의 말씀은 우리가 용서를 생활화해야 함을 뜻한다. 베드로가 예수님께 물었다. '형제가 잘못했을 때 몇 번까지 용서해 주면 좋아요? 일곱 번 정도면 되겠지

요?' 예수님은 일곱 번씩 일흔 번이라도 용서해 주라고 하셨다.

용서는 남을 위해서 하는 것이 아니다. 나를 위해서 하는 것이다. 분을 품고 잠자리에 들어보라. 마음이 어지럽고, 온갖 악한 생각이 든다. 분한 마음으로 상대방을 생각하면 미움과 증오가 찾아들고, 저주하고 싶은 마음이 생긴다. 이런 악한 생각들이 내 마음을 채우면 잠도 들지 못하고 계속 뒤척이게 된다. 겨우 새벽이 다 되어서 잠이 들었다 해도 마음 편하게 깊은 잠을 잘 수가 없다.

아침에 일어나면 잠을 잔 것 같지도 않은 피곤한 몸을 이끌고 하루를 시작해야 한다. 하루를 무겁고 착잡한 마음으로 시작하고, 또 다시 고개를 드는 분노 때문에 해야 할 일에 몰두하지도 못한다. 집중력을 발휘하지 못한 일의 결과가 좋을 리 만무하다.

내 마음에 분이 쌓여 있으면 다른 사람과의 관계도 좋지 못하다. 내 말 어딘가에 가시가 돋치고, 짜증이 묻어난다. 그러면 그 말을 듣는 사람들이 나를 좋아하겠는가? 내 속에 화가 쌓이면 나도 모르는 사이에 다른 사람의 자존심을 자극하고, 마음에 상처를 입히는 말을 하게 된다. 그러면 자주 싸움이나 말다툼이 일어난다.

자! 이제 우리가 왜 용서를 생활화하고 분을 품지 말아야 하는지 그 이유를 알겠는가? 마음에 분을 품고 있는 동안 우리는 하나님께서 약속하신 평안을 누리지 못한다. 하늘의 기쁨과 즐거움이 나와는 별개의 복이 된다. 하나님께서 우리가 이 땅에서 누리기를 바라시는 천국이 지옥으로 바뀌는 것이다. 용서를 생활화하면 마음속에서 화를 버리는 시간이 점점 짧아진다. 처음에는 며칠씩 가던 화가 하나님과 대화하며 부단히 훈련하면 몇 분 만에 사라지거나 아예 화가 나지 않는 놀라운 기적을 체험한다. 그러면 하나님께서 약속하신 평안의 삶을 계속 이어갈 수 있는 것이다. 하늘의 기쁨과 즐거움이 나의 삶에서 흘러넘친다. 이 땅에서 천국을 누리며 행복하게 사는 사람이 된다.

우리가 정복해야 할 열두 번째 성: 시기, 질투

성경에는 의로운 사람을 심하게 질투하다가 완전히 망한 사람들이 여럿 등장한다. 예수님을 시기한 바리새인과 사두개인들은 예수님을 십자가에 못 박고, 그 후 수천 년을 예수님의 피 값에 대한 책임을 져야 하는 저주를 받았다. 다니엘을 시기했던 다리오 왕의 신하들은 다니엘을 없애려고 잔머리를 굴리다가 그들과 그 가족까지 사자 밥이 되는 비참한 최후를 맞아야 했다. 모세의 자리를 탐내고, 하나님과 이야기하는 모세를 질투하여 대든 고라, 다단, 아비람과 이스라엘 지도자 250명은 그들을 포함한 가족과 재산까지 땅속으로 일순간에 삼켜지는 결말을 맞았다. 요셉을 시기한 형들은 요셉을 애굽에 팔아넘기고 수십 년 동안 죄책감속에 살아야 했으며, 요셉이 자신들을 어떻게 하지나 않을까 두려움에 떨어야 했다.

시기와 질투는 다른 사람의 훌륭함을 인정하지 않으려는 태도에서 기인한다. 모든 사람에게는 장점과 단점이 있다. 각 사람에게는 잘하는 일과 못하는 일이 반드시 있게 마련이다. 이는 하나님의 창조의 섭리이다. 잘 할 수 있는 일로는 다른 사람을 돕고, 잘 못하는 일은 다른 사람의 도움을 받아 협력하며 살아가라는 하나님의 뜻이다.

그런데 우리는 누군가 우리보다 뭔가를 더 잘하면 그 사람에게 주신 하나님의 재능을 칭찬하기보다 질투한다. 다른 사람의 능력을 인정하기보다 시기하는 마음이 먼저 든다. 그 사람을 인정하고 칭찬하기보다 시기하고 질투하는 마음이 들면 그 사람의 능력을 다른 사람에게 하찮은 것으로 보이게 하려는 데 안간힘을 쓴다. 그 사람의 부족한 점이나 단점을 내세워 그의 장점도 별것 아닌 것이나 쓰레기로 둔갑시키려고 한다.

이와 같은 사례는 우리 주위에서 얼마든지 찾아볼 수 있다. 그 사람의 업적이나 성과는 땅속에 묻어두고, 하찮은 잘못이나 실수를 극대화하여 그를 몹쓸 인간으로 만드는 정치에 관련된 모든 행태, 유명인의 사소한 소문을 꼬투리 잡아 사람 자체를 수장시키는 연예계 풍습과 그에 휘둘리는 사람들, 아무 잘못도 없는 사람에 대해 출신이나 외모를 빌미삼아 험담하거나 비하하면서 올리는 인터넷 댓글들, 같이 공부하던 친구를 죽음으로까지 몰고 가는 모바일 문자나 온라인상의 폭언들 등 이와 같은 옳지 못한 행동들은 대부분 시기와 질투가 밑바탕이 된다.

사람들은 나보다 못난 사람보다 나보다 잘난 사람을 시기한다. 누군가 나보다 다른 사람에게 인정받고 인기가 더 있다고 생각하면 질투심이 생긴다. 그의 장점을 북돋우고, 나의 장점을 개발하여 더 나은 세상을 만들어 가려하기보다 그 사람의 장점을 가치 없는 것으로 만들고, 내 장점은 개발할 생각도 하지 않으면서 같이 망하려고 한다.

사람들은 다른 사람의 가치를 떨어뜨리면 자신의 가치가 올라가는 줄 안다. 다른 사람의 실수나 부족한 점을 크게 부풀려 떠들어대면 나

214

는 그런 실수는 눈곱만큼도 안하고 부족한 점이 하나도 없는 사람으로 보이리라 착각한다. 그래서 내가 그보다 더 나은 사람으로 보일 것이라 생각한다. 내가 다른 사람보다 더 낫게 보이려는 시도는 그 사람이 받는 인정과 칭찬을 빼앗고 싶은 질투심의 발로이다.

하지만 이런 시도는 별 효과가 없다. 내가 아무리 그 사람의 장점을 하찮게 말하고, 쓰레기 취급해도 그 재능이 내 것이 되지는 않기 때문이다. 내가 다른 사람의 장점을 인정하지 않은 한 나는 그 사람에게 도움을 받을 수 없다. 시기심에 가득 차서 다른 사람에 대해 나쁜 말을 하고 다니면 그 사람과 적이 될 수밖에 없다. 이유도 없이 나에 대해 나쁘게 말하는 사람과 어떻게 친하게 지낼 수 있겠는가?

시기와 질투가 우리 마음에 자주 일어나는 것은 경쟁을 조장하고 합리화하는 이 세상의 경영방식 때문이다. 세상은 우리가 경쟁에서 살아남아야 승리할 수 있다고 세뇌시킨다. 혹독하게 경쟁을 시켜야만 학교도, 회사도, 국가도 살아남는다고 채찍을 휘두른다.

그러나 이는 하나님의 관점에 매우 어긋나는 방법이다. 하나님은 우리에게 각자의 은사를 주셨다. 각 사람에게 꼭 맞는 재능을 주셨다. 하나님은 한 사람에게 모든 재능을 다 주지 않으셨다. 이는 우리가 각각의 재능을 개발하여 서로가 서로를 도와야 잘 살 수 있음을 뜻하는 것이다.

우리는 경쟁자가 아닌 동역자로 이 땅에 태어났다. 서로의 부족함을 채우며 서로를 도와야 살 수 있는 존재로 하나님께서 우리를 만드셨다는 사실! 이 사실을 믿어야 우리 주위에 뭔가를 잘 하는 사람이 나를 돕는 동역자로 보이기 시작한다. 저 사람을 통해 나의 재능을 개발할 수 있는 길을 주시는 하나님의 계획이 깨달아지기 시작한다.

이 놀라운 사실이 깨달아지기 시작하면 내 주위의 모든 사람이 복의 통로로 보인다. 그에게 있는 재능이 나의 재능과 합하여 하나님의 뜻을 이루는 귀한 기회가 된다는 사실! 이 사실을 깨닫게 되면 마음에 질투나 시기는 흔적도 없이 사라진다. 그저 그가 내 옆에 있어서 감사한 마음이 든다. 하나님께서 우리가 서로를 위해 만나게 하시고, 함께할 수 있는 기회를 주셨음에 감격할 수밖에 없다.

자신이 잘하는 일이 다른 사람의 재능보다 하찮다거나 또는 우월하다고 생각하는 것은 하나님 보시기에 죄다. 하나님께서는 우리에게 서로 비교하라고 재능을 주신 것이 아니기 때문이다. 재능은 서로를 건강하게 세우는 데 쓰라고 주신 것이다.

성경은 교회를 예수님의 몸에 비유한다. 몸은 수백 수천 가지 기능을 하는 작은 부분들로 이루어져 있다. 눈, 코, 손, 발처럼 겉으로 드러나게 일하는 부분이 있는가 하면 간, 폐, 쓸개, 창자처럼 눈에 보이지는 않지만 없어서는 안 되는 부분도 있다. 이 작은 부분들이 제 기능을 다할 때 몸은 비로소 건강하게 생명을 유지해 나갈 수 있는 것이다. 이 부분들 중 하나라도 제 기능을 다하지 않으면 온몸이 아픔을 느껴야 하고 병이 든다.

우리는 하나로 연결되어 있음을 알아야 한다. 다른 기능이 부럽다고 그 기능을 내가 대신 할 수는 없다. 발톱의 역할을 해야 할 사람이 심장이 부럽다고 심장의 역할을 감당할 수는 없는 노릇이다. 하나님께서 내게 맡겨주신 역할을 충실히 할 때 나로 인해 온몸이 아픔을 느끼지 않고, 건강하게 살아가게 된다. 이는 교회 안에서만 적용되는 진리가 아니다.

하나님은 우리를 더불어 사는 존재로 만들어 주셨다. 사회에서 내 역할을 충실히 할 때 그 사회가 건강해진다. 다른 사람이 가진 재능이나 능력을 부러워하며 질투하다 보면 하나님께서 나에게 주신 재능에 관심을 기울이지 못하게 된다. 다른 사람이 하는 일이 부럽다고 내 재능과 무관한 일을 하려고 하면 나에게 오는 것은 성취감이 아니라 좌절감이다. 저 사람은 잘하는데 나는 왜 못하지? 하는 자괴감이 든다.

중요한 것은 먼저 하나님께서 내게 주신 재능을 찾는 것이다. 내가 잘하는 일, 좋아하는 일, 꼭 하고 싶은 일, 생각만 해도 가슴 뛰는 일을 찾아야 한다. 그 일이 바로 나의 재능과 직결되어 있음을 믿어야 한다.

숨은 재능을 찾았으면 그것을 능력으로 만들 때까지 훈련을 통해 부단히 갈고 닦아야 한다. 돌에 박힌 금은 풀무질을 해야 불순물이 제거되고 순금으로 정제된다. 순금이 되는 과정은 오랜 연단과 모진 고난이 필요하지만, 일단 순금이 되면 그 가치는 원석과는 비교할 수 없을 만큼 높아진다. 원석은 사용할 수 있는 곳이 없지만, 순금은 수없이 많은 곳에서 유용하게 쓰일 수 있다.

순금으로 변화되는 과정은 남의 재능을 부러워한다고 이루어지지 않는다. 오로지 하나님께서 나에게 주신 달란트를 가지고 충실하게 일해야 한다. 그래야 마지막 날에 '착하고 충성된 종'이란 칭찬을 듣고 주님이 마련하신 천국잔치에 참여할 수 있는 것이다.

우리가 정복해야 할 열세 번째 성:
외식, 위선, 이중잣대

'외식하는 자들아! 독사의 자식들아!' 이런 말을 들으면 누가 떠오르는가? 예수님 당시 바리새인과 율법학자들이 떠오를 것이다. 예수님은 이 사람들을 왜 그렇게 평가하셨을까? 이들은 일단 사회에서 기득권을 가진 사람들이었다. 바리새파는 율법의 정통성을 주장하면서 율법을 엄격하게 지킨다는 의미에서 다른 사람들보다 우월하다는 생각에 사로잡혀 있었다. 이들은 모세의 율법을 완벽하게 지켜야 구원에 이를 수 있다고 믿었다.

문제는 모세의 율법을 율법학자들의 잘못된 해석으로 하나님의 법이 아닌 사람의 법으로 만들었다는 것이다. 사람을 자유하게 하는 율법이 아니라, 점점 자유를 속박하고 정죄하고 옭아매는 율법으로 둔갑시켜 버렸다. 그들은 율법을 오용하거나 남용해서 과부의 재산을 빼앗고, 고아의 권리를 빼앗는 데 사용했다. 자신의 죄는 아랑곳하지 않고, 다른 사람의 죄를 판결하고 목숨을 빼앗는 데 율법을 사용했다.

간음하다 현장에서 붙잡혀 온 여인을 기억하는가? 서기관들과 바리새인들이 이 여자를 끌고 와서 모세의 율법에는 이런 여자는 돌로 치라고 했는데 예수님은 어떻게 할 거냐고 물으며 예수님을 고발할 조건을 만들고자 했다. 이 대목에서 뭔가 이상한 점을 알아채지 못했는가? 현장에서 간음하다 잡혔으면 분명 여자와 남자가 있어야 하는데 남자는 간데없고, 사회적 약자인 여자만 끌려왔다.

예수님은 땅에 뭔가를 쓰셨다. 어떻게 할 거냐고 독촉하는 사람들의 질문에 '너희 중에 죄 없는 자가 먼저 돌로 치라'고 하시고는 다시 손가락으로 땅에 쓰셨다. 예수님께서 뭐라고 쓰셨을 것 같은가? 예수님은 그들의 위선과 외식과 이중잣대에 대해 비통해 하셨을 것이다. 자신들은 그 여인보다 더 더럽고 악한 죄를 눈썹 하나 까딱 안하고 저지르면서, 힘없고 무능하다는 이유로 율법을 내세우며 죄를 덮어 씌워 사람의 생명을 빼앗는 그들의 죄를 예수님은 통탄해하셨을 것이다.

바리새인들은 눈에 보이는 것만 잘하면 만사형통이라 생각했다. 십일조 잘 내고, 금식도 자주 하고, 율법에 나온 의식들을 잘 지키면 정통성을 유지하고 구원받을 자격이 충분하다고 생각했다. 그들은 눈에 보이는 것만 잘 하면 하나님께 인정받는다고 생각했다. 구제할 때는 나팔을 불어 다른 사람들이 자기를 모두 칭송하도록 만들었다. 안식일을 거룩하게 지킨다는 명목으로 행해지는 모든 의식들을 다른 사람 정죄하는 데 사용했다. 입으로, 마음으로 다른 사람을 비난하고, 욕하고, 죽일 궁리를 하면서 자신은 안식일을 거룩하게 지킨다고 생각했다. 그들은 속과 겉이 완전히 딴판인 사람들이었다.

바리새인과 서기관, 율법학자들을 보면 화가 나는가? 그들의 모습이 곧 우리의 모습이라는 사실을 우리는 인정해야 한다. 한주동안 우리는 위선으로 살아간다. 속으로는 다른 사람을 욕하고, 비웃고, 비난하면서 겉으로는 위해주는 척, 걱정하는 척 한다. 실생활은 게으름으로 일관하면서 남에게 보일 때는 바쁜 척, 부지런한 척 한다. 남이 볼 때는 열심히 하는 척하고 주위에 아무도 없으면 헤이해지기는 시간문제다. 주일, 교회에서는 경건한 척, 거룩한 척 하지만, 가정에 돌아오면 거룩이라고는 눈을 씻고 찾아봐도 없다.

내가 얻을 것이 있고, 가진 것이 많은 사람에게는 상냥하고 친절하게 대하지만, 나한테 얻으러 오거나 쥐뿔도 가진 것이 없는 사람에게는 냉담하고 모질게 군다. 인기 있는 사람에게는 아무런 이유가 없어도 상냥하게 대하고, 따돌림을 당하는 사람은 무시하거나 기피한다. 기득권에게 유리한 법은 일사천리로 통과되고, 소외계층을 위한 법은 가도 가도 오리무중이다. 재력을 가진 사람들에게는 더 많은 혜택을 주면서 이익을 남기도록 하고, 빈손으로 일하는 사람들에게는 그나마 가진 것도 빼앗는다. 뇌물을 써서라도 자신의 이익을 부당하게 챙기려고 하는 사람들은 자신의 행동으로 다른 사람이 얼마나 피해를 봐야 하는지는 생각조차 하지 않는다.

하나님은 공평한 저울과 되를 사용하라고 말씀하셨다. 이는 나와 다른 사람의 판단 기준이 동일해야 함을 뜻한다. 똑같은 상황에 부딪혔을 때 우리는 남과 나를 같은 기준으로 판단하는가? 우리가 해야 할 일을 하지 못했을 때, 나는 바빠서 하지 못한 것이고, 남은 게을러서 하지 못했다고 한다. 밤에 잘 때 자신이 코를 골면 피곤해서 그런 것이고, 남이 코를 골면 버릇이 더러워서라고 한다. 자신이 약속시간에 늦으면 피치 못할 사정이 있어서라고 핑계를 대며 대수롭지 않다고 생각하지만, 남이 약속시간에 늦으면 시간 개념도 없는 사람이라고 몰아붙인다.

220

자신이 한 실수는 그럴 수도 있다고 슬쩍 넘어가지만, 남이 실수를 하면 몇 번씩이나 들춰내서 지적하고 비난한다. 내가 한 잘못은 빨리 잊어버리려고 애를 쓰지만, 남이 한 잘못은 두고두고 기억하며 그 사람을 볼 때마다 떠올리고 다른 사람에게 퍼뜨린다. 내가 말을 많이 하면 말 잘하는 것이고, 다른 사람이 말을 많이 하면 수다스러운 것이다. 내가 말을 안 하면 과묵, 신중한 것이고, 다른 사람이 말을 안 하면 존재감도 없는 인간이라 한다. 내가 성공하면 피땀 흘린 결과라 하고, 남이 성공하면 운이 좋아서 또는 배경이 든든해서라 한다. 내가 하는 수고는 하늘만큼 인정받기 바라고, 남이 하는 수고는 발톱의 때로 여긴다. 내가 화내는 것은 인간적이면서도 합리적인 것이고, 남이 화내면 감정 조절도 못하는 인간 취급을 한다. 내가 병에 걸리면 너무 무리하게 일을 해서 그렇고, 남이 병들면 약해 빠져서라고 한다. 내가 무언가를 모르면 '너는 다 아냐' 고 큰소리치면서 자신의 모름을 정당화하지만, 남이 모르면 무식한 인간이라 비웃는다. 우리는 항상 자신에게는 너무 관대하고, 남에게는 혹독하리만치 엄격하다. 그런데도 누군가 우리의 잘못을 지적하면 입에 거품을 물고 따지고 대든다. '너는 얼마나 잘 하냐' 고 반문하면서 우리의 잘못을 고치려 들지 않는다. 우리가 나와 남을 판단할 때 이토록 다른 기준을 사용하는 것은 하나님 보시기에 가증스러운 죄다.

우리 행동의 판단 기준은 하나님의 말씀이 되어야 한다. 우리가 이중잣대를 사용하지 않을 수 있는 유일한 비결은 성경을 우리의 잣대로 삼는 것이다. 말씀에 순종하면 우리는 위선과 외식에서 먼 생활을 할 수 있다. 말씀이 우리 삶의 기준이 되면 현실을 직시할 수 있는 통찰력이 생긴다. 이는 어떤 상황에 부딪혔을 때 내 감정, 내 생각이 아니라 하나님의 말씀에 비춰보는 능력을 뜻한다. 하나님의 말씀으로 그 상황과 사람을 비춰보면 내가 취할 수 있는 최선의 행동이 무엇인지 알게 된다. 말씀에 근거해서 나온 행동은 반드시 하나님을 기쁘시게 한다. 하지만 감정과 선입견에서 나온 행동은 성령을 근심케 한다.

위대한 학자들이 몇 십 년을 연구한 끝에 내 놓은 논리적이며 합리적인 이론이나 학설도 우리 삶의 기준이 되지 못한다. 당장은 사람이 만든 논리가 과학적이며 입증 가능한 진리처럼 보여도 짧게는 수 년, 길게는 수백 년이 흐른 후 그 논리가 뒤집힌다는 사실을 우리는 자주 접한다. 우리 삶의 기준은 수천 년 동안 지켜온 전통도 아니고, 사람들이 당연하다고 믿는 미신도 아니다. 유명한 사람들의 명언도 아니고, 조상들의 지혜가 담긴 격언도 아니다. 대중 매체에서 강요하는 어그러진 세상의 기준은 더더구나 아니다.

우리가 하나님 앞에서 거룩하고 깨끗하게 살 수 있는 비결이 성경 안에 있다. 하나님의 말씀을 알면 말씀 속에 숨겨져 있는 하나님의 마음을 깨닫게 된다. 그 마음을 깨닫게 되면 세상의 관점으로 판단하던 모든 일들을 하나님의 관점으로 바라보게 된다. 하나님은 오류가 없으신 분이다. 우리가 오류 없는 인생, 깨끗한 인생을 살기 위해서는 하나님의 관점에 합당한 삶을 살아야 한다.

우리가 정복해야 할 열네 번째 성:
무지

거의 모든 사람이 자신이 무식하다는 사실을 인정하기 싫어한다. 지식과 지혜의 깊이가 얕은 사람일수록 무식하다는 말에 민감하게 반응하면서 불같이 화를 낸다. 또한 이런 사람일수록 배움에 대한 기피 현상의 수위가 높다. 새로운 사실이나 정보를 접하면 부정적인 반응을 보이면서 자신이 가진 부분 지식—그나마도 옳지 않을 때가 대부분이지만—을 완전한 것인 양 큰소리로 주장한다. 다른 사람의 말은 들어볼 필요도 없다고 생각하고, 자신의 생각을 다른 사람에게 강요한다.

이런 사람들은 다른 사람의 말에 귀 기울이면 자신이 모른다는 사실이 탄로 날 것이라 생각한다. 그래서 막무가내로 자신의 목소리에 힘을 주는 것이다. 무식하다는 소리에 민감한 것은 거의 모든 사람이 예외가 없지만, 어떤 분야의 전문직 종사자들은 특히 더 그렇다. 판사, 검사, 의사, 변호사, 교사 등의 직업을 가진 사람들은 자신이 무식하다는 사실을 좀처럼 인정하지 않으려 한다.

판사는 자신이 법에 관한 모든 지식을 소유한 사람처럼 행동한다. 의사는 환자의 증상을 모두 꿰뚫어 보고, 완벽한 처방을 내린다고 생각한다. 교사는 자신이 모르는 것을 학생이 물었을 때, 알지 못해도 아는 것처럼 얼버무린다. 그래서 이런 전문직 종사자들은 사후에 문제가 생겨도 자신의 잘못을 절대 인정하지 않는 특징이 있다. 잘못을 인정하는 것은 자신이 몰랐음을 인정하는 것과 마찬가지이기 때문이다. 특히나 이런 사람들은 자신의 전공 분야 이외의 모든 다른 분야도 자신이 두루 잘 아는 것처럼 행동한다. 그래야 사회적 지위와 체면이 유지된다고 생각한다.

모른다는 사실이 부끄러운 것인가? 정말 부끄러운 것은 모르면서도 아는 척하는 행동이 아닐까? 우리는 모든 것을 다 알지 못한다. 그래서 배움이 필요한 것이다. 내가 모른다는 사실을 인정해야 배울 수 있다. 다 안다고 큰소리치는 사람은 실제로는 아무것도 모를 공산이 크다. 공부 못하는 학생들은 공부할 게 없다고 말한다. 자신이 무엇을 모르는지 감도 못 잡기 때문이다.

내가 무엇을 모르는지를 알아야 삶을 가치 있게 이끌어가는 배움을 시작할 수 있다. 우리는 보통 공부는 학교에 가서나 하는 것이고, 정규 교육과정이 끝나면 더 이상 하지 않아도 되는 것이라 생각한다. 공부는 꿈을 이루기 위해 하는 것이란 등식을 정해놓고, 나이가 들면 꿈과는 별 관계가 없기 때문에 공부는 하지 않아도 된다고 착각한다. 그래서 올바른 지식을 배우려고 하지 않고, 여기저기서 주워들은 지식을 자신의 생각인 양 떠들고, 근거도 없는 지식들로 선입견을 만들어간다.

모르는 것을 모른다고 솔직하게 인정할 때에야 비로소 우리는 배울 수 있다. 잘 모를 때는 입을 다물고, 남의 말에 귀를 기울여야 한다. 아무것도 모르면서 아는 척하면 올바른 지식이나 정보가 내 귀에 들어오지 않는다. 우리가 사는 현시대의 특징 중 하나는 초등학생부터 성인에 이르기까지 배움을 지겨워하고 싫어한다는 것이다. 공부를 세상에서 가장 힘든 중노동으로 생각한다. 그래서 학교 성적이 좋으면 최고의 대우를 받기도 한다.

배움이란 무엇일까? 배움은 생각에 생각을 더하는 것이다. 한 가지 새로운 사실을 접하면 그것은 왜 그런 것인지 곰곰이 생각해 보는 과정에서 배움은 이루어진다. 생각은 하나님께서 인간에게만 주신 특권이다.

동물은 생각할 줄 모른다. 일부 동물학자들은 동물도 생각을 한다고 주장하지만, 그들은 본능과 훈련에 의해 행동하는 것이지 창조적인 생각을 할 수 있는 것은 아니다. 만약 동물이 인간처럼 생각할 줄 안다면 오늘날 인간이 누리는 문명을 그들도 탄생시켰을 것이다.

생각에 생각을 더하면 놀라운 일이 발생한다. 새로운 깨달음이 샘솟듯 솟아난다. 모든 위대한 사람들은 생각에 생각을 거듭한 사람들이다. 그런데 요즘 사람들은 생각하기를 싫어한다. 조금만 생각할 일이 생겨도 귀찮아하고, 머리 굴리기를 싫어한다. 자신이 생각하지 않아도 내 생각을 대신해 줄 기계들이 우리 주위에는 즐비하다. 뭔가 모르는 문제를 만나면 인터넷 검색을 하거나 스마트폰으로 즉각 해결할 수 있다. 자판 몇 개만 두드리면 굳이 생각하지 않아도 궁금증은 재빨리 풀린다.

우리는 학교에서 가르쳐 주는 지식을 머릿속에 암기하고 있으면 배웠다고 생각하지만, 이는 진정한 배움이 아니다. 진정한 배움은 새로운 사실에 대해 깊이 생각하고 숙성의 시간을 거쳐 나만의 지식으로 만드는 과정을 거쳐야 일어난다. 이 과정에서 전에 배운 사실과 나의 지식을 통합하게 되고 지식의 크기가 점점 넓어진다. 또한 이 과정을 거치다 보면 모르는 부분, 알고 싶은 부분이 새로이 생겨난다. 새로운 궁금증과 호기심을 가지면 배움이 즐거워진다. 그것을 해결하는 것은 남이 시켜서 억지로 하는 중노동이 아니라, 내 안의 배움의 욕구를 충족하는 일이기 때문에 놀라운 기쁨이 된다.

우리가 배움을 고통으로 생각하는 것은 생각할 수 있는 기회를 박탈당했거나, 그 기회를 스스로 버렸기 때문이다. 특히 아이들을 양육할 때 우리는 검증된 방법과 길을 아이들에게 강요한다. 이 길로 가면 우리가 말하는 성공을 가장 확실하게 이룰 수 있다고 아이들의 머리에 세뇌시키면서 아이들에게서 생각의 기회를 빼앗는다. '너는 아무생각하지 말고 엄마, 아빠가 하라는 대로만 해! 그러면 성공할 수 있어.' 우리 아이들은 아무 생각 없이 거의 20년을 자란다. 스스로 고민하고, 깊이 생각해 볼 기회를 거의 가지지 못한 채 몸만 어른이 되어 버린다.

스스로 생각해 보지 않은 아이들은 생각할 줄을 모른다. 대학생이 되고, 직장인이 되어서도 자신의 길을 스스로 개척하려고 하지 않고 부모에게 기대는 것을 당연하게 여긴다. 그들은 몸만 성인일 뿐, 마음과 정신은 아직도 유아기나 아동기 수준에 머물러 있다. 그러면서 아무 생각 없이 행동하는 아이들을 향해 기성세대들은 한숨짓고, 비난한다.

누가 우리 아이들을 이렇게 만들었는가? 아이들에게 생각할 기회를 누가 빼앗아 갔는가? 아이가 태어나서 한 사람의 완전한 인간이 되기 위해 반드시 생각하는 과정을 거쳐야 한다. 스스로 고민하고 시행착오를 겪으면서 생각이 자라고, 마음이 자란다. 기성세대들은 아이들이 고생하는 것을 안쓰러워하지만, 진짜 안타까운 사실은 고생 한번 안 해보고 자란 아이들에게는 아무런 희망이 없다는 사실이다.

물질적인 풍족함은 가난한 자의 마음과 형편을 돌아보지 못하게 하는 걸림돌이다. 금지옥엽 귀한 대접만 받고 자란 아이들은 항상 받을 줄만 알고, 받는 것을 당연하게 생각한다. 이런 아이들은 남에게 줄줄도 모르고, 나눌 줄도 모른다. 인격을 갖춘 인간이 되기 위해 치열하게 생각해야 할 그 20년을 우리는 아이들에게서 모조리 빼앗았다.

정답만을 강요하며 아이들의 생각이 조금이라도 정답에서 빗겨 가면 오답처리를 했다. 그것도 빨갛고 굵은 줄로 커다랗게 사선을 그었다. 아이들은 빨간 줄을 두려워한다. 아직 생각이 정립되지 않은 시기이기 때문에 빨간 줄을 만나면 자신의 생각에 문제가 있다고 생각하고 더 이상 자신의 생각을 이어가지 못한다. 생각을 하다가 빨간 줄 때문에 자꾸 도중하차 하다보면 급기야 생각할 시도조차 하지 않는다. 어른들과 빚어지는 갈등과 오해로 괴로움을 겪으니 차라리 그냥 어른들 말을 대충 들으면서 편하게 살기로 결정한다.

생각 없이 자란 오늘날 우리 아이들은 자신이 따돌린 아이가 목숨을 끊어도 무엇이 잘못된 줄을 모른다. 납치를 하고, 성폭행을 하고, 살인을 해서 토막을 내는 이런 끔찍한 범죄는 다른 사람의 입장을 한번도 생각해 보지 않는 결과이다. 생각해 보지 않았기 때문에 다른 사람의 입장에 대해 무지하다. 그 무지함이 사람을 해치는 무기가 된다. 무지는 엄청난 죄다.

우리가 가장 경계해야 할 무지는 하나님에 대한 무지이다. 하나님은 누구시며, 어떤 분이신가? 이 질문에 대답할 수 있는 사람은 하나님을 체험한 사람뿐이다. 성령의 가르침을 받고 하나님의 말씀을 깨달은 자, 그리고 그 말씀에 순종한 자만 이 질문에 답할 수 있다.

우리는 하나님을 알지 못한다. 하나님과 우리는 근본이 다르기 때문이다. 하나님은 위에 계시며, 우리는 아래에 있다. 하나님은 영원하시지만, 우리는 이 땅에서 눈 깜빡할 사이에 사라질 존재이다. 하나님은 거룩하시며, 완전하시며, 전능하시지만, 우리는 악하고, 부족하고, 제한적이다. 하나님은 인간의 노력으로는 절대 알 수 없다. 연구실에서 번식시키는 미생물이 인간의 계획을 알 수 없는 것과 같은 이치다.

우리가 하나님을 아는 방법은 예수 안에서 성령님의 가르침을 받는 길 뿐이다. 예수님은 진리이시다. 진리를 갈망하고 사모하면 성령님은 우리에게 하나님에 대해 하나씩 가르쳐 주시면서 우리의 무지를 물리치신다. 우리는 우선 말씀을 부지런히 듣고 읽어야 한다. 성령님은 우리 마음의 말씀에 대한 갈급함을 보시고 그 목마름을 해소시켜 주신다. 말씀을 알고 싶은 마음이 없는 사람에게는 성령님의 가르침이 들리지 않고, 그 말씀이 깨달아지지 않는다. 말씀을 깨닫지 못하면 하나님을 알지 못한다.

하나님을 알지 못하면 어떤 일이 발생할까? 하나님을 알지 못하면 하나님의 마음을 알 수 없고, 하나님의 능력을 믿을 수 없고, 나를 향한 뜻을 알 수 없다. 내가 누구인지도 알 수 없고, 세상과 사람과 상황에 대해 이해할 수 없다. 그래서 내 마음대로 행동한다. 하나님의 마음이 어떤지 모르기 때문에 내 생각, 내 감정대로 행동한다. 내 행동 때문에 하나님의 이름이 더럽혀진다.

마지막 날, 예수님께서 재림하실 때 나의 운명은 다음과 같다. '**하나님을 모르는 자들**과 우리 주 **예수의 복음에 순종하지 않는 자들**에게 형벌을 내리시리니 이런 자들은 주의 얼굴과 그의 힘의 영광을 떠나 영원한 형벌을 받으리로다.' (살후 1:8~9)

하나님은 우리가 하나님을 힘써 알기 바라신다. 하나님을 아는 과정 중 첫 번째는 성령님께서 말씀을 깨닫게 해 주시면 그 말씀을 깊이 묵상하는 것이다. 깨달은 말씀을 깊이 생각하는 시간을 반드시 가져야 한다. 하나님의 말씀은 내 삶의 상황과 직결될 때가 많다. 그 상황에 내가 어떻게 해야 하는지 기도로 구하고, 그 말씀에 순종해야 한다.

하나님은 우리의 순종을 통해 그분의 성품을 드러내신다. 정직하라 명하신 하나님의 말씀에 순종할 때, 한 점의 더러움이 없고 신실하신 하나님의 성품을 체험케 하신다. 용서하라 명하신 하나님의 말씀에 순종할 때, 죽을 수밖에 없는 죄인을 용서해주신 그 놀라운 사랑과 은혜가 온몸으로 느껴진다. 오래 참으라 하신 하나님의 명령에 순종할 때 하나님께서 나를 얼마나 오래 참아주셨는지 깨닫게 된다. '무엇을 먹을까, 무엇을 입을까' 염려하지 말라고 하신 하나님의 말씀에 순종하여 하나님의 손길을 믿고 기다릴 때, 이 세상을 주관하시고 나의 세밀한 부분까지 채워주시는 하나님의 풍성하심과 자비로우심이 삶에서 체험된다. 순종하는 부분마다 하나님과 하나 됨을 느낀다. 하나님의 명령을 하나씩 지킬 때마다 나는 하나님의 형상으로 성화된다. 깨달음을 삶에서 실천할 때 비로소 우리는 하나님을 알아가는 것이다.

하나님을 온전히 알아가는 과정과 훈련은 짧은 시간에 끝나지 않는다. 평생을 알아가도 하나님의 그 무한하신 성품은 다 알 수가 없다. 하나님을 아는 만큼 우리는 삶에서 천국을 경험한다. 매일 매일이 지옥 같은 사람은 하나님을 모르는 사람이다. 하나님을 올바로 아는 사람은 현실의 조건과 상황에 얽매이지 않는다. 바울이 감옥에서 찬양했던 것처럼. 아무리 어려운 고난이 와도 그 고난 속에서 하나님을 찬양하고 감사하게 된다. 그 고난의 시기가 끝나면 하나님께서 약속하신 영광을 누리리란 믿음과 소망 속에서 인내하며 산다. 예수님께서 앞의 영광의 바라보고 십자가 고난을 참으셨던 것처럼. 지금 내게 주어진 고난은 하나님의 성품을 알기 위한 훈련이라는 사실을 알아야 한다.

하나님의 마음과 뜻을 알기위해선 반드시 고난을 거쳐야 한다. 우리에게는, 쉽게 주어지는 것은 귀하게 생각하지 않는 경향이 있다. 하나님의 뜻을 알고 정금으로 쓰임받기 위해서는 풀무 불을 지나야 한다. 하나님을 알아가는 이 과정에는 성령님이 함께 하신다. 우리 힘으로 할 수 없는 일을 가능케 하시고, 우리에게 가장 필요한 것을 말할 수 없는 탄식으로 하나님께 구하신다. 성령님께 하나님의 말씀을 깨닫게 해 달라고 매달려야 한다.

하나님을 모르는 사람은 죽어서도 지옥에서 영원한 형벌을 받지만, 이 땅에서도 그와 같은 고통을 받아야 한다는 사실을 잊어서는 안 된다. 우리는 매 순간 하나님을 알기를 힘써야 한다. 이 상황을 통해 나에게 무엇을 깨닫게 하려고 하시는지 하나님의 계획에 영의 눈과 귀를 열어야 한다.

하나님은 상황을 통해 우리에게 놀라운 깨달음을 주신다. 하나님은 우리에게 하나님의 말씀에 순종하는지 불순종하는지 알아보기 위한 상황을 자주 주신다. 그 상황에 우리가 하나님의 말씀대로 순종하면 그 상황 자체를 넘어서 그 일이 내포하는 의미를 보여주시고, 나에게 통찰력을 갖게 하신다. 또 그 상황을 통해 나를 성장시키신다.

우리가 하나님의 계획에 마음을 열고 민감하게 반응할 때, 전에는 전혀 깨닫지 못했던 사실들이 눈에 보이고, 귀에 들어오기 시작한다. 사람을 대할 때도 그의 행동을 넘어서 마음을 꿰뚫어보게 하신다. 아나니아와 삽비라가 거짓말을 했지만, 사도 베드로는 그들의 행동 너머 마음을 볼 수 있었다. 오늘 나에게 주어진 모든 시간이 하나님을 아는 귀한 기회라는 사실을 명심하자. 하나님을 아는 만큼 천국을 누릴 수 있다.

우리가 정복해야 할 열다섯 번째 성:
분열, 당 짓는 것, 분쟁, 싸움

우리는 본질적으로 편 가르기를 좋아한다. 나와 생각을 같이 하고, 내 말에 동조해 주는 사람은 내 편, 내가 하는 말에 반박하거나 흔쾌히 받아들이지 않는 사람은 적으로 간주한다. 특히 우리 문화에는 '좋은 게 좋은 거'라는 사상이 깊이 뿌리박혀 있어서 내가 다른 사람의 생각과 달라도 굳이 표현하려 들지 않는다. 다른 사람의 말에 반박이라도 했다가 그 사람이 나를 적으로 생각할지도 모른다는 우려에서 말도 꺼내지 못할 때가 많다.

사람들 대부분은 이런 생각을 갖고 있지만, 일부 소수의 사람들은 자신의 생각에 타당한 이유와 근거를 붙여 정당화한다. 기존의 사상이나 체계에 식상함을 느끼거나 불만을 품은 사람들은 새로운 논리에 현혹되기 쉽다. 또 스스로 올바른 생각을 정립하지 못한 사람들도 외부에서 들어오는 정보나 논리에 쉽사리 흔들린다. 즉, 진리를 깨닫지 못하면 다른 사람이 주장하는 이론에 끌려갈 수밖에 없다.

여기서 편 가르기가 시작된다. 기존의 사상을 가진 사람들과 새로운 사상을 주장하는 사람들. 고라, 다단, 아비람은 당을 지어 모세에 대들었다. 그들은 모세와 아론에게 이렇게 주장했다. '너희가 분수에 지나도다. 회중이 다 각각 거룩하고 여호와께서도 그들 중에 계시거늘 너희가 어찌하여 여호와의 총회 위에 스스로 높이느냐.(민 16:3)' 그들은 모세의 권위를 인정하지 않았다. 모세의 권위는 하나님께서 주신 것이란 사실을 잊었을 때, 그들은 당을 지어 분열을 도모했다. 그리고 모세의 행동을 꼬투리 잡아 비난했다.

우리나라만 해도 기독교는 여러 교단이나 교파로 나뉘어져 있다. 각 교단들은 자신의 정통성을 주장하며, 다른 교단보다 뛰어난 면을 강조한다. 교단은 어떻게 나뉘게 되었는가? 하나님은 한 분이신데, 우리는 왜 이리도 많이 갈라져야 하는가? 교단이 존재하는 이유는 무엇인가? 특정 교단에 속하면 하나님을 더 잘 섬길 수 있는가? 그 교단이 주장하는 교리를 완전히 배우면 하나님을 알고, 체험할 수 있는가? 목회자가 되려면 왜 하나님을 알기보다 사람이 주장하는 논리와 학설을 배우는 데 더 많은 시간을 들여야 하는가?

사람은 자신이 만들고 세워놓은 이론 안에 다른 사람을 끌어들이고 싶어 한다. 더 많은 사람이 나의 주장에 동조할수록 나의 영향력은 커지고, 급기야 권위자에게 대항할 정도의 힘이 생겼을 때 더 이상 '아래'로는 만족하지 못하고, '위'의 자리를 차지하려 한다.

분열을 꾀하는 모든 사람의 특징 중 하나는 권위자를 인정하지 않고, 비판한다는 것이다. 지도자의 부족한 점을 많은 사람이 알도록 퍼뜨리고 다닌다. 일반적으로 분열을 꾀하는 사람들은 권위자의 최측근인 경우가 많다. 지도자의 측근에 있었기 때문에 그 지도자가 가진 장점과 단점을 매우 잘 알고 있다. 일반인의 눈에 보이지 않는 사실 중에 약점이나 단점만을 골라 그것이 마치 그 지도자의 전인격인 것처럼 퍼뜨리고 다니는 사람은 조만간 분열의 핵심을 차지하게 마련이다. 그리고 그 분열의 핵심에서 자신은 더 이상 '아래'가 아닌 '위'의 자리를 낚아챈다.

분열은 하나님의 방법이 아니다. 지도자가 부패하여 그 역할을 올바로 감당하지 못했기 때문에 할 수 없이 갈라져 나올 수밖에 없었다고 주장하는 사람들이 있다. 이런 사람들은 권위가 하나님께로부터 온다는 사실조차 모르는 사람들이다. 내가 권위자보다 아는 것이 많고, 일도 더 잘하고, 영향력이 더 커 보일 때, 사람들은 지도자의 자리를 탐낸다.

고라, 다단, 아비람과 이스라엘 지도자 250명은 모세가 가진 그 자리가 탐났다. 그래서 모세에게 '분수도 모르고, 어디서 백성 위에 군림하려 드느냐?'고 따지고 대들었다. 지도자의 권위가 하나님께로부터 왔다는 사실을 인정하지 않으면, 그 지도자의 자질과 인간적인 부족함에 초점을 맞추게 된다. 지도자보다 내가 더 잘하는 점을 강조하면서 사람들로 하여금 지도자에게 등 돌리게 한다. 그리고 사람들을 내 편으로 만들려고 노력한다.

그렇다면 권위자가 부패하고 독단적으로 행동할 때 우리는 어떻게 해야 할까? 우리는 그런 지도자의 모습을 보면서 우리가 취해야 할 올바른 행동이 무엇인지를 배워야 한다. 동시에 권위자를 위해 기도해야 한다. 하나님은 우리 주위의 모든 사람과 상황을 통해 우리가 배우기 원하신다. 하나님의 마음과 뜻과 지혜를 배우기 원하신다.

또한 우리는 옳지 못한 지도자라도 하나님께서 지정하셨으며, 계획하셨다는 사실을 믿어야 한다. 지도자가 마음에 들지 않는다고 내가 그 자리를 꿰찰 생각을 하면 안 된다. 이런 마음이 생기는 순간 분열의 유혹이 물밀듯 들어온다. 분열의 유혹이 밀려오면 당을 짓는다. 당을 지으면, 내 의견에 반대하는 사람과 논쟁이 일어나고, 결국에는 싸움을 하게 된다. 내 편, 네 편을 갈라서 틈만 나면 싸움을 해댄다.

이쯤 되면 하나님의 마음은 안중에도 없다. 오로지 내 목소리를 크게 내서 싸움에서 이기는 것을 사명으로 삼게 된다. 예수님의 몸(교회)을 갈가리 찢어놓고, 하나님께 이길 방법을 달라고 기도(?)한다. 교회가 하나님의 말씀과 위로와 평안이 머무는 곳이 아니라, 개들이 떼로 싸움을 벌이는 격투장이 된다.

싸움이 격해지면 법적인 소송도 마다하지 않는다. 그 싸움에서 이기는 것이 하나님의 뜻이라고 말도 안 되는 착각을 하며, 온갖 비열한 수단과 방법을 동원해 송사를 치른다. 세상 사람들이 손가락질해도 아랑곳하지 않는다. 나 때문에 하나님의 이름이 더럽혀지고 있음을 추호도 생각하지 못한다. 분열을 꾀하는 자는 하나님을 욕되게 하는 자임을 우리는 알아야 한다.

하나님은 우리에게 하나 되어 화목하게 하는 직책을 주셨다. 예수님은 우리를 하나님과 하나 되게 하기 위해 십자가의 고난을 불사하셨다. 사형에 처해야 할 극악한 죄인이었던 우리를 거룩하신 하나님과 하나 되게 하기 위해 예수님은 생명을 버리셨다. 우리 죄를 대신지고 모진 고통과 수모를 감내하셨다.

그렇다면 우리는 가족이나 이웃과 하나 되기 위해 무엇을 버렸는가? 그들과 화목하기 위해 어떤 수고를 했는가? 가족이나 친척들이 모이는 자리에서 나는 그들을 위해 기꺼이 일하는 사람인가, 아니면 일하기 싫어 이 핑계 저 핑계를 대며 요리조리 빠지는 사람인가? 학교에서 청소할 때, 앞장서서 더 많은 일을 하려는 사람인가, 아니면 조금이라도 덜 하려고 뺄질대는 사람인가? 공동의 프로젝트가 주어졌을 때 내가 맡은 분량 이외에도 더 많은 연구를 하고 다른 사람까지 돕는 사람인가, 아니면 내 분량조차 다 채우지 못하는 사람인가? 나는 나 자신 이외에 타인을 위해 얼마나 수고하는 사람인가?

누군가와 화목하게 되는 데는 반드시 수고의 손길이 필요하다. 물질과 시간을 들여야 그들과 화목할 수 있다. 하나님은 우리에게 화목하게 하는 직책을 주시고, 그 직책을 수행할 수 있는 여건을 허락하셨다. 우리에게 건강도 주시고, 돈도 주시고, 시간도 주셨다. 그런데 우리는 이 여건을 화목하게 하는 데 쓰지 않고, 서로 편을 갈라 헐뜯고 싸우는 데 쓴다.

나는 하나 되게 사람인가, 아니면 분열을 꾀하는 사람인가? 마음 상한 사람에게 가서 그 마음을 어루만지는 사람인가, 아니면 마음을 상하게 한 사람을 욕하며 그와 더 사이가 벌어지게 하는 사람인가? 다른 사람의 좋은 점을 칭찬하는 사람인가, 아니면 결점이나 단점을 드러내서 말하기 좋아하는 사람인가? 다른 사람이 해 놓은 일의 결과에 대해 장점을 찾아 인정하고 배우려는 사람인가, 아니면 손톱만한 오류라도 찾으려고 혈안이 되는 사람인가? 권위자의 권위를 인정하고 순종하는 사람인가, 아니면 지도자를 비난하고 비판하는 사람인가? 내가 보는 손해에 대해 하나님께서 갚아주시리라 믿고 기꺼운 마음으로 넘기는 사람인가, 아니면 눈곱만큼이라도 손해를 보는 것 같으면 분에 겨워 감정조절을 못하고 불같이 따지고 드는 사람인가? 다른 사람의 수고를 높이 평가하며 팔을 걷어붙이고 함께 일을 하려는 사람인가, 아니면 자신은 손가락 하나 까딱하기 싫어하면서 다른 사람의 수고까지 하찮게 여기는 사람인가? 다른 사람이 하는 말에 겸손한 마음으로 귀를 기울이며 들으려는 사람인가, 아니면 내가 가진 지식이 불변의 진리인양 떠들어 대는 사람인가? 내가 참석하는 모임이 나 하나로 인해 화목해지는가, 아니면 분란이 일어나고 싸움이 벌어지는가?

하나님은 우리에게 화목하게 하는 직책을 주셨다. 분열은 천국에 들어가지 못하는 죄다. 나로 인해 사람들이 갈라지고, 분쟁하면 나는 천국에 갈 수 없다. 분열은 하나님의 뜻이 아니다. 하나님은 우리가 하나 되기 원하신다. 몸이 많은 지체로 이루어져 조화롭게 움직이는 것처럼, 각자 맡은 역할을 충실히 하면서 하나 됨을 기뻐하며 살기 바라신다. 하나 됨을 인정하면 우리에게 분쟁은 일어나지 않는다. 그와 내가 하나로 연결되어 있는데 어떻게 대적할 수가 있겠는가?

모든 분쟁은 그와 내가 다르다는 생각에서 비롯된다. '다름'은 곧 '틀림'이라는 생각과 직결된다. 그의 생각이 나와 다르기 때문에 그와 나 둘 중에 하나는 틀렸다고 생각한다. 틀린 생각은 옳지 않기 때문에 바로 잡으려면 그의 생각을 바꾸던지 내 생각을 바꿔야 한다는 결론에 다다른다.

안타까운 사실은 사람은 자기 생각을 바꾸기는 죽기보다 싫어한다는 것이다. 그러면 다른 사람의 생각을 바꿔야 하는데, 다른 사람도 자기 생각이 그르다고 절대 인정하지 않는다. 그러면 서로의 생각을 강요하고, 자신이 아닌 타인을 바꾸려고 안간힘을 쓰면서 결국 싸움을 하게 되는 것이다.

문제의 핵심은 무엇인가? 모든 분쟁은 서로의 다름을 인정하지 않는데서 출발한다. 우리는 각자 다르다. 생각도, 가치관도, 습관도, 자라온 환경도, 현재의 배경도, 성격도, 꿈도, 재능도, 지위도 모두 다르다. 이처럼 많은 부분이 다른데, 우리는 다른 사람에게 우리와 일치된 의견을 요구한다. 모든 사람이 천편일률적으로 같은 생각을 한다고 상상해 보라. 세상은 존재하지 않게 될 것이다. 모든 사람에게 같은 생각을 요구하는 것은 사람이 아니라 로봇이 되라고 요구하는 것과 같다. 우리는 각자의 생각을 표현하고 서로의 의견을 모아 더 나은 내일을 만들어 가는 것이다. 각자의 꿈과 재능에 따라 자신의 능력을 개발하고, 많은 사람이 각자의 능력을 한 곳으로 모아 조화롭게 살아갈 때, 우리에게 더 밝은 미래가 주어지는 것이다.

우리는 남의 의견이 나와 다르다고 틀렸다고 생각해서는 안 된다. 저 사람은 내가 생각지 못한 것을 생각하는 사람이라고 인정하고 높여주어야 한다. 또한 그 사람의 미숙한 점이나 고칠 점은 그 원인이 무엇인지 알고 이해하려고 노력해야 한다. 각자의 색을 그대로 유지하면서 하나 되어 조화롭게 살아갈 때 우리는 아름다운 모습을 유지할 수 있다. 일곱 가지 색이 어우러져 찬란한 무지개가 되는 것처럼, 우리는 다른 사람의 색깔을 존중해야 한다.

또한 우리는 하나로 묶여진 공동체임을 잊지 말아야 한다. 다른 사람을 상하게 하고 다치게 하면 그 결과는 결국 나를 해하는 것임을 알아야 한다. 다른 사람을 곤란하게 하고, 비참하게 하고, 괴롭게 하면 나도 똑같은 일을 당해야 함을 알아야 한다. 왜냐하면 하나님께서 내가 남에게 행한 대로 나에게 그대로 갚아주시기 때문이다. 다른 사람이 나와 하나로 묶여 있음을 알아야 남을 해하는 행동을 멈추게 된다. 남을 해치는 행동이 결국 나를 해치는 행동이라는 사실을 알 때, 우리는 평화를 실천하며 살 수 있다. 하나님께서 맡겨주신 화목케 하는 직책을 온전히 수행할 수 있다.

우리가 정복해야 할 열여섯 번째 성:
의심

　의심은 우리가 하나님께 가지 못하게 하는 가장 큰 장애물이다. 의심은 믿음 없음을 직접적으로 뜻하는 것이고, 믿음이 없으면 우리는 하늘나라에 갈 수 없다. 우리는 하나님의 살아계심을 믿어야 한다. 하나님께서 예수님을 통해 놀라운 구원의 기적을 이루시고, 우리를 생명 길로 이끄신다는 사실을 믿어야 한다. 우리 삶에서 하나님의 기적을 체험하느냐 하지 못하느냐는 의심의 여부와 직결된다. 아브라함이 의롭다 인정받은 이유는 그가 하나님을 믿었기 때문이다. 하나님을 믿은 그는 백 살에 아들을 낳는 기적을 체험했다. 기적은 나의 능력이 아닌 하나님의 능력을 믿을 때 일어난다.

　그런데 우리는 하나님을 잘 믿지 못한다. 예수 이름으로 구한 모든 것은 다 받은 줄로 믿으라고 말씀하셨는데 우리는 기도하면서도 의심한다. '이 상황에 이 일이 이루어질까?' '이건 내 바람일 뿐이지 하나님의 뜻은 딴 곳에 있을 거야.' '요즘 세상에 기적이 어떻게 이루어지겠어? 그건 모세 시대나 예수님 살아계실 때나 가능한 일이야.' 이런 생각은 하나님께서 그때만 살아계셨고 지금은 존재하지 않다고 선언하는 것과 같다.

240

과학이 발달하면서 사람들은 눈에 보이지 않는 것은 믿지 못하는 의심병이 들기 시작했다. 현미경을 발명한 후 사람들은 전에는 존재 자체도 몰랐던 세균들이 우리 주변에 가득하다는 사실을 알게 되었다. 천체망원경을 통해 우주의 모습이 어떤지 알게 되었고, 인터넷이라는 통신망을 통해 전에는 접하기 어려웠던 새로운 사실과 정보를 손쉽게 접하게 되었다. 이런 현상이 가속화되면서 우리는 눈과 귀로 직접 보고 들을 수 있는 정보 이외의 사실들은 먼저 의심을 하는 습관이 생겼다.

우리는 마음만 먹으면 내가 접한 정보가 사실인지 거짓인지 바로 확인할 수 있는 시대에 살고 있다고 생각한다. 손안에서 펼쳐지는 정보의 바다가 의심할 여지없는 신뢰의 보물창고라고 생각한다. 문자의 형태로 전파되는 정보는 말보다 훨씬 믿을만하고, 따라서 인터넷이나 각종 매체에서 보여주는 모든 정보는 의심의 여지가 없다고 생각한다. 눈에 보이는 것은 모두 과학적으로 증명된 것이라 생각하면서 그러한 정보를 많이 아는 사람이 학식이 높은 사람이라 평가한다.

반대로, 과학적으로 증명할 수 없거나 눈에 보이지 않는 지식은 믿을만한 지식이 아니라고 생각한다. 눈에 보이는 것만 존재한다고 믿는 사람은 현미경을 발명하기 이전에 세균 따위는 없다고 주장하는 사람과 같다. 눈에 보이지 않는다고 엄연히 존재하는 것을 부인할 수는 없다. 그런데도 우리는 이런 오류를 우리 삶에서 천연덕스럽게 저지르고 있다. 눈에 보이지 않는다고 그 존재를 의심하는 사람은 삶에서 가장 중요한 것을 잃고 사는 사람이다.

하나님은 인간의 눈으로 볼 수 없다. 내 눈에 보이지 않는다고 하나님의 존재를 부인할 수 있는가? 하나님이 살아계신다고 교회 와서는 고백하면서, 우리는 하나님이 전혀 살아계시지 않는 것처럼 행동하며 살아간다. 하나님께서 내 머리카락까지 세신 바 되시고, 내 마음을 감찰하시는 분이라 말은 하면서, 우리 마음에는 온갖 더러운 것들이 넘쳐난다. 하나님께서 살아계셔서 나의 일거수일투족을 지켜보신다는 사실을 믿는다면 우리 삶이 이토록 엉망진창이 되지는 않았을 것이다.

우리가 하나님 말씀에 순종하지 않는 이유는 그 말씀을 의심하기 때문이다. 부모를 공경하면 내가 하는 일을 하나님께서 잘 되게 해주신다는 말씀을 믿지 않기 때문에 부모를 공경하지 않는 것이다. 정직해서 본 손해는 하나님께서 다 채워 주시리라는 믿음이 없기 때문에 거짓말을 하고, 부당한 방법으로 이익을 취하려 한다. 하나님의 뜻을 따라 살면 하나님께서 나를 부요케 하신다는 말씀을 의심하기 때문에 사람과 땅의 방법대로 살아간다. 하나님이 바로 사랑이심을 믿지 못하기 때문에 남을 해하고 상처 주는 것이다. 의심은 하나님의 말씀을 믿지 않는 것이며, 그 말씀대로 따라 살지 않는 것이다. 의심하는 자는 하나님의 기적을 하나도 체험하지 못하며, 결국 가장 초라한 인생을 살 수밖에 없다.

의심은 우리의 생각과 하나님의 방법이 대립될 때 생긴다. 하나님께는 전혀 어려울 것이 없는 일이 우리 생각에는 불가능해 보인다. 우리의 현실적인 판단으로 절대 이루어질 수 없는 일도 하나님의 관점에서는 매우 쉬운 일이란 사실을 우리는 믿지 않는다. '전지전능하신 하나님, 무소부재하신 하나님'은 그냥 기도문 앞에 붙이는 수식어라 생각한다.

하나님께 불가능한 일이란 없다. 하나님은 모든 것을 다 아신다. 나와 항상 함께 하시고, 모든 곳에 존재하신다. 이 사실을 믿으면 우리는 걱정할 필요도, 두려움에 떨 필요도 없어진다. 이 세상을 만드시고, 주관하시는 하나님께서 나를 독수리 날개로 보호해주시는데 내가 무엇 때문에 걱정하고 두려워할 필요가 있겠는가?

지금 두려움과 근심에 싸여 있다면 내가 하나님과 그 분의 능력을 의심하고 있다는 증거이다. 의심은 하나님을, 내 삶의 문제 정도도 해결해주지 못하시는 무능력한 분으로 한순간에 전락시킨다. 의심은 지금 나와 함께 계시는 하나님의 존재를 부인케 한다. 의심은 하나님께서 내게 약속하신 복과 은혜를 하나도 체험하지 못하게 한다. 성경은 의심하는 자가 하나님께 받을 수 있는 것은 아무것도 없다고 가르친다.

그리스도인은 하나님의 능력으로 사는 사람이다. 하나님께서 힘과 지혜와 능력을 주시지 않으면 우리는 한시도 살 수 없다. 하나님은 우리가 예수를 믿기로 작정한 그 날부터 성령의 능력 가운데 살도록 계획하셨다. 날마다 주시는 그 은혜와 사랑으로 우리는 살아야 한다.

그런데 그 능력의 통로를 막는 것이 바로 의심이다. 하나님께서 아무리 많은 은혜와 사랑과 복을 쏟아부어 주셔도 의심이 들면 그 놀라운 능력을 하나도 깨닫지 못한다. 하나님께서 나에게 아무것도 해주시지 않는 것처럼 느끼는 이유는 내가 하나님을 의심하고 있기 때문이란 사실을 알아야 한다.

뭔가 내 생각에 불가능해 보일 때, 내 생각을 내려놓는 훈련이 필요하다. 하나님의 관점에서 불가능한 일이란 없다. 나는 하나님의 능력으로 사는 사람이지 내 능력으로 사는 사람이 아니란 사실을 의심하면 안 된다. 하나님의 방법과 내 생각이 대립될 때 우리는 하나님의 방법을 따라 사는 사람임을 명심하자.

우리는 참으로 부족하고 연약한 존재이다. 실수도 많고, 흠도 많다. 우리의 연약함을 아시는 주님은 그래서 우리를 도우시는 것이다. 부족함을 채워주시고, 연약함을 강하게 하시고, 우리의 입과 몸을 붙들어 실수를 막아주시고, 예수님의 피로 흠도 죄도 깨끗이 씻어주신다.

주님께서 이 모든 일을 하시는 통로가 바로 우리의 기도이다. 우리가 하나님의 보좌 앞에 담대히 나아가 우리의 필요를 구할 때, 주님은 우리의 기도를 들어주신다. 그런데 우리는 종종 기도하면서도 하나님께서 내가 기도한 대로 진짜 이루어 주실까 하는 의심을 한다. 현실을 보면 암담하고, 아무런 변화가 없어 보이기 때문이다. 매일 매일이 똑같아 보여 하나님께서 내 기도를 듣고 계신지조차 의심이 간다. 그렇게 능력이 많으신 하나님께서 왜 내 문제를 즉시 해결해 주지 않는지 투덜거리면서 하나님의 계획을 의심한다.

하나님의 계획은 우리에게 가장 좋은 것을 주시는 데 있다. 우리에게 가장 좋은 것이 무엇인지 우리는 모르지만 하나님은 아신다. 하나님은 우리에게 가장 좋은 것을, 하나님의 때에 주시려고 준비하고 계신다. 그런데 우리가 의심을 하면 하나님께서 우리에게 그 좋은 것을 주실 수 없다. 의심은 하나님께서 주신 것을 세상이나 사람이 준 것이라 착각하게 하기 때문이다. 우리가 의심을 하면서 간절히 원하던 것을 얻었을 때, 우리는 그것을 우연의 일치로 생각하거나, 세상 사람들처럼 운이 좋아서라고 여기게 된다. 하나님께서 그것을 우리에게 주시려고 얼마나 열심히 준비하고 일하셨는데, 하나님께 감사할 줄은 모르고 그 공을 자신의 운에 돌린다. 자신의 운이 좋아서 원하는 것을 얻었다고 생각하면 우리는 곧 교만해진다. 자신이 잘나서 그런 복을 누리는 줄 안다. 교만은 곧 패망의 선봉이라는 사실을 너무나 잘 아시는 하나님은 우리가 교만에 빠질 기회를 아예 막으시는 것이다.

의심은 하나님께서 준비하신 복을 하나도 받지 못하게 한다. 그래서 의심하면 나만 손해다. 그 복을 못 받으면 나는 이 땅에서 행복하게 살 수 없다. 하나님의 사랑을 느끼지도 못하고, 천국을 체험할 수도 없다. 의심은 유리병을 덮고 있는 뚜껑과 같다. 내가 하나님의 은혜의 바다에 빠지더라도 그 은혜를 한 방울도 느낄 수 없도록 하는 차단막 같은 뚜껑. 뚜껑을 열어야 하나님의 놀라운 은혜가 내 안에 쏟아져 들어온다. 우리 마음에 뚜껑이 덮여 있는 한 즉, 의심이 사라지지 않는 한 우리는 하나님께 좋은 것을 받을 생각은 꿈에라도 하지 말아야 한다.

의심은 곧 믿지 못함이다. 우리는 믿지 못함으로 발생하는 여러 가지 문제들을 우리 주위에서 자주 접한다. 부부간에 믿음이 사라지고 의심함으로 가정이 깨진다. 부모 자식 간에 믿지 못하고 의심하면서 마음에 깊은 상처를 남기고 이런 상처가 쌓일 때 반인륜적 범죄로까지 이어지기도 한다.

사람 간의 믿음이 사라지고, 기업 간의 신뢰가 무너지는 현상을 자주 보면서도 우리는 의심의 심각성에 큰 비중을 두지 않는다. 누군가 처음 보는 사람을 만났을 때, 우리는 경계하고 의심하는 행동이 지극히 정상이라는 가르침을 받는다. 누군가 무슨 말을 할 때 일단 의심해 봐야 한다고 생각한다. 무턱대고 믿었다가는 사기당하기 쉬운 세상이라고 입을 모아 말을 한다. 이런 믿지 못하는 태도는 진리를 접했을 때도 그대로 나타난다.

그러면 우리는 언제 누구의 말을 믿어야 하는가? 우리가 믿을 수 있는 것은 시와 때나 장소나 상황이나 사람이 아니다. 우리는 오로지 하나님의 말씀만을 믿어야 한다. 사람이 아무리 좋은 장소에서 좋은 분위기를 만들고 구미에 당길만한 자료를 들이대며 말을 한다 해도 우리가 중심을 두어야 할 것은 그 사람의 말이 하나님의 말씀과 일치하는가에 있다. 하나님의 말씀에 비추어 보아 그 말이 합당하면 믿고, 그렇지 않으면 믿지 말아야 한다.

이렇게 하려면 내가 먼저 진리 안에 거해야 한다. 진리를 알지 못하면 거짓에 쉽게 흔들린다. 진리가 내 안에 있어야 거짓을 간파할 수 있고, 사람의 말에 흔들리거나 끌려 다니지 않을 수 있다. 우리가 사람들이 퍼뜨리는 거짓 정보나 유언비어에 쉬 흔들리는 이유는 내 안에 진리가 없어서이다. 하나님의 말씀이 내 안에 온전히 자리하고 있으면 우리는 사람을 대할 때 '의심'이라는 불확실한 방법을 쓸 필요가 없어진다.

의심은 우리가 어떤 일을 접하거나 생각할 때 그 일의 확실성을 보증할 수 없기 때문에 생기는 현상이다. 아이가 하는 말이 사실인지 거짓인지 긴가민가할 때, 남편이 출장 간다는 말이 확실히 믿어지지 않을 때, 판매원이 하는 말이 과대광고나 허위광고가 아닐까 못미더울 때 우리는 의심을 한다. 내가 듣는 말이 거짓인지 사실인지를 확실히 알 수만 있다면 우리는 의심할 필요가 없어진다. 이를 아는 방법이 바로 성경 안에 있다. 진리의 조명 아래 거짓은 그 모습을 감출수가 없다. 극명히 드러난 거짓에 우리는 속으려야 속을 수가 없는 것이다. 진리를 마음에 담으면 의심 없이 살아가게 된다.

우리가 정복해야 할 열일곱 번째 성:
성적인 욕망

소돔과 고모라가 멸망한 이유가 무엇이라 생각하는가? 사사시대 때, 한 레위사람이 자신의 첩을 데려오다 기브아에서 벌어진 사건 때문에 이스라엘의 한 지파인 베냐민 지파가 몰살당할 뻔 했는데, 그 이유가 무엇이었는가?

그들은 모두 성적으로 문란했었다. 성에 대한 문제는 수천 년 전부터 시작되었고, 그것을 근절하려는 노력에도 불구하고 그 심각성이 점점 더해지고 있다. 특히 오늘을 살아가는 우리는 온갖 성적 유혹에 직면해 있고, 눈만 돌리면 그 충동을 자극하는 매체를 접하고 있다. TV에 나오는 연예인들의 옷차림은 더 이상 그들만의 유행이 아니다. 길거리를 오가는 사람들의 옷차림도 그들과 같고, 통신망을 통해 불법으로 유통되는 동영상만 해도 그 규모가 상상을 초월한다. 마음만 먹으면, 아니 때로는 마음을 먹지 않아도 우리는 언제든 음란해질 수 있는 시대에 살고 있다.

세상이 주는 자극과 충동 속에는 대부분 성적인 감각에 호소하는 요소를 담고 있다. 세상의 즐거움 가운데는 성적 자극이 숨어있는 경우가 많다. 성적인 쾌락이 즐거움이라고 생각하는 이유는 몸이 직접 느끼는 자극이기 때문이다. 몸이 바로 느끼는 자극 중에 쾌감은 오로지 성적인 감각뿐이다. 다른 부위는 자극을 가하면 고통이 오고 아픔을 느낀다.

성적 감각에 호소하는 방법은 효과가 빠르다. 그래서 광고를 할 때 보통 예쁘고 날씬한 여자나 잘 생기고 건장한 남자를 주로 등장시킨다. 세상이 던져주는 충동에 우리는 아무 경계 없이 반응한다. '다른 사람도 다 하는데 뭐.' '이 정도가 무슨 죄가 된다고.' '충동을 느낄 빌미를 제공한 사람이 문제 아닌가?' 심지어 '들키지만 않으면 돼.'라는 생각으로 하나님께서 금하라 명하신 죄를 간과한다.

그렇다면 어디까지가 죄가 아니고, 어디서부터 죄인가? 성적인 만족은 오로지 부부 사이에서만 이루어져야 한다고 하나님께서는 말씀하셨다. 아내나 남편 이외의 사람과 나누는 성적인 신체접촉, 성적 충동을 자극하는 행동, 음란한 말을 하고 음란물을 접하는 것, 깨끗하지 못한 생각은 모두 죄이다.

하나님은 한 남자와 한 여자가 부모를 떠나 한 몸이 될 지라고 말씀하셨다. 부부가 한 몸이라는 사실은 서로 하나로 묶였음을 뜻한다. 부부는 죽을 때까지 하나로 묶인 존재이다. 그러나 요즘은 하나로 묶인 사실을 부인하려는 사람들이 늘고 있다. 결혼을 했음에도 각자 원하는 방식대로, 자유롭게 사는 것이 마치 권장할만한 미덕인양 행동한다. 서로의 부도덕을 눈감아 주는 것을 배려나 존중으로까지 생각한다. 각자의 몸으로 죄를 저지르고 그 죄 지은 몸으로 배우자까지 더럽히는 행위를 세상의 관점으로 미화한다. 하나님 보시기에 몸으로 저지르는 성적인 죄는 손도 대지 말고 쳐 죽여야 하는 극악한 죄이다.

하나님은 성적인 죄를 왜 이토록 강하게 다루셨을까? 그 이유는 우리 몸이 바로 성전이기 때문이다. 성전은 하나님께서 거하시는 곳이다. 하나님은 더러운 곳에 계실 수 없는 분이시다. 우리 몸으로 죄를 저지르면서 하나님이 우리와 함께 해달라고 기도하는 것은 물과 불을 섞어달라고 요구하는 것과 같다. 우리는 이 땅에서의 짧은 나그네 길을 마치면 저 천국에서 하나님과 영원히 살 거룩한 사람들이다. 짧은 나그네 길을 가는 동안 우리는 하나님을 우리 몸과 마음에 모시는 훈련을 해야 한다. 세상의 유혹과 즐거움보다 하늘의 거룩한 기쁨으로 우리를 채우는 훈련을 해야 한다. 그 훈련을 게을리 하다가 육적인 쾌락에 빠져 이 땅에서의 생을 마치면 우리는 저 천국에 들어갈 수 없다. 우리 몸과 마음에 더러운 죄를 주렁주렁 달고 하늘나라에 갈 수는 없는 노릇이다. 하나님은 성적인 죄가 우리 몸에 직접적으로 저지르는 죄라는 사실을 우리가 명확히 알기 바라신다. 그래서 그 죄를 강하게 다루신 것이다.

하나님은 부부가 하나 됨 안에서 서로 아껴주며 사랑하고 만족을 누리며 살기 바라신다. 부부가 하나 되어 성적인 만족을 누리는 것은 하나님의 계획이며 명령이다. 물론 육체가 하나 된 것같이 마음이 하나 되는 것도 중요하다. 그러나 몸이 하나 되지 못하는데, 마음이 하나 될 수는 없다. 몸으로 배우자를 거부하면서 마음으로 그를 사랑한다고 말하는 사람은 거짓말쟁이다.

하나님께서 부부에게 하나 되라 하신 명령 속에는 놀랍고 오묘한 비밀이 숨어있다. 그 비밀은 하나님의 명령에 순종하여 서로의 몸을 하나로 묶을 때 비로소 깨닫게 된다. 그런데 우리나라 문화 가운데는 성에 대한 모든 것을 죄악시하거나 혐오스러워하는 경향이 있다. 성에 대해 거론하는 것은 바람직하지 못하며, 성은 은밀한 부분이기 때문에 아이들에게도 되도록 멀리 하게 해야 한다는 잘못된 고정관념을 가진 사람들이 많다.

성에 관해 직접적으로 말하는 것은 더럽고 추하다는 생각을 가진 사람들은 부부관계도 정상적으로 이루어가지 못한다는 특징이 있다. 성에 대해 왜곡된 개념을 갖고 부부생활을 하는 사람은 자신의 성적 욕구를 배우자에게 요구하는 자체에 대해 수치심을 느낀다. 또는 부부관계를 자주 하지 않는 것을 자랑으로 생각하거나, 자신을 절제심이 많은 사람으로 착각하기도 한다. 자신이 하나님의 명령에 불순종하고 있음은 추호도 생각하지 못한다.

부부 사이의 성은 거룩하고 아름답다. 우리가 이 땅에 존재할 수 있는 이유가 부부의 성적 관계에 있음을 알아야 한다. 천하보다 귀한 한 생명이 태어나는 비밀이 부부의 하나 됨에 있는데 사람들은 여전히 성이 추하다고 생각한다. 부부의 하나 됨은 분명 하나님의 명령이며 복이다.

그런데 왜 사람들은 성의 개념을 왜곡하여 추하다고 생각하는 것일까? 이는 우리가 성을 거론할 때 보통 범죄나 부도덕과 관련되기 때문이다. 성추행, 성폭행, 간음에 관련된 좋지 않은 소식들을 자주 접하다 보니 성은 죄와 직결되는 것이란 생각이 든다. 우리는 부부 사이의 이상적이고 아름다운 성을 배우기 이전에 세상에서 저질러지는 성에 대한 온갖 더러운 모습을 먼저 접한다. 원조교제, 동성애, 매춘, 변태 성행위, 불륜 등에 관해 쏟아지는 수많은 소식을 접하면서 성에 관한 개념을 올바로 정립하지 못하고, 왜곡되고 비틀린 생각을 갖게 된다.

또 사회가 조장하는 분위기도 우리의 성에 관한 올바른 생각과 행동을 방해하는 요인이 된다. TV 드라마는 불륜을 아름답게 꾸미고, 상황에 따라 그럴 수밖에 없다고 정당화한다. 법적으로 동성애를 보장해주는 나라가 점점 늘고 있고, 초등학생까지 매춘으로 돈을 버는 것에 대해 아무 거리낌이 없는 세상이다. 아직도 우리는 강간을 한 사람보다 강간을 당한 사람이 더 창피하다는 생각을 버리지 못한다. 그래서 신고조차 하지 못한다.

왜곡된 성적 개념이 도를 넘으면 사회는 전반적으로 성적인 문란함에 젖어들게 된다. 성적인 문란함은 곧 하나님의 진노를 불러온다는 사실을 우리는 알아야 한다. 세상이 성적으로 문란하다고, 분위기가 다 그쪽으로 휩쓸린다고 하나님의 명령을 따라 살아야 할 우리까지 거기에 물들면 안 된다. 성적인 문란함으로 소돔과 고모라가 하나님의 심판을 받을 때, 그 성에 의인 열 명이 없어서 모조리 진멸당해야 했다. 우리는 이 땅에서 의인으로 살아야 하는 사람들이다. 우리는 하나님께서 뜻하신 계획 안에서 성(性)을 바라보아야 하며, 하나님의 명령안에서만 성(性)을 허용해야 한다.

우리가 정복해야 할 열여덟 번째 성:
불순종, 거역, 반항

요즘 십대를 한마디로 표현하자면 거역과 반항의 세대라 할 수 있다. 아이들은 정도의 차이는 있지만, 너나 할 것 없이 부모나 어른의 말에 잘 순종하지 않는다. 아이들은 마치 순종이 패배라 생각하는 것 같다. 부모보다 힘이 없으니까, 부모의 돈으로 우선 살고 봐야 하니까 아이들은 상황에 따라 부모 말을 듣는 척 한다. 그래도 드물게 철이 든 아이들은 부모의 말이 자신을 위한 사랑이라는 사실을 어렴풋이 깨닫기는 한다. 우리는 반항과 거역을 일삼는 아이들의 행동이 옳지 않다는 사실을 알면서도 그것을 바로잡기에는 역부족이라 생각한다.

무엇이 아이들의 행동을 결국 멸망에 이르는 길로 이끌었는가? 부모의 말을 듣지 않고, 게으르게 빈둥거리며 자기 할 일을 잘 하지 않는 자식을 하나님을 어떻게 하라고 하셨는가? 성 밖으로 끌고나가 돌로 쳐 죽이라고 하셨다. 하나님은 불순종을 용납하지 않으신다. 그런데 우리는 왜 자식이 반항하고, 거역하고, 게으르고, 자기 일조차 제대로 하지 않는데 수수방관하고 있는 것일까? 아무리 말로 가르치고 타일러도 아이들은 조용히 순종하는 법이 거의 없다. 부모의 말에 대한 순종을 마치 소가 도살장에 끌려가는 것처럼 끔찍하게 여긴다. 아이들은 왜 이토록 순종에 대해 부정적인 생각을 가지고, 민감한 반응을 보이는 것일까?

이는 자식이 부모의 불순종을 먼저 봐왔기 때문이다. 산업이 발달하면서 우리 사회는 대가족에서 핵가족의 형태로 변화되었다. 3, 4대가 함께 살던 옛날과는 달리 한 가정이 부모와 자녀 한두 명 정도로 구성된다. 대가족이 함께 살 때는 부모공경이나 순종에 대해 달리 교육할 필요가 없었다. 부모가 조부모에게 하는 행동이 곧 교육이었기 때문이다. 그 때 교육의 형태는 말로 전달되지 않고, 오감으로 전달되었다. 눈으로 보고, 귀로 듣고, 몸으로 나누고, 마음으로 느끼는 교육이었다. 이런 교육의 형태가 사라지기 시작하면서 우리나라는 동방예의지국의 위상이 흔들리기 시작했다.

아이들은 들은 대로 자라지 않고, 본 대로 자란다. 조부모의 안부 따위는 신경도 쓰지 않으면서 어떻게 하면 재산을 더 많이 물려받을 수 있을까 궁리하는 부모의 모습을 보면서 아이들이 무엇을 배울 거라고 생각하는가? 자식의 교육비로는 수입의 상당 부분을 할애하면서 조부모에게는 용돈 몇 푼 드리는 것도 아까워 벌벌 떠는 부모를 보면서 아이들은 할아버지, 할머니보다 자신들이 더 우선순위를 차지한다고 생각한다.

회사 일이 바쁘다고, 급한 일이 생겼다고 둘러대며 조부모를 찾아가기도 꺼리는 부모의 모습을 보면서 아이들은 어른을 대하는 법을 배운다. 식구가 많을 때는 자신의 몫보다 더 많이 가졌을 때 다른 사람이 어떤 피해를 봐야 하는지 몸으로 배우지만, 식구가 적으면 뭐든 부족함이 별로 없기 때문에 자기 양껏 욕심을 부려도 별 탈이 없다고 생각한다. 식구가 많으면 부모의 관심이 나에게만 쏠릴 수 없다는 사실을 인정하며 함께 있다는 사실만으로도 만족하지만, 한두 명뿐인 자식은 자신에게 부모의 모든 관심이 쏠리지 않으면 못 견뎌하며, 화를 낸다.

관심을 표현하는 데 서툴거나 지친 부모는 자식의 이목을 물질문명을 향해 돌려놓는다. TV, 컴퓨터, 스마트폰 등의 힘을 빌려 자식에게서 해방되고자 한다. 감정이 없는 기계 앞에서 하루 중 상당 시간을 보내는 아이들은 점점 기계를 닮아간다. 감정의 힘을 잃어간다. 다른 사람을 생각하는 힘, 어려운 상황을 극복하는 힘, 소망과 꿈을 향해 최선을 다하는 힘, 즉 마음의 능력을 잃고 마는 것이다. 마음의 능력을 잃은 아이들은 다른 사람의 마음을 헤아리지 못한다. 자신의 마음 속에 어떤 생각이 존재하는지도 알지 못하는 아이들이 어떻게 다른 사람의 마음까지 헤아릴 수 있겠는가?

요즘 아이들은 돈이면 뭐든지 다 할 수 있다고 생각한다. 부모가 자식의 관심과 필요를 돈으로 해결하는 방법밖에 보지 못했기 때문이다. 뇌물을 써서 자신이 원하는 것을 손에 넣어도 큰 탈이 없는 세상을 살아가면서 우리 아이들이 배우는 것이 무엇이라 생각하는가? 우리 아이들의 잘못된 반항과 거역은 바로 우리 기성세대들이 만든 것이다. 우리가 하나님 말씀에 불순종함으로 그들이 우리의 행동을 보고 배웠다는 사실을 우리는 인정해야 한다.

기성세대에서 시작된 불순종이 자녀세대에서 고쳐질 수는 없는 노릇이다. 자녀는 부모를 보고 자라는 세대이기 때문이다. 사회전반에 걸친 비리와 부패, 옳지 못한 관행, 불필요한 절차 등을 고치지 않으면 우리는 더 밝은 내일을 기약할 수 없다. 부모공경에 대한 마음가짐, 어른을 대하는 행동거지, 예의를 올바르게 표현하는 태도 등이 바뀌지 않으면 더 나은 세대를 기대할 수 없다.

물질문명에 우리 아이들을 고스란히 맡기거나 방치하면서 아이들이 심성 고운 아이로 자라기를 소망하는 것은 허수아비 속에 심장이 생기기를 바라는 것과 같다. 돈으로 모든 뒷바라지를 할 수 있다고 생각하는 엄마는 태어난 지 100일도 되지 않는 아기를 남의 손에 맡긴다. 여러 명의 아기를 돌봐야 하는 보육교사가 내 아이에게만 특별한 관심과 사랑을 줄 수 있다고 생각하는가? 엄마와 아기가 함께하고 눈을 맞추면서 쌓아야 할 마음의 안정과 정서적 평화를 보육기관이 책임지고 키워줄 것이라 생각하는가?

아이의 필요뿐 아니라 그 이상의 것을 줄 수 있는 특권은 부모에게만 있다. 사람은 몸만 큰다고 사람이 아리라는 사실을 우리는 알아야 한다. 몸과 더불어 정신이 자라고 마음이 커져야 사람이 되는 것이다. 몸은 기성세대보다 부쩍 커진 아이들이 지력이나 정신력은 기성세대에 훨씬 못 미치는 것은 우리가 아이들의 마음을 키우기보다 몸을 키우는 데만 주력했기 때문이다.

사람을 사람 되게 키우는 것이 부모의 역할인데, 우리는 사람을 짐승이나 심지어 괴물로까지 키워놓았다. 우리 주위에서 일어나는 범죄 중에 차마 사람이 저지르지 못할 죄가 자주 언론에 보도되는 현실을 보며 우리는 이 사실을 부인하지 못할 것이다. 우리 애는 말도 잘 듣고, 그런 괴물과는 거리가 멀다고 생각하는가? 그러면 그 아이는 괴물들이 사는 사회에서 안전하리라 생각하는가?

불순종은 나만을 생각하는 마음에서 비롯된다. 반항은 내 감정을 가장 앞세울 때 나타나는 태도이다. 부모의 마음보다 내 마음을 우선시 할 때 우리는 부모의 말에 거역할 수밖에 없다. 부모의 뜻보다 순식간에 일어나는 내 감정에 먼저 반응할 때 우리는 반항하며 대들게 된다.

우리는 부모의 마음을 먼저 알아야 한다. 하나님의 마음을 알지 못하면 하나님의 말씀에 불순종하고 반항하게 된다. 부모는 자식이 잘 되기를 바란다. 이 세상 그 누구보다 더 훨씬 자식이 잘 되기를 소원한다. 이런 소원을 마음에 담고 자식에게 한 마디를 할 때, 부모의 마음을 아는 자녀는 그 말씀에 순종하게 되고, 부모의 마음을 모르면 불순종하게 된다. 부모의 말은 자식의 욕구와 일치하지 않거나 정반대일 경우가 많기 때문이다.

부모의 마음을 자식이 알게 하려면 어떻게 해야 하는가? 자식이 부모의 말에 귀를 기울여야 한다. 그런데 요즘 아이들은 부모의 말에 좀체 귀를 기울이려고 하지 않는다. 부모의 말뿐 아니라 어른들의 말을 대부분 귀담아 듣지 않는다. 왜 그럴까? 이는 부모가 마음의 귀를 열고 듣는 본보기를 아이들에게 보여주지 않았기 때문이다.

아이들은 하루 동안 있었던 일을 부모에게 이야기하기 좋아한다. 친구 간에 있었던 시시콜콜한 이야기까지 아이들은 부모에게 모두 털어놓기를 좋아한다. 그 때 부모는 어떻게 반응하는가? 처음 몇 번은 맞장구를 치면서 아이의 감정에 공감해준다. 그러다 좀 시간이 지나면 시큰둥한 반응을 보이며 마지막에는 아무런 대꾸도 해주지 않는다. 할 일이 많아 바쁘고, 피곤하다는 이유를 대면서 아이에게 '조용히 하라'고 윽박지르기까지 한다. 이런 반응을 몇 번 겪은 아이는 더이상 부모에게 자신의 생각이나 속내를 드러내려 하지 않는다. 부모가 자신의 말에 귀기울여주지 않았기 때문이다.

번번이 자신의 말이 묵살당하는 경험을 한 아이는 다른 사람의 말도 중요시 여기지 않게 된다. 내 말에 공감하고 마음으로 이해해주는 대상이 없는 아이는 타인의 말을 공감하거나 이해하지 못한다. 우리는 자녀가 이야기할 때 얼마나 귀를 열고, 그 마음을 이해하려고 노력했는가? 자녀가 부모의 말을 듣지 않는 이유는 부모가 자녀의 말을 먼저 들어주지 않았기 때문이라는 사실을 인정해야 한다.

우리는 자식이 무언가를 요구할 때 그것을 사주거나 채워주면 자식의 말을 들어 주었다고 생각한다. 그러나 자녀는 물질적인 필요보다 정신적, 심적 공감을 더 갈급해한다는 사실을 알고 있는가? 물질적 풍요로움을 기성세대와는 비교가 되지 않을 정도로 누리는 자녀 세대에게 뭐가 부족한 것이 있느냐고 기성세대는 다그친다. 아기에게 가장 절실하게 필요한 것은 엄마 품이지 고급 시계나 기능이 뛰어난 스마트폰이 아니다. 그런데도 우리는 정신상태가 유아 수준을 넘지 않은 아이들에게 여러 가지 최신 기계나 브랜드 제품으로 엄마 품을 대체하려고 한다.

물질적인 필요를 다 채워 주었다고 부모의 역할을 다한 것은 아니다. 물질적으로는 부족하지만, 내 생각을 함께 나누고 공감해 주는 부모형제가 존재할 때 사람은 더 행복감을 느낀다. 우리는 궁극적으로 행복하기 위해 사는 존재임을 생각할 때, 우리가 아이들에게 채워준 물질적 풍요로움이 모든 것을 해결해주지 못한다는 사실을 알게 될 것이다.

지금 우리 아이들에게 필요한 것은 그들의 말을 들어줄 열린 귀다. 우리가 아이들의 말에 귀를 열고, 마음을 열고 들어 줄 때 우리 아이들도 부모의 말에 비로소 귀 기울이게 된다. 아이들의 마음에 관심을 가지면 아이들도 부모의 마음에 관심을 가진다. 아이들은 들은 대로 크지 않고 본대로 큰다는 사실을 명심하자.

반항하지 않고 순종하기 위해서는 그 말이 나를 위한 것이라는 사실을 믿어야 한다. 아무리 좋은 말이라도 나와 상관없다고 생각하면 그 말을 따르지 않는다. 우리를 생명 길로 이끄는 하나님의 말씀도 수천 년 전 이야기일 뿐이라 생각하면 나와는 전혀 상관없는 말씀이 된다. 그 말씀 한 구절 한 구절이 나를 향한 하나님의 불타는 사랑이라 생각하면 어찌 그 말씀을 어길 수 있겠는가?

우리는 순종을 우리 삶에서 먼저 실천해야 한다. 하나님의 말씀은 뒷전에 두고 세상의 방법을 따라 사는 우리의 모습을 보면서 아이들은 하나님의 살아계심을 의심한다. 아이들은 우리의 신앙 자체를 인정하려 하지 않는다. 하나님의 말씀과 너무나 동떨어진 실생활을 보여 주면서 아이들에게 아무리 입술로 가르치려 한다 해도 그 말이 아이들에게 훈계와 교훈이 될 리는 만무하다. 말과 행동이 일치하지 않으면 허공을 울리는 시끄러운 꽹과리소리와 다름없다.

하나님의 말씀이 나를 위한 것인 줄 믿고, 그 말씀에 순종할 때 우리는 삶에서 하나님의 능력을 드러낼 수 있다. 우리가 먼저 하나님의 능력을 삶에서 보여 주어야 우리 아이들도 하나님의 살아계심을 믿고 우리의 신앙을 본받는다.

물론 육신의 부모 말에 우리가 먼저 순종하는 본을 보이는 것도 중요하다. 이 땅의 법은 하늘의 법에 크게 못 미치는 하위법이다. 이 땅에서 정한 법도 못 지키면서 하늘의 법을 지키기는 어렵다. 눈에 보이는 부모의 말에 순종하지도 않으면서 눈에 보이지 않는 하나님의 법을 지킨다는 것은 어불성설(語不成說)이다.

아이들의 순종은 부모세대의 순종이 선행될 때 이루어진다. 나 자신은 고치기 싫으면서 아이들에게만 고치라고 다그치는 것은 문제의 씨앗만 키울 뿐이다. 부모세대가 먼저 순종의 본을 보이자. 그래야 지금 아이들이 일으키는 문제를 중단시키고, 더 이상 그 뿌리가 자라는 것을 막을 수 있다.

하나님은 순종 속에 온갖 좋은 것을 숨겨 놓으셨다. 아내가 남편에게 순종할 때, 하나님은 남편에게 다른 여자가 아닌 아내만 사랑하는 마음을 부어 주신다. 자녀가 부모에게 순종할 때, 하나님은 부모에게 자녀의 모든 필요를 기꺼이 채워주고 싶은 마음이 생기게 하신다. 상관의 말에 순종하는 부하직원은 회사의 중요한 일을 도맡아 하면서 자신의 역량을 키울 기회를 갖게 된다. 선생님의 말에 순종하는 제자는 지식뿐 아니라 삶의 지혜까지 전수받게 된다.

무엇보다 우리가 하나님께 순종하면 마음의 평안과 기쁨을 누리게 된다. 거역하는 자의 마음은 항상 불안하고 초조하다. 하나님의 말씀을 거스르지 않고 순종하는 자는 이 땅에서 천국을 누리며 살게 된다. 순종하면 관계가 좋아진다. 인간관계든 하나님과의 관계든 순종이 밑바탕이 될 때 그 관계는 더 나은 쪽으로 발전한다. 수긍하고 받아들이는 사람과 우리는 더 깊은 이야기를 하고 싶고, 우리의 내면을 드러내고 싶어진다.

　하나님도 마찬가지다. 하나님의 말씀에 순종하는 사람에게 더 깊은 하나님의 마음을 드러내고 싶어 하신다. 하나님의 마음을 아는 가장 빠른 길이 바로 순종이라는 사실! 이 사실을 믿으면 순종이 즐거워진다. 하나님의 뜻을 알려달라고 떼쓰지 않아도 우리는 하나님의 마음을 알게 된다. 순종을 우리 삶에 실천하면 나와 내 삶 전반에 놀라운 변화가 일어나는 기적을 체험하게 된다.

우리가 정복해야 할 열아홉 번째 성:
비교의식, 열등감

우리는 태어나면서부터 비교당하고, 비교하며 자란다. 몸무게, 키, 생김새, 지능지수, 성적, 대학, 직장, 월급, 재력, 지위에 이르기까지 끊임없이 비교하고, 비교 당한다. 누가 더 넓은 집에 살고, 더 좋은 차를 가졌고, 더 인기가 있고, 더 성공했는지에 대한 관심의 끈을 한시도 놓지 못한다. 쉴 새 없이 비교하면서 끊임없이 열등감을 느끼거나, 반대로 우월감을 느낀다. 하나님 보시기에 비교와 열등감이 죄라는 사실을 아는가?

하나님은 우리 각자를 비교할 수 없는 존재로 만드셨다. 각자 그 가치를 어디에도 견줄 수 없는 독특하고 귀한 존재로 만들어 주셨는데, 우리는 인간의 잣대로 사람을 비교하고 평가한다. 이조백자와 이집트의 피라미드를 비교할 수 있는가? 피카소와 세종대왕을 비교할 수 있는가? 발레와 힙합을 비교할 수 있는가? 사과와 문어를 비교할 수 있는가? 우리는 비교할 수 없는 대상을 한 곳에 모아 놓고 우리가 만든 기준으로 그 대상을 비교한다. 보통 그 기준은 눈에 보이는 것으로 한정된다. 키 크고, 날씬하고, 얼굴도 예쁜 여자는 키 작고, 뚱뚱하고, 얼굴이 못생긴 여자보다 훨씬 더 나은 사람이라는 평가를 받는다. 무슨 근거로 이런 평가를 내리는가? 얼굴이 잘 생기고 돈 많은 남자는 추남에 돈 없는 남자보다 더 가치 있는 사람인가? 사람의 가치는 생명에 있다. 아무리 잘생겨도 생명을 잃으면 아무짝에도 쓰지 못한다.

하나님은 우리 각자를 천하보다 귀한 존재로 만드셨다. 이 세상의 모든 것을 다 합쳐도 우리 생명보다 귀하지는 않다. 하지만 우리는 하나님의 창조의 섭리를 무시하고, 우리가 만든 잣대로 사람의 귀함과 천함을 나누고 판단한다. 하나님께서 만드신 인간의 가치는 생명에 있음에도 불구하고, 우리는 사람의 소유로 그 가치를 평가한다. 더 많이 가진 사람이 더 나은 사람이라 평가하는 세상의 기준에 맞춰 산다.

이 기준은 교회 안에서도 그대로 적용된다. 사회적으로 성공한 사람들과 빈곤층이 구분되고 차별 받는다. 당회장과 전도사는 하늘과 땅 차이로 그 차별이 심하다. 장로와 평신도가 구별되는 것처럼. 교회는 예수님이 머리이신 지체들의 공동체이며, 하나님 앞에서 모두가 평등한 성도의 모임이라 하지만 이는 말뿐이다. 교회는 사랑과 나눔을 실천하는 평등한 공동체라기보다 세상의 조직보다 상하관계가 더 엄격하고 움켜쥔 손아귀에 더 힘을 주는 이기적인 모임으로 전락해 버렸다. 사람과 세상이 정해 놓은 기준으로 하나님의 사람들을 평가했기 때문에 이런 현상이 발생한 것이다.

비교는 인간의 관점에서 사람을 바라볼 때 생긴다. 인간은 눈에 보이는 것밖에 볼 줄 모르기 때문에 눈에 드러나는 것으로 평가할 수밖에 없다. 인간의 관점은 중요한 것을 놓치거나 간과하게 한다. 눈에 보이는 것에 지나치게 신경을 쓰다보면 정작 중요시 여겨야 할 일에 무관심하거나 소홀하게 된다. 눈에 보이는 대로, 눈이 만족하는 대로 일을 처리하다보면 반드시 문제가 생기거나 후회하게 된다.

예를 들어 결혼 상대자를 선택할 때, 눈이 만족하는 배우자를 택했다고 해서 그 결혼생활이 만족스러운 경우는 별로 없다. 오히려 눈은 덜 즐겁더라도 마음에 흡족한 사람을 배우자로 택했을 때, 결혼생활이 훨씬 순탄하고 만족스러울 때가 많다.

또한 눈에 보이는 대로 하는 비교는 열등감이라는 마음의 병을 동반한다. 누구보다 못한(?) 대학을 나왔기 때문에 드는 마음의 위축, 번듯한 직장에 다니지 못해 움츠러드는 자신감, 자신보다 더 많은 부를 누리는 사람에게 당당하지 못함, 지위가 높은 사람에게 눈치 보는 것 등은 모두 열등감의 뿌리에서 나타난 현상이다.

열등감은 내가 다른 사람보다 못하다는 생각에서 비롯된다. 열등감이 심한 사람은 자기 자신을 좋아하지 않는다. 자신을 형편없는 사람이나 보잘 것 없는 사람으로 평가한다. 자신을 이런 관점으로 바라보기 때문에 어떤 일에 대한 시도도 선뜻 하지 못하고, 도전조차 해보지 않은 일을 할 수 없다고 체념하기도 한다. 열등감은 삶의 열정을 빼앗고, 꿈을 포기하게 한다.

열등감은 자신의 존재 가치를 왜곡하게 하고, 이 왜곡된 시선으로 세상을 보기 때문에 세상과 사람들에게 적개심을 품게 한다. 사회 부적응자로 분류된 사람들은 대부분 강한 열등감을 품고 있고, 또한 세상에 대한 적개심도 적지 않다. 이들은 세상에 대한 적개심과 분노를 차곡차곡 쌓아 놓았다가 스스로 주체할 수 없는 지경에 이르면 사회에 적응하고 사는 불특정 다수를 향해 범죄를 저지른다. 사람의 관점에서 이루어지는 비교가 어떤 폐단을 낳는지 우리는 알아야 한다. 사람이 하는 비교는 예외 없이 열등감을 동반한다는 사실을 인정해야 한다.

우리는 비교가 죄임을 알아야 한다. 비교가 죄라는 사실을 인정하기 위해 우리는 하나님의 관점으로 사람을 바라보아야 한다. 하나님은 우리 각자를 하나님의 뜻에 합당하게 쓰시기 위해 이 땅에 보내 주셨다.

도공은 여러 가지 형태의 그릇을 만든다. 접시도 만들고, 종지도 만들고, 잔도 만들고, 주전자도 만든다. 화분도 만들고, 항아리도 만들고, 밥그릇도 만들고, 대접도 만든다. 도공이 만든 도자기들은 형태에 따라 그 쓰임이 모두 다르다. 도공은 용도에 맞게 흙으로 모양을 빚은 후, 가마에 굽고 유약을 발라 작품을 완성한다. 도공은 한 작품 한 작품을 심혈을 기울여 만든다.

그런데 만들어진 작품들이 아담하고 예쁜 잔을 보며 그 모양이 가장 이상적이라는 기준을 정해놓고 잔을 닮으려고 안간힘을 쓴다고 상상해보라. 잔속에는 항상 향긋한 차나 기분이 좋게 하는 술이 담기기 때문에 예쁜 모양의 잔은 마음도 예쁘리라고 다른 도자기들은 억측한다. 그러면서 잔을 닮지 않은 항아리나 접시를 보고 '너는 왜 그리 뚱뚱하냐?' '넌 하늘 높은 줄은 모르고, 땅 넓은 줄만 아냐?' 라는 말로 비웃기 시작한다. 화분을 보고는 '넌 왜 구멍이 났냐? 이래서 어디 써 먹겠니?' 라고 말하며 한순간에 화분을 쓸모없는 존재로 폄하한다. 종지를 보고는 '넌 잘못 만들어진 거 아니야? 왜 이리 작아?' 라며 존재 자체에 대해 의심을 품게 한다.

잔을 제외한 모든 도자기들은 자신의 형태에 대해 불만을 품고, 조금이라도 잔을 닮으려고 온갖 수단방법을 가리지 않는다. 자신의 용도에 맞는 일을 하는 데는 신경도 쓰지 않고, 그저 잔을 더 닮겠다는 일념 하나로 세월을 허송한다. 잔 형태에 근접도 못하는 다른 도자기들은 자기를 왜 이렇게 만들었냐고 도공에게 원망을 하거나 원한을 품기도 한다.

도공이 이런 모습을 볼 때 어떤 생각이 들겠는가? 도자기가 아무리 다른 형태의 그릇을 닮고 싶다고 간절히 소망해도 그 형태를 바꿀 수는 없다. 하나님께서 만드신 한 사람 한 사람은 모두 특별한 목적을 갖고 이 땅에 태어났고, 그 목적은 다른 사람의 모습이 아닌 자신의 모습으로만 이룰 수 있다.

하나님은 실수가 없으신 분이다. 사람들 중에는 자신이 부모의 실수로 태어났다고 생각하는 사람이 있는데, 생명은 모두 하나님께로부터 비롯되었다는 사실을 아는가? 부모가 아무리 아기를 가지고 싶어도 하나님께서 주시지 않으면 생명이 태어날 수 없다는 사실을 먼저 인정해야 한다. 하나님은 한 치의 실수도 없이 명백한 목적을 가지시고 우리가 그 목적에 합당하게 쓰임 받을 수 있도록 온전한 형태로 만들어 주셨다.

그런데 우리는 다른 사람의 모습을 부러워하며 하나님께서 나에게 주신 목적은 아랑곳하지 않고 다른 사람의 삶을 따라 살려고 안간힘을 쓴다. 하나님께서 나에게만 주신 삶의 목적을 모르기 때문에 다른 사람에게 눈 돌리면서 끊임없이 비교하게 되는 것이다.

그릇이 자신의 용도를 알려면 도공에게 물어보면 된다. 그래야 잡채를 담으려고 만든 접시가 물이나 우유를 담으려고 애를 쓰는 헛수고를 하지 않게 된다. 내 삶의 목적을 알려면 하나님께 여쭤보면 된다. 만드신 분의 목적에 맞게 살면 우리는 남의 삶을 곁눈질할 필요가 없어진다. 하나님의 관점으로 나를 보기 시작하면 하나님께서 나를 이 땅에 보내주신 이유를 알게 된다. 내가 생명을 갖고 이 땅에 사는 명백한 이유와 목적을 알면 그 목적을 이루기 위해 마음을 다하고, 뜻을 다하고, 목숨을 다하게 된다. 이와 같은 삶이 바로 하나님을 위한 삶이며 하늘의 것을 추구하는 삶이다.

하나님의 마음은 성경말씀 속에 녹아있다. 말씀을 읽다보면 하나님께서 나를 향해 정해 놓으신 목적이 보인다. 그 목적이 보이기 시작하면 이 세상에 존재하는 모든 사람들이 내가 굴복시켜야 할 경쟁자가 아니라 그 목적을 이루도록 도와주는 협력자라는 사실을 깨닫게 된다. 하나님께서 나뿐 아니라 다른 사람에게도 각자에게 특별한 목적을 지정하셨다는 사실을 인정하게 된다. 그러면 각 사람을 나보다 낫게 여기며 존중하는 마음을 갖게 된다. 그들도 하나님께서 이 땅에 보내주신 특사이기 때문이다. 우리는 각자 하나님의 명령을 받고 이 땅에 파견된 하늘나라 대사라는 사실을 아는가? 우리는 하나님께서 원하시는 목적을 이루려고 이 땅에 존재하는 사람들이다. 그러나 그 목적을 모른다면 우리의 삶은 허송세월이 된다.

비교는 하나님의 목적을 모르는 사람이 저지를 수밖에 없는 죄다. 내가 살아야 할 목적을 모르기 때문에 눈에 보이는 사람에게서 그 목적을 찾으려고 한다. 사람을 보면 내가 가진 것과 가지지 못한 것을 비교하게 된다. 다른 사람이 가진 것은 값져 보이고 내가 가진 것은 하찮아 보이게 하는 것이 바로 비교이다. 끊임없는 비교를 바탕으로 세상 사람들이 정해놓은 기준을 따라 살면 나는 하나님의 목적과 점점 멀어지게 된다. 세상을 따라 사는 삶의 마지막은 멸망이다. 나는 지금 하늘의 삶을 살고 있는가? 아니면 땅의 삶을 살고 있는가?

우리가 정복해야 할 스무 번째 성:
무시, 업신여김, 깔봄

오벳에돔의 집에 육 개월 간 머물렀던 여호와의 궤를 메고 다윗 성으로 올라올 때, 다윗은 속옷이 보이도록 하나님 앞에서 기뻐 춤을 추었다. 이 모습을 창문을 통해 내려다본 사울의 딸 미갈은 가족에게 축복하러 들어온 다윗에게 이렇게 말했다. '이스라엘 왕이 오늘 어떻게 영화로우신지 방탕한 자가 염치없이 자기의 몸을 드러내는 것처럼 오늘 그의 신복의 계집종의 눈앞에서 몸을 드러내셨도다.(삼하 6:20)'

미갈은 다윗을 업신여긴 결과로 평생 자식도 없이 과부처럼 처량하게 지내야 했다. 이성적으로 생각해 보면 미갈은 다윗을 업신여길 만한 여지가 전혀 없는 처지였다. 미갈은 죽어 마땅한 원수의 자식이었고, 본의는 아니더라도 다른 남자와 살다가 다시 불려온 상황이었다. 처지가 이렇다면 누구라도 고개를 숙이고 낮은 자세를 유지하는 것이 당연하지 않을까? 그런데도 어떻게 미갈은 다윗을 업신여기고 무시하는 말을 드러내어 함부로 할 수 있었을까?

무시는 상대방이 누구인지 모르거나, 착각할 때 하게 된다. 상대방이 나보다 하찮다고 생각하거나, 그가 어떤 존재인지 알지 못할 때 우리는 자주 다른 사람을 업신여기게 된다. 나보다 아는 것이 적거나,

지위가 낮거나, 가진 것이 없다고 생각하는 사람을 대할 때 깔보고 무시한다. 이런 무시가 우리는 당연한 것인 줄 안다. 그래서 '무시당하는 게 억울하면 출세하라' 고 자주 말을 한다. 우리가 아무렇지도 않게 행하는 무시와 업신여김이 하나님의 관점에서는 엄청난 죄인 줄 우리는 알아야 한다.

여기 그림 한 점이 있다. 여러 가지 기이한 형태와 모양이 어우러진 그림이다. 이 그림을 보고 사람들은 저마다 한마디씩 평을 했다. '뭐 이렇게 유치한 그림이 있어?' 또는 '도대체 뭘 그린 거야? 이건 그림이 아니잖아.' 이렇게 자신의 눈에 보이는 대로 비평을 하고 있을 때, 미술 분야 최고 권위자가 나타나 '그 그림은 피카소의 그림이요' 라고 말해주었다. 그러자 사람들은 일시에 비평하는 태도에서 돌변하여 찬사를 보내기 시작했다. 만약 피카소가 그린 그림을 보고 형편없다고 비웃는 사람이 있다면 그는 단번에 무식하고 몰상식한 사람 취급을 당할 것이다.

사람이 그린 그림 한 점도 누가 그렸느냐에 따라 그 평가가 달라진다. 사람은 누가 만드셨는가? 인간과는 견줄 수 없이 위대하고 거룩하신 하나님께서 만드셨다. 그런데 우리는 하나님의 걸작을 어떻게 평가하는가? 하나님의 눈에 천하보다 귀한 한 생명이 우리의 눈에는 하찮고, 볼품없고, 초라해 보인다. 우리가 사람에게 하는 평가는 곧 하나님에 대한 평가이다. 피카소의 작품을 보면서 욕하는 사람은 그 그림을 그린 피카소를 욕하는 것과 마찬가지다.

우리는 사람이 하나님의 형상을 입은 존재라는 사실을 자주 망각한다. 사람에게 대하는 행동이 곧 하나님을 대하는 행동이라는 사실을 안다면 우리가 그토록 자주 다른 사람을 무시하거나 업신여기지는 못할 것이다.

그런데도 우리가 무시를 일상화하는 이유는 무엇일까? 우리는 셀수 없이 많은 이유를 들어 다른 사람을 무시하고 깔본다. 얼굴이 못생겼다고, 뚱뚱하다고, 행색이 남루하다고, 인상이 좋지 않다고, 지저분하다고, 키가 작다고, 공부 못한다고, 돈이 없다고, 무식하다고, 지위가 낮다고, 출신이 천하다고, 과거에 잘못을 저질렀다고, 경력이 없다고, 나이가 적거나 많다고, 심지어 밥 먹을 때 음식물 흘린다는 이유로도 무시를 한다.

이와 같은 무시가 우리의 일상생활과 매우 밀접한 이유는 우리가 그런 무시를 당하며 살아왔기 때문이다. 우리는 누군가를 대할 때 우리가 살면서 겪은 비슷한 상황을 만나면, 우리가 당한 그대로의 행동을 하게 된다. 날마다 무시당하고 업신여김을 당하며 살아온 사람은 다른 사람을 대할 때도 그렇게 행동할 수밖에 없다. 그런 행동이 지극히 당연하다고 생각하기 때문이다.

자신이 당한대로 다른 사람에게 대할 수밖에 없는 이유는 인간은 배운 대로 행동하기 때문이다. 사람은 살아오면서 경험을 통해 배운 대로 살아간다. 자신이 살아오면서 당한 무시가 다른 사람에게도 그대로 적용된다.

미갈은 사울이 다윗을 죽이기 위한 도구로 이용당한 사람이다. 그리고 다윗이 사울을 피해 도망갔을 때, 사울은 홧김에 미갈을 발디엘에게 줘버렸다. 사울이 미갈을 대하는 행동 속에는 존중이란 전혀 찾아볼 수 없다. 사울은 미갈을 자신의 귀한 딸로 대접하지 않았고 자신

270

이 미워하는 적을 죽이는 덫으로 사용했으며, 미갈의 의사와는 전혀 상관없이 다른 남자의 소유가 되게 하였다. 이런 대접을 받았던 미갈이 다른 사람을 올바르게 대할 수 있었겠는가? 부모에게 당한 무시가 결국 이스라엘의 왕도 무시하는 태도로 나타났다는 사실을 우리는 알아야 한다.

그렇다고 우리가 이런 풍토를 만든 부모와 윗세대들에게만 비난의 화살을 돌리고 있을 수는 없는 노릇이다. 이런 행동을 우리 대에서 끝내지 않으면 우리의 자녀도 계속해서 그렇게 살아갈 것이기 때문이다. 무시당하고 무시하는 삶은 하나님의 관점에서 죄라는 사실을 다시 되새겨야 한다.

무시는 각 사람이 하나님의 걸작임을 잊었을 때 자주 하게 된다. 하나님은 실수가 없으신 분이다. 각 사람은 하나님의 정교하고 치밀한 계획 아래 창조되었음을 우리는 잊지 말아야 한다.

사람을 업신여기지 않으려면 우선 겉모습보다 내면을 보는 훈련을 해야 한다. 내면을 보는 훈련은, 겉으로 보이는 모습이 전부라고 세뇌시키는 세상의 관점에서 벗어나 그 한 사람이 하나님 보시기에 얼마나 소중하고 가치 있는 존재인지를 깨닫는데서 시작한다. 하나님의 관점으로 사람을 대하지 않으면 우리는 세상의 관점으로 사람을 대할 수밖에 없다.

하나님의 관점은 곧 성경이다. 성경에서 가르쳐 준대로 우리는 남을 대해야 한다. 누가복음 6장 27절에서 38절 말씀에는 우리가 남을 어떻게 대해야 하는지 상세히 기록되어 있다. 이 말씀의 주제는 31절 '남에게 대접을 받고자 하는 대로 너희도 남을 대접하라'와 36절 '너희 아버지의 자비로우심 같이 너희도 자비로운 자가 되라' 또 38절 하반절 '너희가 헤아리는 그 헤아림으로 너희도 헤아림을 도로 받을 것이니라' 이다.

남이 나에게 해주었으면 하는 행동을 내가 먼저 남에게 해주어야 한다. 악한 자나 배은망덕한 자라도 동일한 은혜를 내려주시는 하나님의 자비하심을 닮아 아무 편견 없이 넓은 마음으로 대해 주어야 한다. 남을 대하는 잣대가 곧 하나님께서 나를 대하는 잣대가 된다는 사실을 알아야 한다. 한마디로 내가 남에게 한 행동이 하나님께서 나를 대하시는 행동의 기준이 된다는 말이다. 남을 무시하면 하나님께서 나를 무시하신다. 남을 깔보고 욕하면 나도 똑같은 일을 당해야 한다. 내가 남에게 한 행동을 나도 그대로 당해야 한다는 사실은 얼마나 충격적인가?

예수님은 원수를 사랑하고 선대하라고 명령하셨다. 우리가 원수를 사랑할 때 '지극히 높으신 이의 아들이 되리라' 고 말씀하셨다. 우리가 하나님의 자녀가 되는 비결이 곧 원수를 사랑함에 있다. 원수도 사랑하는데, 사랑하지 못할 사람이 어디 있겠는가? '말이 쉽지, 원수를 사랑하는 게 가당키나 하냐?' 고 우리 마음 저 밑에서는 반박의 목소리가 올라온다.

원수를 사랑할 수 있는 힘은 우리 안에 없다. 원수를 사랑할 수 있는 힘은 구원의 기적에서 흘러나온다. 이전에 우리는 모두 하나님의 원수였다. 어둠의 자식이었고, 진노의 심판을 받아 멸망할 수밖에 없는 존재들이었다. 괴수 중에 괴수였고, 죄의 종이었다.

이런 우리를 하나님은 사랑하셨다. 그 사랑의 확실한 증거가 바로 예수님이다. 원수를 살리기 위해 독생자를 희생시키신 하나님의 사랑! 그 사랑을 바라볼 때, 비로소 우리가 원수를 사랑할 수 있는 힘을 얻게 된다. 하나님께서 나에게 주신 사랑을 생각할 때, 내 안에 그 사랑이 가득 차게 된다. 가득 차 흘러넘치는 사랑으로 나도 남을 사랑할 수 있는 것이다.

하나님의 은혜와 사랑을 먼저 깨닫지 못하면 우리는 어느 누구도 사랑할 수 없다. 예수님의 십자가가 말할 수 없는 감격이 되는가? 그 십자가를 생각하면 하나님의 사랑이 느껴지는가? 왜 어떤 사람에게 는 그 십자가의 사랑이 삶을 변화시키는 능력이 되는데, 누구에게는 아무 감각도 없고 손에 잡히지도 않는 허울로 생각되는가?

이제 우리는 예수님의 명령에 순종하며 살아야 한다. 하나님의 그 불타는 사랑을 받고 깨달아야 한다. 하나님의 사랑의 마음은 성경 안에 고스란히 녹아 있다. 말씀을 깨닫는 만큼 하나님의 사랑이 느껴진다. 내 안에 가득 채워진 하나님의 사랑을 들고 이제 세상에 나가자! 말씀을 깨닫고 순종하는 우리를 통해 하나님은 그 분의 영광을 드러내시리라.

이 외에도 우리는 미움, 증오, 허영, 낭비, 사치, 우울, 고독감, 무절제 등의 성을 정복해야 한다. 성령님은 우리가 성경을 읽을 때 깨달음을 주시는데, 나의 신앙 수준에 따라 내가 정복해야 할 성을 보여주신다.

성령님께서 정복해야 할 성을 보여주시면 '호흡이 있는 것은 모두 진멸' 하는 것이 중요하다. 지금 하기 힘들고 괴롭다고 나중으로 미루면 영적인 성장을 가로막는 방해물이 된다. 우리는 평생에 걸쳐 성을 진멸해야 한다. 하나님은 우리를 하늘의 군사로 불러주셨음을 한시도 잊어서는 안 된다. 자꾸 미루면 정복 못한 성들로 인해 하나님과 함께 천국을 누릴 수 있는 시간이 줄어든다.

우리는 하나님의 전신갑주로 무장해야 한다. 진리로 허리띠를 띠고, 의의 호심경을 붙이고, 평안의 신을 신고, 믿음의 방패를 가지고, 구원의 투구와 성령의 검으로 모든 악한 자의 불화살을 소멸해야 한다. 하나님의 전신갑주를 입어야 마귀의 간계를 능히 대적할 수 있다.

우리의 상대는 눈에 보이는 사람이나 세상이 아니라 어둠의 세상을 주관하는 악의 영임을 명심해야 한다. 죄를 통해 틈타는 악한 영에게 우리는 한 치의 땅도 양보하면 안 된다. 하나님께서 허락하신 땅을 모두 점령하기 위해 오늘도 우리는 하나님의 전신갑주로 완전 무장을 해야 한다. 🐟

맺음말

하나님은 우리가 살아가야 할 길을 성경을 통해 보여주셨다. 하나님의 말씀인 성경은 일곱 단계의 의미 변화 과정을 거치면서 우리에게 다가온다.

첫 번째는 수면제 단계이다. 이 단계에서 성경을 보면 잠만 온다. 말똥말똥하던 정신도 성경을 펴고 몇 줄만 읽으면 영락없이 잠에 빠져든다. 이 단계에서는 성경이 아무리 강력한 불면증이라도 퇴치하는 수면제의 의미로 다가온다. 그래도 괜찮다. 하나님은 사랑하는 자에게 잠을 주시니까. 여기서 포기하지 않고 성경을 계속 읽으면, 다음 단계로 나아간다.

두 번째는 동화책 단계이다. 성경이 재미있어지기 시작하는 단계이다. 성경에 나오는 사건들이 전과 다르게 흥미진진하게 다가온다. 한 장을 읽으면 그 뒤에 어떻게 이어질까 기대가 되고, 그 사건 속에 뭔가 중요한 뜻이 숨어 있음을 어렴풋이 느끼는 단계가 이 단계이다. 아이들이 책을 몇 권 읽고 자랑하는 것처럼 이 단계에서는 성경 몇 번 읽은 것을 뿌듯해 한다. 역사적 사건을 머릿속에 그리며 성경을 읽기 때문에 구약에 나타 난 사건들이 생생하게 느껴지는 단계이기도 하다. 하지만 신약과 예언서 는 아직 잘 이해가 되지 않고, 여전히 지루하게 여겨진다.

세 번째는 수수께끼 단계이다. 이 단계에 이르면 성경의 많은 부분이 궁금해진다. 창조의 섭리에서부터 출애굽의 의미, 성막과 제사의 의미, 예언을 통한 하나님의 뜻과 계시록에 이르기까지 수도 없이 많은 부분이 궁금증으로 다가온다. 내가 보기에는 별로 중요하지 않은 사건을 하나님 은 왜 이토록 많은 부분을 할애하며 꼼꼼히 기록하게 하셨는지, 구약의 제사의식이 신약과 어떻게 연관이 되는지, 때론 한 단어나 한 문장의 의 미에 대해 궁금해지기도 하며, 그 의미를 알기 위해 애쓰기도 한다.

네 번째는 역사서 단계이다. 성경에 나타난 역사적 사건들이 하나로 통합되는 단계이다. 창세기부터 예수님의 재림까지 전체를 꿰뚫어 보는 안목이 생긴다. 구약과 신약이 유기적으로 연결되어 있으며 어디까지가 예언이고, 그 예언이 어떻게 실현되었는지를 정확히 아는 힘이 생긴다. 성경을 한 장이나 몇 구절로 보는 시각에서 벗어나 통으로 마음속에 그려지는 단계가 이 단계이다. 열왕기와 역대기에 나열된 수많은 왕들의 이야기를 읽을 때 자주 몰려오던 혼란스러움이 이 단계가 되면 말끔히 해결된다. 예언서에 나오는 선지자들도 무엇을 말하려는지 알게 된다. 그리고 신약이 우리 삶과 어떻게 직결되는지 서서히 알아간다.

다섯 번째는 자기 성찰 단계이다. 이 단계가 되면 성경의 관점으로 나와 내 삶을 바라보기 시작한다. 성경에 나오는 인물이나 사건이 더 이상 나와 별개로 느껴지지 않는다. 그 사건과 인물이 바로 나에게 적용된다.

이스라엘의 불순종이 나의 불순종임을 알고, 하나님의 법과 약속이 무엇을 뜻하는지 알게 된다. 또 성경에서 말하는 죄가 무엇인지 명확하게 알아간다. 하나님의 관점으로 나를 보고 이제까지 가지고 있었던 고정관념, 편견, 선입견을 벗어버리게 된다. 성경 한 구절 한 구절이 나의 삶과 직결됨을 깨닫고, 나를 철저히 내려놓고 부수는 단계가 이 시점이다. 성경과 어긋나거나 반대되는 시각을 버리고 하나님의 관점과 시선으로 나를 바라보고 변화하는 단계이다.

여섯 번째는 확대경 단계이다. 하나님의 말씀을 삶에 적용하고 확장하는 단계이다. 이 단계가 되면 나뿐아니라 다른 사람도 하나님의 관점으로 보고 대한다. 세상과 사람을 세상의 방법과 수단이 아닌 하나님의 사랑으로 대하기 시작한다. 말씀이 나의 삶에 그대로 녹아들어 털끝만한 죄도 간과하지 못한다. 하나님의 마음을 깊이 알고, 하나님을 기쁘시게 하는 삶을 살아간다. 성경이 더 이상 책이 아니라 나의 생명임을 고백하게 된다. 그 말씀대로 사는 것이 나를 살리며 내 주위의 많은 사람을 살리는 길임을 깨닫고, 성경 말씀대로 온전히 순종하며 산다. 성경이 생명 양식임을 알기 때문에 하루도 거르지 않고 말씀을 열심히 섭취한다. 성경을 읽고 성령님께서 주시는 깨달음을 받아, 그 힘으로 하루하루를 살아간다. 하나님과 완전한 관계 회복을 체험하며 무엇이 진정한 복인지를 깨닫고 이 땅에서 천국을 경험하며 살게 된다.

일곱 번째는 연애편지 단계이다. 성경이 하나님께서 나에게 보내신 사랑의 편지임을 깨닫는 단계이다. 성경이 이 세상에 존재하는 수십억 권의 책 중 하나가 아니라 오로지 나를 향한 하나님의 사랑의 속삭임이라는 사실을 깨닫는다. 한 구절 한 구절 속에 숨겨두신 하나님의 간절한 마음과 깊은 뜻이 가슴을 울린다. 그 마음이 깨달아지면 나는 신랑을 기다리는 지혜로운 다섯 처녀 중 하나가 된다. 믿음의 기름을 가득 준비하고 그 분이 오실 날을 손꼽아 기다리는 지혜로운 신부가 된다. 죽음의 두려움은 봄 눈 녹듯 사라진다. 예수님 만나는 그 날이 내 인생 최고의 날임을 고백한다. 하나님과 모든 순간에 동행하는 삶을 산다. 그 분께 나의 삶을 온전히 내어 드리고 나를 지은 하나님의 목적에 합당한 삶을 산다.

하나님께서 내게 먼저 깨닫게 하신 이 은혜를 많은 사람과 나누게 해 달라고 수없이 기도했습니다. 하나님은 우리가 하나님의 마음을 알기를 너무나 간절히 원하신다는 사실을 많은 성도들과 나누고 싶었습니다. 그래서 함께 이 땅에서 천국을 체험하며 살고 싶었습니다. 너무나 약하고 부족한 나를 통해 하나님의 마음을 전할 수 있도록 허락하신 하나님의 은혜에 감사를 드리며, 하나님께 영광의 박수를 올려드립니다.

이미애